谨以此书献给我的父亲彭锦元

本书获得下列科研基金资助：

广东省哲学社会科学“十二五”规划2015年项目“异质作为寓言”（批准号：GD15YWW01）

广东省教育厅2016年“创新强校”工程之特色创新类项目（教育科研）“中华文化走出去战略下大学英语如何培养学生跨文化交际能力”（项目编号：2016GXJK039）

广东工业大学2016年校内青年重点项目“鲁迅直译法中的修辞思想”（批准号：16QNZD010）

语言服务书系·翻译研究

形变与值变

文学陌生化语言的翻译

彭勇穗 著

暨南大学出版社
JINAN UNIVERSITY PRESS

中国·广州

图书在版编目（CIP）数据

形变与值变：文学陌生化语言的翻译/彭勇穗著．—广州：暨南大学出版社，2018.8

（语言服务书系．翻译研究）

ISBN 978－7－5668－2451－6

Ⅰ.①形…　Ⅱ.①彭…　Ⅲ.①翻译理论　Ⅳ.①H059

中国版本图书馆CIP数据核字(2018)第180769号

形变与值变——文学陌生化语言的翻译

XINGBIAN YU ZHIBIAN——WENXUE MOSHENGHUA YUYAN DE FANYI

著　者：彭勇穗

出 版 人：徐义雄

策划编辑：暨　南　周玉宏

责任编辑：曾小利

责任校对：王燕丽　林　琼

责任印制：汤慧君　周一丹

出版发行：暨南大学出版社（510630）

电　　话：总编室（8620）85221601

营销部（8620）85225284　85228291　85228292（邮购）

传　　真：（8620）85221583（办公室）　85223774（营销部）

网　　址：http：//www. jnupress. com

排　　版：广州市天河星辰文化发展部照排中心

印　　刷：佛山市浩文彩色印刷有限公司

开　　本：787mm×960mm　1/16

印　　张：12.5

字　　数：205千

版　　次：2018年8月第1版

印　　次：2018年8月第1次

定　　价：39.00元

前　言

创造新颖形式，打破陈规俗念，挑战惯常体验和认识，为新的体验、新的认识提供新的符号条件，这是陌生化理论的要义。

新颖的形式既非自洽，也非完全他洽。新颖性有一定价值，或者说与价值相关，但求新不是纯粹为新而新，为新而新地求新如犬逐其尾，新永远在前方，求新亦成窠臼，形式创新成为空虚的能指游戏。其实，新颖的总是历史的。这不只是说新是相对的，也不只是说新迟早变旧，更重要的是，新颖的形式总是生发于特定的历史条件，有特定的历史动因，它与作者的主体性意图藕断丝连，以文本理据的方式生产有迹可循的符号张力，激发读者参与，促使他们与主流传统展开批判性对话。对话焦点离不开新颖形式相关指涉的历史锚定。正是通过这种历史锚定、形式差异的施为力，新形式（不包括换汤不换药的表面求新）往往构成对当今主流形式及其所代表主流价值的质疑和挑战，旨在施加去中心化甚或再中心化的影响。简言之，形变蕴藏值变。至于变的实质是“去 -”还是“再 -”，包括表面的“去 -”掩盖实质的“再 -”和最初的“再 -”流于最后的“去 -”，这不是新颖的形式本身所决定的，也不是在新形式诞生时刻就完全决定的，而是在新形式与主体性实践的互动中不断生产不断见证。

翻译就是这样一种主体性实践。它蕴含形式和价值的再生产机制，是“新”的重要生产方式和场域。当源文的新颖形式经由翻译发生跨文化移位，新颖性需被赋形于新的语言，这个操作促使翻译主体重新挖掘译入语的差异化潜力，也激活译入语的跨文化指涉潜力：两种语言的能指关系并置、交汇，译入语能指的形式关系被重新差异化而重置，从而为新的文化群体及其（未来）语言实践构建新的意指轨迹、生产新的价值载体，源文的新颖形式也随之变成新的；同时，两种文化的指涉互相嵌入、互相隐喻，松动了各自原有的文化逻辑，使原来的价值发生扭曲，由此生产的异域/本土跨文化叙事在跨文化想象中生产跨文化寓言，为潜在的新价值提供酝酿空间，而潜在价值启迪并实现于新的文化位置、文化需求的主体性实践中。即是说，新的形式、新的价值与翻译主体（及其所代表的文化群体）的实践互相促进，一方面新形式等待（被）锚定于特定实践并与特定新价值结合，为新价值提供形式载体；另一方面实践中的翻译主体也不断调整新形式的生产方式，调整跨文化指涉的寓言意涵。在跨文化叙事所激发的跨文化想象和所生产的跨文化寓言中，异域的也是本土的。异域叙事常以特定方式作用于本土中心与边缘的张力关系——虽然中心往往能见度较高，但边缘未必总是隐身，更不意味着缺席；中心与边缘的张力酝酿改变的动力，以致中心和边缘常随着时间发展而互换位置，显身与隐身互换角色，现实价值和潜在价值互相转化，不断见证新颖性的丰富性和生产性在实现中展现。

所以说，形无恒新，常译常新。翻译，特别是对异域新颖形式的翻译，是对该异域新形式的再生和对本土形式的重置，是对价值的再生产、对中心—边缘关系的刺激甚或调整。对于新，自己的抑或他者的，现在的抑或潜在的，我们都要保持谦卑、敬畏之心，它蕴藏着不确定性、复数可能性和不断（自）否定的内在动力。

总的说，本书以分析为主，旨在回应受源语导向对等论和形式审美主义浸染颇深的陌生化语言翻译观念，这种观念认为文学陌生化语言翻译就是要仿造陌生化形式，再现文学性。在回应和分析上述观念基础上，本书探讨了陌生化语言的几种翻译策略，提出这些策略导致形式和价值的再生产，以致交互文化意识形态的构建。全书除绪论和结论外，主体共六章。第二章对陌生化理论作整体介绍，第三章关注有关源文陌生化语言的阐释，第四章着重讨论语言间的形式差异和目的语文本特殊语境对仿造陌生化形式的制约，第五章、第六章探讨文化差异对源文陌生化语言翻译的影响以及不同翻译策略的文化意义生产，第七章讨论语言文化差异使源文陌生化语言翻译成为杂合，生产交互文化意识形态。

目 录

1 绪 论

如本书副标题“文学陌生化语言的翻译”所示，本书关注的是文学文本中的“陌生化语言”。而且，“文学陌生化语言”是“翻译”的宾语，意思是指本书探讨的是陌生化语言从源语文本（source text）被翻译到目的语文本（target text）这个过程。[①] 对于许多翻译研究者——特别是文学翻译研究者来说，文学文本的“陌生化语言”体现了文学性，所以上述过程又被视为再现文学性，即人们常说的“文学翻译”。在这些研究者看来，“文学陌生化语言的翻译”意味着“陌生化语言的文学翻译”，意味着陌生化语言的文学性再现或再造。在此，笔者首先声明，本书使用“翻译”一词时并不假定“什么是翻译”（这些假定往往以再现和对等作为核心内容），而是用它来纯粹指文本（项目）的跨语言转换操作和过程。即是说，

---

① 在翻译研究中，“源语文本”的一般名称英语有 original text 和 source text，汉语有“源文”或“原文”。传统研究一般用 original text。后学时代，original text 受到质疑，为了避免被批为本质主义，许多学者倾向于采用相对中性的 source text 一词。在“源文”和“原文”两个术语之间，“源”和“原”一字之差，却表达两种不同含义：“源”本意水流起头之处，侧重指事物的根由，而“原”意思是最初的、开始的、本来的，相对于后来者而言，侧重事物的变化。正如孙艺风所言，“‘源’道明的是直接关系，而‘原’可指深层关系……原文的语义覆盖面更广，原文不一定指译文相对的文本，改编的蓝本也称作原文”（孙艺风：《视角　阐释　文化——文学翻译与翻译理论》，北京：清华大学出版社，2004 年，第 39 页）。因而，“原文”突出改动，“源文”则突出由来与联系。与“源文”和“原文”相比，“源语文本”更加宽泛，指在翻译中衍生出另一个文本的文本，范围上涵盖“源文”和“原文”。与此对应，“目的语文本”也比“译文”要宽泛一些，译文是一种目的语文本，但在某些文化中，并非所有的目的语文本都被称为译文，而仅仅被视为“改译”或“编译”。“源语文本”和“目的语文本”这两个中性化名称避开了具体文化中有关翻译的定义，有助于我们剥离特定文化视角的束缚，从理论的高度来研究翻译中两个文本的关系。因此，本书将始终采用“源语文本”和“目的语文本”。另外，为了方便讨论，本书将在“陌生化语言”前加注“源文”，用“源文陌生化语言”指源语文本中的陌生化语言，它相对于目的语文本中的陌生化语言而言，而“非陌生化语言”则是相对于“陌生化语言”而言。目的语文本中的陌生化语言和非陌生化语言，只要它是译者翻译源文陌生化语言的结果，本书都称为“目的语文本对应项目”。

在“文学陌生化语言的翻译”这个研究中，本书暂时搁置文学翻译研究领域的文学观和文学对等观（即“必须用陌生化译陌生化，以再现文学性”的观念），把研究外延稍微扩大（相对于现行的文学翻译观念来说），涵盖“源文陌生化语言”被译为“陌生化语言”和“非陌生化语言”两种情况。这样搁置目的在于跳出翻译学界现有关于“文学性”和“文学翻译”的认知框架，以新的视角来重新审视“文学翻译”，重新认识“文学陌生化语言的翻译”。另外，副标题“文学陌生化语言的翻译”还表明本书的研究对象是源语文本中的陌生化语言。不过，有时候，源语文本中没有陌生化语言的地方到了目的语文本却出现了陌生化语言，从而出现“（源语文本）非陌生化语言—（目的语文本）陌生化语言”的现象。出现这种现象的原因有两种可能：一是译者用补偿策略来翻译“源文陌生化语言”，使“陌生化语言”在源语文本和目的语文本中分别出现于不同地方；二是译者为了诗学补偿以外的目的将“源文非陌生化语言”改译为“陌生化语言”。本书涵盖第一种情况，暂时搁置第二种情况。[①]

副标题“文学陌生化语言的翻译”表明本书论述的两个焦点：“陌生化语言”和“文学翻译”。在文学文本的跨文化流传这个语境下，这两个关键词又常与“文学性”和“文学性再现”联系在一起。针对这些焦点，本书将从分析源文陌生化语言本身的翻译方法出发，分析这些方法所产生的结果，进而在明确目的语文本这个文化、文本语境的特殊性的基础上，探讨上述翻译结果的文化意义。然后，本书将分析各种翻译方法所生成的翻译关系（即源语文本项目与目的语文本对应项目之间的关系），通过这个翻译关系来管窥文学翻译活动本身的性质，即我们该如何理解源文陌生化语言翻译这种跨文化流传和跨语言转换过程。

研究开始之前，我们需要先明确“陌生化”的含义，确定什么文本语言现象可称为“陌生化语言”。必须承认，“陌生化”这个概念范畴的使用已经假定了某种分类标准，即使面临后学理论质疑之虞，研究者还是不得不采用“陌生化”这个范畴来进行归类，以便指称某种类型的文本语言现

---

① 第二种情况其实属于“有关陌生化语言的翻译研究”这个更大课题的范围，“源文陌生化语言的翻译”构成这个更大课题的一部分。即“有关陌生化语言的翻译研究”在范围上包括“源文陌生化语言→目的语文本对应项目（陌生化语言或非陌生化语言）”和“源文非陌生化语言→目的语文本陌生化语言”。

象，以确定研究的对象和范围。但是，这并非等于说“陌生化”在这里被用来特指某种本质特征。[①] 事物毕竟是相互差异的，此陌生化语言与彼陌生化语言之间总是各不相同，但研究者总不可能把所有陌生化语言穷尽并列举出来，然后再对它们进行分析研究，那样他将发现，研究还没真正开始，他的著作已经无限铺展，而且他将疲于搜寻、列举那些被认为是“陌生化”的语言现象。如果我们承认，独特性和差异是事物间关系的本来面貌，一致性和整体性只是语言规范、文化传统和主体（本身又是语言和文化的产物）通过压制差异而建构（甚至虚构）出来的，那么，“陌生化”便是指语言符号的独特性和差异不被掩盖、压制和排斥，反而被刻意暴露、前景化和彰显出来的现象，尽管在不同情况下作者暴露、前景化和彰显的方式与目的不尽相同，甚至完全不同。也就是说，当我们使用“陌生化语言”时，我们并不是说各个陌生化语言在暴露、彰显和前景化差异方面相互完全一致，而是说它们与那些被掩盖、压制和排斥的非陌生化语言明显相异。这里，“它们”是一个不得已而为之的措辞，“它们”不是“它们性”，不是指称具有相同本质特征的群体，而是“非—非—它们”的意思。这个“非—它们”不是指某种先验的本质特征，而是人们对语言符号的习惯性使用并由此积淀下来的经验，而具有这种习惯用法的语言便被称为“常规语言”，是人们的语言经验所熟知和接受的语言。

即是说，“陌生化”这个概念范畴不是先验的，而是经验的。当我们说“……是陌生化语言”时，这个判断的基础是我们关于语言符号用法的常规经验——这不是常规语言，而是陌生化语言。正是在这个经验层面上，本书借用文体学对前景化的定义，对“陌生化”这个概念界定如下：作者对常规语言的有动因的偏离（deviation），以创造特殊文体效果和帮助

---

① “指称”的英文对应词是“denotation”。本书借鉴约瑟夫·格雷厄姆（Joseph Graham）的理论区分了指称（denotation）和指涉（reference）两个概念。格雷厄姆指出，“语言有两种指涉的方式，或指称，或示例（exemplify），指称是普遍的、任意的指涉方式，而示例是通过相似性来指涉”（Joseph Graham. *Onomatopoetics*. Cambridge：Cambridge University Press，1992，p. 199）。本书用指称来指直接的指代内容，如“狗”这个词指称狗这种动物；指称和示例（exemplification）指代共同构成“指涉”，如“汪汪”这个拟声词通过展示间接地指代狗这种动物。

深化文本主题意义。[1]

上述定义包含三个关键词：常规、偏离和动因。其中，最重要的是，偏离并不是自动构成陌生化。偏离式语言（deviant language）成为陌生化语言的关键要素在于动因，“创造特殊文体效果，帮助深化文本的主题意义”一句便是“动因”的进一步阐述。换句话说，当文本中出现偏离式语言时，这个偏离是否构成陌生化，关键在于该偏离是否有特殊的文体效果和是否对文本整体的主题意义有贡献。[2]在翻译语境下，译者和研究者所要关注的是：在文学翻译中，当源文陌生化语言经过跨文化流传和跨语言转换后，先后两种语言文化之间往往是：常规与常规不同，两种语言各有各的偏离方式，原来的动因未必被目的语读者所认知、接受或需要。[3] 这种情况下，译者是否再造偏离，如何再造偏离，偏离是否构成陌生化，相关文本项目的文化意义又被如何处置？这些问题既关乎翻译方法，也关乎文学翻译的性质，具有重要的理论和实践意义，值得我们去探讨和解答。

1.1 研究背景

提起“文学”，人们一般认为，文学是语言的艺术，文学文本包含具有特殊艺术技巧的语言。这些艺术技巧的特殊性往往表现为遣词造句的精

---

① 韩礼德（Michael Halliday）说，前景化是有动因的突出（prominence），这种突出对表达作者的整体意义有帮助，它常使我们有新的见解。韩礼德这里采用“突出”而非“偏离”是从文体学研究范围这个角度来考虑的。他说，“从语言学出发的文体学危险在于把注重点放在了对语言常规的偏离和歪曲上。我们得到的是一种反语法、丢弃语法的科学。正常的文体学被文学研究者抛弃，只留给他们偏离文体学”（Michael Halliday. Linguistic Function and Literary Style: An Inquiry into the Language of William Golding's *The Inheritors*. In *Explorations in the Functions of Language*. London: Edward Arnold, 1973, pp. 112 – 113）。也就是说，韩礼德认为文体学除了要研究语言用法的扭曲所致突出（即偏离）外，还要研究数量上的突出。本书是从俄国形式主义的“陌生化”概念出发，主要针对那些由于扭曲了语言用法而导致的“阅读困难”现象，搁置数量上的“突出”，故不用“突出”一词，依然采用“偏离”一词。

② 至于偏离式语言如何深化文本主题意义，参见4.2关于陌生化语言理据分析。

③ 孙艺风指出，“cross – cultural”和“intercultural”都译作“跨文化”，但意思不同：cross – 强调单向的跨越，inter – 强调双向的交流和互动，是将不同的文化形式组合在一起（孙艺风：《翻译与多元之美》，《中国翻译》2008年第4期，第10 – 19页）。本书借鉴了孙艺风的这个区分。为了在措辞上更加清楚，把“跨文化”译为“cross – cultural”，把“交互文化”译为“intercultur-al”。跨文化侧重于动态的文本或文化项目传播，交互文化则表示两个文化之间的相对关系或两种文化项目的并置合成，比起“跨文化”来说略显静态。

炼、巧妙、新奇等等。或是字字珠玑以致字句抑扬顿挫、可歌可唱，或是语带双关，甚至含沙射影，或是引经据典、言简意赅，又或是故作乖张、装疯扮傻……文学语言之精巧或新奇不一而足。有时候，为了精巧或新奇，作者通过化简为繁、化繁为简、以俗为雅、以雅入俗、推陈出新等遣词造句的技巧，在语言上故作乖张，既为读者的阐释提供线索，给他们的参与提供语言导引，却又把意义敛藏于欲现还隐、欲遮还露的暧昧之中，为读者留下想象的空间，诱引读者进入文本，激发他们琢磨文本的兴趣，从而达到再体验和再认识生活的目的，正如俄国形式主义批评家维克托·什克洛夫斯基（Viktor Shklovskij）所言：

> 艺术之所以存在就在于使我们恢复对生活的感受，使我们感觉到事物，使石头像石头的样子。艺术的目的是表达人们在感知事物而不是认知事物时的感受。艺术的技巧就是要使事物（object）变得“陌生”（unfamiliar），使形式变得困难，增加感知的难度和时间长度，因为感知过程本身就是审美目的，必须把时间拉长。①

这段话源自什克洛夫斯基的《作为手法的艺术》（*Art as Technique*）（以下简称《手法》）。在20世纪文学研究史上，《手法》具有里程碑意义。Terry Eagleton（特里·伊格尔顿）在《文学原理引论》开篇处就指出，“如果人们真想确定20世纪文学理论发生重大转折的日期，最好把这个日期定在1917年。那一年，年轻的俄国形式主义者什克洛夫斯基发表了开创性的论文《手法》”②。伊格尔顿说这篇文章具有开创性有一定道理。在所

---

① Lee Lemon and Marion Reis. *Russian Formalist Criticism*: *Four Essays*. Lincoln: University of Nebraska Press, 1965, p. 12. 译文参见钱佼汝：《“文学性”和“陌生化”——俄国形式主义早期的两大理论支柱》，《外国文学评论》1989年第1期，第26－32页。

② Terry Eagleton. *Literary Theory*: *A Short Introduction*. Oxford: Blackwell, 1983, p. vii. 杜威·佛克马（Douwe Fokkema）和埃尔鲁德·昆纳·伊布奇（Elrud Kunne－Ibsch）则认为《词语的复活》（*The Resurrection of the Word*）才是“俄国形式主义首篇导论”（Douwe Wessel Fokkema and Elrud Kunne－Ibsch. *Theories of Literature in the Twentieth Century*. London: C. Hurst, 1977, p. 10）。伊格尔顿和福克马采用不同的评定标准，各有道理。相比较而言，《手法》较为详细，且正式提出“陌生化”一词。

有俄国形式主义者当中，什克洛夫斯基是早期活跃分子，是彼得堡“诗歌语言理论研究会”（音译“奥波亚兹”）创始人之一，被认为“至少总体而言是俄国形式主义运动的奠基人”，尽管不是唯一的代表人。① 在20世纪文学研究史上，俄国形式主义直接启发后来的法国结构主义，对英美的新批评也有莫大的影响，而法国结构主义以及英美的新批评都是现当代西方文学研究史上具有承前启后意义的理论流派。

上面《手法》这段话所表达的思想可追溯到什克洛夫斯基于1914年发表的《词语的复活》（以下简称《复活》）一文。《复活》是什克洛夫斯基为未来主义（Futurism）诗歌写的序。这篇序言中，什克洛夫斯基提出，“艺术的感知是对形式的感知（或者不仅仅是对形式的感知，但形式是感知对象中最重要的部分）”②。他的意思是说，“词语的复活”指的便是形式的复活，即作者通过形式的设计和创新来吸引读者的注意力，激发读者的艺术审美过程。《手法》是对《复活》的展开，是在《复活》基础上提出陌生化理论的。在《手法》一文中，什克洛夫斯基主张文学文本要在语言和情节设计上“陌生化”于惯常做法，“使事物变得陌生，使形式变得困

---

① René Wellek. *A History of Modern Criticism.* (Volum 7) New Haven: Yale University Press, 1991, p. 327. 除什克洛夫斯基外，罗曼·雅各布森（Roman Jakobson）的诸多著述在俄国形式主义以及后续的理论发展中有着重要的影响力，且表现出明显不同的研究进路。雅各布森的文学研究特别重视运用语言学，在语言学和诗学之间打通关联，他的研究推动了后来的捷克结构主义和英国文学文体学的发展。

② Viktor Shklovskij. The Resurrection of the Word. In Stephen Bann and John E. Bowlt. *Russian Formalism: A Collection of Articles and Texts in Translation.* Edinburgh: Scottish Academic Press, 1973, pp. 42–43. 这里的“形式”与平常人们说“语言形式”时的“形式”并不是同一个意思。俄国形式主义者常用“技巧”“程序”“制作”等词来讨论“形式”，指的是结构上的组合安排，强调的是设计和技巧，是文学形式，它相对于非文学、自然的或生活的而言。在“语言形式”中，“形式”和“内容”相对，指的是语言符号的能指。本书讨论陌生化语言的翻译需同时涉及语言形式和文学形式。在讨论语言系统差异对陌生化语言翻译的影响时，本书将采用“语言形式”一词；在讨论文学价值的章节里，本书将采用“文学形式”一词。如果单独出现“形式”一词，指的是具有某种文学形式的语言形式——具体的文学文本中，某种文学形式总是需要以语言形式为载体，故而，此时的“语言形式”又蕴含了“文学形式”。

难”，使文本语言在被阅读中激发读者凝视和对文学形式的审美。[①]

陌生化理论后来通过捷克结构主义影响和启发了文学文体学。文学文体学研究者正是从前景化或偏离等概念出发，试图对文学文本和非文学文本作出文体区分。近年来，受文学文体学影响，许多翻译研究者便从前景化、偏离或陌生化等理论概念入手，认为前景化、偏离或陌生化语言体现了文学性，译者应该在翻译中仿造源语文本的前景化、偏离或陌生化形式特征，以再现其文学性。

只是，回过头来看，在文学研究中，《复活》和《手法》之后近百年的文学理论发展见证了“文学性”这一概念的起和落。人们对文学文本的研究经历走进文本和走出文本两次大的转变。先是作者生平考究被文学研究替代——作者生平考究重在对作者的经历和思想进行社会心理学式的考察，研究者企图通过这种考察来挖掘文本的主题意义；文学研究者则重在考察作者的文本体系设计和文学技巧（或手法）运用。后来，文学研究又被文化研究取代。文化研究颠覆了高雅文学和通俗文化的二元分割，研究者把批判的矛头直接指向知识和身份生产以及背后的话语权力。在文化研究和批判理论（critical theory）的影响下，人们对“文学”不再持本质主义理解，而是把“文学”视为话语建构的产物，视为特定历史下的一种身份，是意识形态建构、表达和自证的方式之一。也就是说，在后学时代重读《手法》，特别是上文所引这段话时，我们需要补充的是，《手法》与其说体现了文学性，不如说体现了文学系统中经典化和解经典化的斗争。另外，“使石头像石头的样子”一句重点不在于恢复“石头性”这种本质，

---

① 不过，就情节而言，“惯常”指事件发生的自然顺序。就语言而言，“惯常”在什克洛夫斯基的理论中有时指生活中的惯常语言，有时又指主流文学语言，并无统一论述，这是什克洛夫斯基理论的粗疏之处。后来学者把它归纳为“对常规的偏离”（Victor Erlich. *Russian Formalism: History - Doctrine*. The Hague：Mouton，1980，p. 178）。在这个基础上，本书还借鉴了文体学关于“前景化”的定义，加入“动因”这一要素，并借鉴文体学对“常规”的系统分类，使“陌生化”可以落实到具体的文本分析中。“陌生化语言”实际上仅是俄国形式主义者所讲“陌生化”一词的三种用法之一。这三种含义包括：第一，陌生化语言，即把陌生化手法用于遣词造句上；第二，陌生化的情节（plot），这是把陌生化手法用于叙事结构安排上；第三，陌生化的文学史演变，指后来文学形式往往需要通过颠覆现行文学形式来获得文学经典地位。俄国形式主义者认为前两种是文学性的体现，第三种是文学性的转移。本书研究的“陌生化”指的是第一种。这并不是说第二、三种陌生化用法没有研究价值。实际上，第二、三种陌生化用法可以作为我们研究文学史演变（特别是跨文化文学交流和影响）的理论视角，不过，本书将搁置这两者。

而在于作者如何通过文学手法解除人们在过往形成的对“石头”的惯性认知。由于日复一日、年复一年地重复，人们对“石头”的认知变得代数化(algebraization)、机械甚至麻木。陌生化手法的目的就在于去除这种机械、麻木的意识状态，消除对事物的代数化的惯性认知，解构过往知识，再生产新知识。如果说知识的解构和再建构以及身份的生产属于意识形态，那么，陌生化手法“具有意识形态方面的作用”①。

总的来说，这个否定又否定的文学和文化研究发展史中，变化的是表面研究对象的范围以及研究的方法，不变的是根本层面上对文本意义的追寻或思辨。通过文学/文化研究来思索和思辨意义，实际上是人们在思考和审视着自身的文化生活方式和状况。当今全球化潮流席卷全球，文本、事物、人员（事物和人员其实又是宽泛意义上的“文本”）等频繁地跨越边界，在不同文化间传播。世界，不再是一个“我们”与“他们”各自存在、各自生活的世界。当今世界，“我们”与“他们”互相渗透，难分彼此。源自异域的陌生事物在人们的本土生活中如潮水般涌现，碎片（fragments)、断裂（rupture)、非连续性（discontinuity）等铺天盖地。随之而来的是，符号关系和互文关系获得极大扩展，人们用于生产知识、赋予身份的符号网络和互文资源变得多源、多元和多样。在这种历史境遇中，传统认知下的身份统一性（unity）和延续性（continuity）受到空前挑战，符号多义性、文化多样性和身份多元化大有取代意义、文化和身份统一性之势。于是，能否在时空跨越中保持一致性和维系延续性便成为人们热切关注的话题——尽管并非所有人都孜孜以求的目标。

随着文化研究的深入和学科间交流的增加，翻译研究也发生了文化转向，“操纵”“权力”“身份建构”和“知识生产”等取代“对等”成为翻

① Terry Eagleton. Towards a Science of the Text. In Terry Eagleton and Drew Milnex. *Marxist Literary Theory: A Reader*. Cambridge, Mass.: Blackwell, 1996, p. 309. 实际上，在2005年底2006年初，*Poetics Today* 为陌生化理论开辟了两次专题，里面的文章重新解读陌生化理论，指出陌生化手法中存在着政治（有关论文参见 The Porter Institute for Poetics and Semiotics. In *Poetics Today*, Vol. 26, No. 4, 2005; Vol. 27, No. 1, 2006.）。

译研究的关键词。[1] 这种转变背后是语言哲学的转变，即从工具性语言观（instrumental view of language）转向阐释性语言观（hermeneutic view of language）。[2] 在阐释性语言观中，语言不再被视为先在意义的表达工具，而是被视为施为的（performative）力量——语言通过它内部的差异关系和通过文本“分割”现实，生产意义与建构知识和身份。在这种语言哲学思潮影响下，翻译研究者们主要关注的不再是目的语文本如何表达和再现源语文本在源语文化所表达的那个意义，而是目的语文本在目的语文化语境下生产和建构什么样的文化形象和身份，以及这种形象和身份又如何被用来介入（engage）目的语文化。

如此复杂的时代，面对这些学科发展，当译者要把陌生化语言用另一种语言翻译给另一种文化的读者时，我们还能说译者所（要）做的就是再现文学性吗？如果不是，那译者到底生产什么？是文学吗？如果是，那又是什么样的文学？他的翻译行为最终又生成什么样的翻译关系？在历经文学和文化研究以及翻译研究跨学科借鉴和发展后，当世界进入全球和本土（其实是不同本土）相杂合的时代，我们以源文陌生化语言的翻译为题来思考以上问题就显得非常重要和必要，它不单有助于我们进一步认识源文陌生化语言的翻译方法，而且有助于我们进一步认识文学翻译活动本身的性质，促使我们重新思考我们对文学翻译的既有认知，并借此重新审视我们的文化生活方式和状态。

1.2 回顾和问题

回顾文学翻译研究，文学语言的形式、意义及其翻译引起许多研究者的关注。如果说“文学翻译实践中存在着一种重内容轻形式的倾向，译者

---

① 例如，玛丽亚·铁莫志科（Maria Tymoczko）指出，翻译是借代（metonymy）而非隐喻式（metaphoric）选替（selection and substitution），作为借代，翻译的结果常被挪用于知识的创造和形象的建构（有关讨论参见 Maria Tymoczko. *Translation in a Postcolonial Context*: *Early Irish Literature in English Translation*. Shanghai: Shanghai Foreign Language Education Press，2004，pp. 278 – 298）。她提出，翻译的这种“‘有所偏颇’（partiality）正是各种译本的相区别之处，使译本得以参与到权力的辩证过程中，参与到政治话语的持续进程中”（Edwin Gentzler and Maria Tymoczko. *Translation and Power*. Amherst: University of Massachusetts Press，2002，p. xviii）。

② Lawrence Venuti. *Translation Studies Reader*. New York: Routledge，2004，pp. 7 – 8.

往往忽略源文中有诗学动因的形式"[①]，那么，有趣的是，文学翻译研究中却存在着相反的倾向：重形式轻内容。学者们讨论文学语言的翻译时主要关注的往往是文学语言的"形式"。他们有的遵循描写进路，比较源语文本的形式特征在目的语文本中的去存；也有的遵循规定进路，讨论译者如何仿造形式才能实现文学性对等。例如，据埃德温·根茨勒（Edwin Gentzler）的观察，早期翻译研究学派重视考察目的语文本是否保留或重构源文本的陌生化手法。[②] 苏珊·巴斯内特（Susan Bassnett）就比较过未塞培·翁加雷蒂（Giuseppe Ungaretti）两个英译本"加密化"程度差异。[③] 这种比较实质上是看原作者和译者的形式技巧是否一致或对等。罗曼·雅各布森（Roman Jakobson）、卡特琳娜·莱斯（Katharina Reiss）和克里斯蒂安·诺德（Christiane Nord）等则分别在不同时期从规定性进路出发，提出译者要仿造源文学语言的形式特征。雅各布森认为"当句法或词素要素以相似和对比原则并置以表达其自身独立的意指（autonomous signification）时"，译者必须以"相似的形式"（analogous form）来实现"手法仿造"（transposition）。[④] 莱斯提出，在"倾重形式"（form - focused）的文本中，"如果源语作者以偏离源语规范的方式写作，那译者也必须在偏离目的语

---

① 王东风：《译家与作家的意识冲突：文学翻译中的一个值得深思的现象》，《中国翻译》2001 年第 5 期，第 43 - 47 页。

② Edwin Gentzler. *Contemporary Translation Theories*. Shanghai：Shanghai Foreign Language Education Press，2004，p. 82.

③ Susan Bassnett. *Translation Studies*. Shanghai：Shanghai Foreign Language Education Press，2004，p. 104. "加密化"是俄国形式主义的术语之一，指语言复杂化。

④ Roman Jakobson. On Linguistic Aspects of Translation. In Rainer Schulte and John Biguenet. *Theories of Translation：An Anthology of Essays from Dryden to Derrida*. Chicago：The University of Chicago Press，1992，p. 151. transpose 的译法有"置换"和"转移"。"置换"指用 A 词性替换 B 词性，不改变意义（谭载喜：《翻译研究词典》，北京：外语教学与研究出版社，2005 年，第 258 页）。"转移"指否定部位、主语、重心等转移（孙迎春：《译学大词典》，北京：中国世界语出版社，1999 年，第 321 - 322 页）。这两种译法都不是雅各布森的用法。雅各布森强调的是"相似和对比"这一结构关系特征的仿造，故暂且译为"手法仿造"。"相似和对比"涉及雅各布森所提的"平行结构和投射"。不过，雅各布森并未进一步讨论如何实现形式的相似。

规范上进行创造性写作"[①]。在诺德看来，如果源语信息的特定表达方式体现了原作者的创造性意志（creative will），译者应该再现这种创造性意志。[②]

以上学者的研究中，巴斯奈特的研究不仅只关注形式，还十分依赖于"偏移"（shift）这个概念。[③]"偏移"蕴含如下假定：陌生化形式的文学价值在不同文化中具有可通约性，这种观念背后不是隐含着文化种族中心主义（无论这个中心是源语文化还是目的语文化），就是对文化普遍性过于乐观。

莱斯"偏离对偏离"的翻译方法表面看来似乎是公正对待"偏离"，实际上还是存在粗疏之处。首先，所谓"偏离对偏离"是把语言分为"合规范"和"偏离"两种，言下之意，似乎是所有"偏离"都一样，且"偏离"本身便自动具有重要意义，源语文本和目的语文本只要有对应的"偏离"便是对等。阅读过翻译文本的人对此恐怕难以认同。阅读偏离与目的语规范的翻译体（translationese）和阅读源文陌生化语言所带来的体验相去甚远。进一步说，目的语文本具有特殊性，它的常规和偏离都是多元的，莱斯的所谓"偏离对偏离"则假定目的语文本除某些偏离之外，其他地方都是合乎目的语规范的，从而忽视了目的语文本的特殊性。另外，偏离属于纯形式概念，这说明莱斯和巴斯奈特一样，也是只关注形式，他

---

① Katharina Reiss. *Translation Criticism, the Potentials and Limitations: Categories and Criteria for Translation Quality Assessment*. Shanghai: Shanghai Foreign Language Education Press, 2004, p. 31. 据王东风的观察，中国的文学翻译存在忽视具诗学动因的形式的倾向，他针对这种倾向提出"常规对常规、变异对变异（deviation）"（王东风：《译家与作家的意识冲突：文学翻译中的一个值得深思的现象》，《中国翻译》2001 年第 5 期，第 43 – 47 页），此提法和 Reiss 相似，王的"变异"即是"偏离"。

② Christiane Nord. *Translating As a Purposeful Activity: Functionalist Approaches Explained*. Shanghai: Shanghai Foreign Language Education Press, 2001, p. 89.

③ 这里的"偏移"用的是吉迪安·图里（Gideon Toury）的概念，指目的语文本相对于源语文本的差异。

们都忽略或忽视了语言符号构成中的第三个要素："指涉"①。对于文本来说，叙事的核心在于文本符号的指涉，是指涉使文本叙事得以扎根于特定文化历史语境。读者、译者或研究者只有先确认指涉，才能解读作者的叙事所再现的社会文化语境，从而解读作者的偏离式语言背后的社会文化意图，而不仅仅是认为偏离具有"独立意指"。

诺德的创造论只关注创造本身，康德主义色彩明显，对创造背后可能牵涉的文化意图和文化意义略过不谈，显得过于约简。从文化参与和社会身份的角度来说，话语及其方式不仅折射个体或相关群体的世界观和社会文化地位，也是话语使用者参与社会文化再生产和（争取）再分配的方式。忽略或忽视这点，便是在阐释中存在去社会化和去历史化的倾向。

菲利普·刘易斯（Philip E. Lewis）提出的"岐/奇语"（abuse）和

---

① 语言符号学中存在两大流派，一是费迪南·索绪尔（Ferdinand de Saussure）的，二是查尔斯·皮尔斯（Charles Peirce）的。前者用二元模式来分析符号，即把语言符号构成分为能指（signifier）和所指（signified）；后者用的是三元模式，即把语言符号构成分为符型（sign）、符释（interpretant）和指涉（referent）。索绪尔从共时研究的角度出发，视语言符号为一个封闭系统，与外部现实相平行，而能指和所指之间由于语言系统的分割获得稳定的关系。与索绪尔不同，皮尔斯的符释是一个开放的阐释过程，符释又有符释，往复无穷（就这点而言，皮尔斯的符释有点像后来的互文性）；而且，指涉又把符号与具体历史语境结合起来。总体而言，索绪尔的语言符号理论有脱离历史的倾向，而皮尔斯的语言符号理论则重视历史语境。

“岐/奇忠”（abusive fidelity）与“陌生化形式”的翻译颇有关联。① 他说：

> （译者应）高度重视试验性语言，重视对常规用法的干预和破坏等的翻译旨在使自身在多义性或复义性或强调式表达上达到与源语文本的对应（match）……首先，翻译中的岐/奇运作（abusive move）不可用于任意对象之上，不可用于源文本任何一个语言要素上；相反，它必须施于关键的部件（operator）或者重要的文本关节点（textual knot）上，这些部件或关节点是凭着其自身的“岐/奇”特征或者对占优势地位的“惯常”（usual）或

---

① 刘易斯的 abusive fidelity 又称为 abimitative fidelity.（Philip E. Lewis. The Measure of Translation Effects. In Joseph F. Graham. *Difference in Translation*. Ithaca：Cornell University Press，1985，p. 42）。abimitative 是 abuse 和 imitation 的合成，既是 imitation，又不是机械复制，那么则是通过对目的语的abuse来达到 imitation。因此，abusive fidelity 包含三层含义：第一，abusive 说明 fidelity 的对象，即忠于源语文本中的 abuse；第二，abusive 说明达到 fidelity 的方法，即通过对目的语的abuse来实现，是 abuse 手法（technique）相似于 abuse 手法的忠实；第三，abusive fidelity 中的 abusive 一词的用法本身就展示达到 fidelity 的方法，即 abusive 在这个词组中意思是 to use in an abnormal way，而不是通常的“谩骂、虐待、滥用”等意思，abusive fidelity 中的 abusive 已经是对它自身的通常用法的 abuse——换句话说，abusive 在展示达到 fidelity 方法时实际上也表明此时 fidelity 的性质或内涵，即此 fidelity 是经重新界定的，译者只有 abuse 源文之后才获得以 abuse 目的语实现 fidelity 的空间，而后才能通过 abuse 手法相似来实现 abusive fidelity，而不是传统意义上的因对等而忠实。

王东风借鉴钱锺书“反常的语言”（non - usage）这个说法，把 abuse 译为“反常语”，把 abusive fidelity 译为“反常的忠实”。他说，“反常的忠实”表达两种含义：其一，这种忠实是“反常”的；其二，译文要忠实于原文中的“反常之语言”（王东风：《译学关键词：abusive fidelity》，《外国语（上海外国语大学学报）》2008 年第 4 期，第 74 - 75 页）。王译“反常的忠实”的第二层含义（忠实于原文中的反常之语言）和刘易斯的第一层含义（abuse 对 abuse）相似，但王的第一层含义（“这种忠实是反常的”）则流于宽泛，不能表达出刘易斯实现忠实的方法（即通过对目的语的 abuse 来实现忠实）。更进一步说，王译“反常”一词比较宽泛，对应于英文的 unusual，而且王跟从钱把 non - usage 译为“反常”有待商榷。如果说英语中 use v. s. non - usage 意味着二元分割，那么，汉语中“正常”—“反常”则更进一步，属于二元对立，不能表达出解构主义者的 abusive move 这一思想。在解构主义中，move 指能指的运作，abusive move 即指能指的嬉戏。所以，把 abuse 译为“反常语”，把 abusive fidelity 译为“反常的忠实”还不够精当。

笔者此处拟用“岐/奇”二字，把 abuse 译为“岐/奇语”，把 abusive fidelity 译为“岐/奇忠”。岐，本义分叉（divergence）、不一致（inconsistency）；奇，奇特，即下文刘宗次、蔡鸿滨等人用来译“defamiliarized”的“奇”。“岐/奇”表示作者使用语言符号时既叛逆又带有创造性，“岐/奇语”表示符号能指发生往常用法和文本用法两种不同的能指痕迹（trace），从而因岐而奇，构成能指的“岐/奇”嬉戏。“岐/奇忠”中，“岐/奇”既是忠的对象（对原文的“岐/奇语”的忠实），也是达到忠的方法（通过“岐/奇”来实现忠实），还表明忠的性质或内涵——“岐/奇忠”表示这种“忠”之所以“奇”是因为它是对源语文本的“岐用”后获得的，是不同于传统忠实的全新忠实观。

“有用”（useful）的价值观的抵制而被辨认出来……[①]

从这段话来看，译者的“岐/奇”语翻译施行于关键部件上，是有选择有侧重的行为。至于译者在哪些部件上实施“岐/奇”用法，又如何把握“岐/奇”的度，刘易斯提出，“译者的目的在于以类似的手法重新表达出源语文本中所出现的‘岐/奇’，从而获得影响力、抵制力、加密力(densification)”[②]。就这一点来说，刘易斯追求的是“岐/奇”手法的相似。刘易斯又只用了“对应”（match）一词，避开了“对等”，认为译者应“旨在使自身在多义性或复义性或强调式表达上达到与源语文本的对应”。可见，刘易斯的讨论基本上也停留在形式上，尚未触及形式和语言的文化意义。

国内学者对陌生化语言的翻译主张大都近似于雅各布森、莱斯、诺德和刘易斯等人的形式主义翻译观，基本上都认为译者应仿造相似形式。[③]相对于大多数研究者来说，杨威倒是与众不同，他提出译者应重视前景化语言的动因，认为译者应准确掌握动因，舍形保意。不过，至于这个“意”是什么，杨威并没有展开来阐述，也就没有讨论译者应保哪个“意”(如果前景化语言的“意”不止一个)、能否保住“意”等问题。[④] 李靖民、徐淑华则在他们的文章中提出“不应有的前景化”一说。所谓“不应有的前景化”指并非出于文体目的，而是由于译者受源语形式干扰而出现的形式“突出”，大致相当于“翻译体”。[⑤] 如果我们顺着这个思路，把“前景化”分为“应有”和“不应有”，我们还可以提出这样的问题：“应有的前景化”是什么样子？如果目的语文本中两种前景化都存在，译者如

① Philip E. Lewis. The Measure of Translation Effects. In Joseph F. Graham. *Difference in Translation*. Ithaca: Cornell University Press, 1985, pp. 40 – 43.

② Philip E. Lewis. The Measure of Translation Effects. In Joseph F. Graham. *Difference in Translation*. Ithaca: Cornell University Press, 1985, pp. 40 – 43.

③ 这些学者并非全部使用“陌生化”这个概念，他们有的用“偏离”，有的用扬·穆卡洛夫斯基（Jan Mukarovskij）意义上的“前景化”，虽然他们自己声称用的是韩礼德的“前景化”理论。

④ 杨威：《〈名利场〉中人物话语的前景化现象与翻译策略》，《新余高专学报》2008 年第 4 期，第 55 – 57 页。

⑤ 李靖民、徐淑华：《前景化与翻译批评》，《西安外国语学院学报》2003 年第 1 期，第 1 – 2 页。

何区分才能让读者在阅读中辨识，读者又根据什么来辨识？另外，“不应有”一词折射出如下假定：即目的语符号的性质在目的语文本和目的语本土创作中（应该）是一样的。这种观点忽视了目的语文本的符号的特殊性，即在目的语文本中目的语符号被用于跨文化指涉，被用于“比喻”与它过往用法不同的意义。那么，跨文化指涉对目的语符号表达源文陌生化语言的文化意义有什么影响？这个问题在以往有关陌生化语言的翻译研究中基本未被讨论过，这种忽视可能是由于研究者受形式对等的翻译观束缚，也可能是由于研究者对目的语文本符号的文化身份过于想当然，认为目的语文本符号等同于目的语符号。本书将尝试就这一问题展开探讨。

另外，国内有学者把“陌生化”这个概念和文学翻译及异域性联系起来，主张在文学翻译中用保留异域性的方法来实现“陌生化翻译”，即，

> 避免将源语文本归化成译入读者所熟知或显而易见的形式和内容，而是通过异域化（alienizing）和杂合化翻译技巧使目的语受众不断有新的发现。异域化翻译意味着保留源语文本中的语言文化异域特征，包括陌生化的表现形式；杂合化翻译是译者将源语文本中的语言文化异域特征与目的语中的可比文本的语言文化特征相杂合。①

陈琳的“异域化”指的是译者保留源语文化特征的翻译策略，也就是异化翻译策略。② 陈琳的“陌生化翻译”并不是指陌生化语言的翻译，而是指翻译操作本身是种陌生化，而下面的“陌生化的表现形式”则是指陌生化语言。那么，“陌生化翻译”所生成的目的语文本语言是不是陌生化语言？如果是，不管源语文本中有没有陌生化语言，只要译者采用异（域）化的翻译策略，结果就能产生陌生化语言。那样的话，“陌生化语

① 陈琳：《陌生化翻译：徐志摩诗歌翻译艺术研究》，上海：华东师范大学，2007 年。

② 这里用异化翻译策略来指译者在目的语文本中尽量保留源语文化项目的翻译策略或方法。异化翻译策略不同于劳伦斯·韦努蒂（Lawrence Venuti）的异化翻译，后者只是一种文化政治实践，在不同语境下实现于不同的翻译策略或方法。本书提到异化翻译策略或异化语言时用的是异化的第一种含义，当用到韦努蒂的含义时，将用“异化翻译”来表示。陈琳这里采用异域化而不用异化一词，估计是为了将它与韦努蒂的异化翻译区分开来。

言”一词中的“陌生化”就等于“异（域）化”。也就是说，无论原作者有无陌生化意图，目的语文本都会表现出陌生化，如此一来，陈琳点明“包括陌生化的表现形式”似乎多余。如果“陌生化翻译”所生成的目的语文本语言不是陌生化语言，“陌生化翻译”中（陈琳认为与异域化相通）的“陌生化”和“源语文本的陌生化的表现形式”中两个“陌生化”该如何区分？归根到底为一个问题：异（域）化和陌生化之间可否等同？如果不可，两者间有无联系？

郑海凌等就曾提出异化翻译策略和陌生化不可等同，但异化策略可用于陌生化，他们指出：“译者翻译陌生化语言时可以用归化翻译策略，也可以用异化翻译策略，关键在于新奇和美感的保留。”[①] 事实是否如此？如果是，用归化翻译策略和异化翻译策略来翻译陌生化语言有什么不同？这些问题在以前往往被遗漏，人们只把注意力集中于反对常规化翻译，似乎忽视了“常规化—陌生化”与“归化—异化”这两对范畴的区别。[②]

使问题更为复杂的还有，随着后殖民研究被引入翻译研究中，研究者开始关注翻译背后所涉的权力不平等关系，关注翻译所带来的知识生产和身份建构。例如，韦努蒂针对英美的归化翻译传统提出抵抗式翻译，并阐述为异化翻译理论。在他的理论里，异化翻译是抵抗本土主流价值观的文化策略。为了实现异化翻译，译者可通过遣用古语、边缘话语或者外来语言形式等非主流语言来挑战甚至颠覆本土主流价值观。奥维迪奥·卡博内尔·科尔特斯（Ovidio Carbonell Cortés）在借用韦努蒂的异化翻译理论时作了进一步延伸，认为可以用“陌生化”代替“异化”，他说，“陌生化，或者说异化，旨在保留能使外来文本成其为外来文本的独有特征——这种保留实际上是改写”，是“对外来文本在目的语文化中的接受情况的回应”。[③] 那么，韦努蒂的异化翻译是否真的就是陌生化？异（域）化的翻译策略、异化翻译和陌生化三个概念之间如何区别？如果真如科尔特斯所

① 郑海凌、许京：《文学翻译过程中的“距离”问题》，《中国翻译》2002 年第 3 期，第 47 - 49 页。

② 常规化与陌生化相对，指的是把陌生化的形式转译为普通的、通顺的常规语言。

③ Ovidio Carbonell Cortés. Orientalism in Translation: Familiarizing and Defamiliarizing Strategies. In Ann Beylard - Ozeroff, Jana Králová and Barbara Moser - Mercer. *Translators' Strategies and Creativity*. Amsterdam, Philadelphia, Pa.: J. Benjamins Pub. Co., 1998, pp. 65 - 66.

言，韦努蒂的“异化”就是“陌生化”，那么，这是否意味着译者在目的语文本中再造陌生化语言同样可以遣用古语、边缘话语或者外来语言形式等非主流语言？是否又意味着陌生化语言与其说是再现了文学性，不如说是挑战和颠覆了本土的主流价值观念？这些问题不仅关系到陌生化语言的研究方法，也关涉目的语文本陌生化语言的文化意义，最终关系到源文陌生化语言与目的语文本陌生化语言之间的翻译关系，值得进一步深入探讨。

概括起来，目前国内外关于陌生化语言的文学翻译研究受形式对等和文学性再现这两种观念束缚，不仅未区分不同性质的偏离，对陌生、异化翻译和异化翻译策略三个概念也时有混淆，特别是忽视或忽略了陌生化语言在源语文本和目的语文本中的文化意义的区别。这种倾重形式而忽略文化意义的做法与翻译研究的文化转向并不相称。对于这种倾向，保罗·德曼（Paul de Man）的评论似乎能给我们一些启发，他说：

> （形式主义）对其话题的现象方面讨论十分充分，他们作为一个描写的学科也十分有效，却是以放弃理解为代价。换句话说，形式主义理论只能产出文学文体学，而不是文学阐释学。而文体学意味着把理解排除在外。[①]

如果借用德曼的批评，我们可以这么问：当人们把陌生化语言约简为陌生化形式之后，他们把什么排除在外？这个问题一方面牵涉源文陌生化语言的意义，另一方面则牵涉其对应项目在目的语文本中的文化意义，最终指向翻译关系——翻译是否是文化意义的转移和再现。这个问题既具有理论意义，也具有实践意义，对于翻译陌生化语言和研究陌生化语言翻译的人来说都非常重要。译者或研究者需要弄清楚：在目的语文本中，偏离就一定构成陌生化形式吗？目的语文本的陌生化形式在目的语文化中便自动具有文学价值吗？这又是文学性对等吗？即使是，译者为了实现偏离对偏离，是否影响文本其他地方？这些问题都蕴含于“文学陌生化语言的翻

① Paul de Man. *The Resistance to Theory Minneapolis*. Minn.：University of Minnesota Press，1986，pp. 30 – 31.

译”这个课题中，对这些问题加以分析是这个研究课题的内在要求。

归纳起来，本书所要讨论的主要问题是：

（1）我们应如何理解文学陌生化语言的“对等文学翻译”?

（2）什么样的翻译策略可用于文学陌生化语言的“文学翻译”?

（3）当译者采用上述方法或策略时，他获得的是什么样的翻译关系?

为了讨论“文学陌生化语言的对等文学翻译”这样一个表述，本书将首先分析当前学界所普遍持有的实现“文学性对等”的陌生化语言翻译方法，即用于仿造陌生化形式的“常规对常规、偏离对偏离”。本书将先顺着这一思路，分析这种方法所获得的结果，指出这种结果在文本语境和文化语境中的意义，目的在于指出偏离在目的语文本中未必构成陌生化，因而所谓“偏离对偏离”未必是“陌生化形式仿造”，即使偶然构成“陌生化形式仿造”，也未必是“陌生化语言的对等翻译”，且不是“文学性再现”，而是“文学性构建”，因而并非传统意义上的“文学性对等”。这种分析旨在解构有关陌生化语言翻译的“对等”“文学翻译”和“文学性对等”等传统观念，为有关陌生化语言的“文学翻译”和“文学性对等”提供新的理解和解释。随后，本书还将探讨其他可用于陌生化语言翻译的方法或策略，并分析这些翻译策略所得目的语文本对应项目与源文陌生化语言的关系，分析目的语文本独特的跨文化意义生产。

1.3 研究对象和方法

研究方法取决于研究对象和研究内容。为了确定研究方法，研究者必须明确研究对象和研究内容。本书主要讨论“文学陌生化语言的翻译”，本书的研究对象便是文学陌生化语言在跨语言文化语境下的转换和转化，具体包含两个方面：源文陌生化语言的独有特征对跨语言文化转换所提出的要求；源文陌生化语言的跨语言文化转换和转化所体现的文学翻译活动的性质。[1] 本书将先讨论译者对源文陌生化语言进行跨语言转换时会受什么限制，一般情况下获得什么结果，然后根据这些结果来探讨“文学翻译”本身的性质。因此，源文陌生化语言的形式特征和文化意义、源文陌生化语言的翻译方法、这些翻译方法所致翻译前后意义（不）一致性、与意义（不）一致性相关的文学翻译的性质等问题都是本书需要探讨的内容。

首先，以意义和意义（不）一致性为聚焦，研究者一方面要讨论源文陌生化语言的形式特征和文化意义，另一方面要讨论目的语文本对应项目的意义，并分析翻译行为中影响该意义的文本内外关系，即译者在选择源文陌生化语言的翻译策略时会受什么因素制约，各种策略的意义生产有什么特点。潜在项目的潜在意义是制约译者选择目的语文本对应项目的核心因素，但这些潜在意义被译者投射到文本生产中，转而成为生成目的语文本对应项目的现实原因。因此，潜在意义和现实原因相互转换，难以截然分开，研究者不可能也没必要将研究分为前瞻（prospective）或回溯（retrospective）。研究者必须结合两者，既参考过往翻译研究的成果，也参考文学理论中有关文本阐释的理论成果，在研究中尽可能地涵盖与目的语文本项目的意义生产相关联的因素。就源文陌生化语言来说，语言形式的特点决定偏离的方式，文本语境决定偏离的性质，文化语境决定偏离的文化意义，这三者都是理论探讨需要涵盖的重要范畴。到了翻译语境下，这些范畴又增加“差异”这个参数，变成语言形式差异、文本语境差异和文化语境差异，它们共同制约译者的翻译策略选择，同时也决定了目的语文

---

① 首先，事物是因为其自身的独特性而作为一种类别单独存在，此时对该事物的跨语言转换往往是根据它的这些独特性质而作出的应对决策。其次，事物与其他事物一样，都是“事物”，具有事物间的相似性或普遍性。这并不是说，所有的事物拥有一个本质主义的本源，而是说，事物总是在差异中有所相似，这种相似性使得对这些事物的处置经过一定的抽象总结之后具有相通之处。在翻译语境下，有待翻译的文本包含各式各样的语言，每一种语言现象都由于它本身独特的表意方式要求译者谨慎、公正地对待它；同时，译者对不同语言现象的处理方法反过来折射出他对“翻译”活动的总体理解。也就是说，研究“A 怎么翻译”不仅关涉 A 本身的特点，也关涉怎么样才称之为翻译。本书正是在这个意义上把“源文陌生化语言”视为两种身份进行研究探讨。其一，源文陌生化语言作为一种独特的、区别于别的文学语言的语言现象，其跨语言转换有自身的困难和挑战，译者对源文陌生化语言的处置体现这种语言现象的独特性；其二，源文陌生化语言作为一种普通的文学语言现象之一，其翻译与其他文学语言的翻译一样体现译者对文学翻译活动本身的理解。

本对应项目的意义，译者或研究者须重视并考察这些因素。

其次，目的语文本对应项目的意义决定了翻译关系的性质。这个翻译关系的性质是什么，一致还是不一致？这个答案不仅关系到目的语文本对应项目相对于源文陌生化语言的地位，也关系到我们如何理解和看待文学翻译活动本身的性质。对于译者和翻译研究者来说，这种理解与文学翻译的定义、翻译的身份和译者的翻译行为等都密切相关，具有重要的理论和实践价值。

再次，本书把源文陌生化语言作为一类文学文本语言现象来研究，关注的不是某个或某些文本、某个或某些作家的陌生化语言该如何翻译，也不是这个或这些文本或作家的源文陌生化语言翻译体现了何种社会文化因素限制。对后两者的研究虽然在一定程度上能帮助我们认识文学翻译的性质，但这种经验研究的结论是就特定材料范围归纳出来的，其结论有效性往往仅限于被归纳材料。更重要的是，这种经验研究只挖掘了已被思考、言说和践行的东西，对于尚未被思考、言说和践行的（有些东西已被践行，却未经思考、反思或言说），但又本可以被思考、言说和践行的东西，经验研究基本上是无能为力的。对于翻译理论以及我们的文化生活来说，我们的文化要保持活力，我们的文化选项要获得扩展，这些未被思考、言说和践行的便具有重要价值（尽管有时候也伴随一定的颠覆力），而揭示这些未被思考、言说和践行的，但又本可以被思考、言说和践行的东西，恰恰是理论研究的任务。因此，本书将不会采用经验主义者的“观察—统计—归纳”进路，而是在理论层面上用演绎的推理方法来分析相关因素对译者的制约，分析译者在翻译中生产意义的方式。① 本研究将采用演绎分析的方法，探讨译者翻译源文陌生化语言时总体上受到什么语言文化因素影响，一般情况下会产生什么样的翻译结果，这些翻译结果又体现文学翻译活动的什么性质。

---

① 朱志瑜“在经验主义里，只有科学知识才是真正的知识，只有靠科学方法得到的知识才是真正的知识”（朱志瑜：《翻译研究：规定、描写、伦理》，《中国翻译》2009 年第 3 期，第 5 – 12 页）。朱志瑜“在经验主义里”这个短语实际上对后面观点的有效性范围作了限制。这句话所隐含却又避而不提的另一面是：在理性主义里，用经验主义的“科学方法”所获得的知识其实有有效性范围，并不是普遍的。理性主义和经验主义的分歧集中体现于它们所推崇和倡导的逻辑推理分析方法：经验主义重归纳，理性主义重演绎。本书采用的是演绎分析的逻辑推理方式。

演绎分析最重要的是用于分析的理论前提，这些前提是分析赖以进行的基础。文学陌生化语言的翻译虽是个翻译研究课题，但也是个（跨）文学文化研究课题，翻译理论本身并不能够提供足够的理论支持。因为这里面牵涉到陌生化语言的形式特征、文化意义以及符号生产意义的方式等内容，这些内容属于文体学、文学理论以及符号学等领域。其中，确认文学文本中的陌生化语言需借助文学文体学的相关概念，以此来明确陌生化语言的形式特征，使我们对陌生化语言的认知、辨认、分析和讨论具体化。其次，陌生化语言是一种特殊的符号，符号学的相关概念和理论可用来分析陌生化语言的符号结构，并为讨论目的语文本符号的意义生产提供理论支持。再次，如果我们要阐释源文陌生化语言及其目的语文本对应项目在文本中的意义，就需要借鉴和运用文学批评理论。所有这些从根本上决定了本书需采用多学科融合的研究方法。

总的来说，除绪论和结论外，全书共六章。第二章是理论概览，主要介绍陌生化理论，涵盖陌生化的内涵、对象以及方式。第三章是有关源文陌生化语言的阐释学分析，为后续四章奠定理论基础。后学时代，当意义稳定性和阐释有效性备受怀疑时，从理论上讨论译者阅读源语文本时能否和如何确定陌生化语言十分必要。另外，在文学陌生化语言的问题上，形式主义解读占统治地位，因而讨论陌生化语言的文化意义也能帮助我们检视以往被忽视的方面。第四章着重讨论语言差异和目的语文本语境对译者仿造陌生化形式的制约。这涉及几个方面的问题：英汉语偏离方式的差异、目的语文本中偏离功能的多样性、目的语文本中常规的特殊性。第五章和第六章探讨文化差异对源文陌生化语言翻译的影响以及不同翻译策略的文化意义生产。第五章第一、二节承继第四章，分析交互文化语境下源文陌生化语言翻译中所存在的内在矛盾。由于这一内在矛盾，译者翻译时不可避免地需要对源文陌生化语言进行不同层面的取舍和更替。取舍和更替若放置在文化语境中便具有重要意义，改造了文本（项目）的文化意义。这为第六章讨论各种源文陌生化语言的翻译策略及其文化意义奠定基础。第七章又以第六章为基础，指出各种翻译策略将导致两种文化的相互渗透以及两套文化逻辑的相互植入和改造，导致目的语符号在目的语文本内的本土/跨文化指涉模棱（ambivalence）和交互文化杂合，生产目的语文本特有的交互文化意识形态。换句话说，源文陌生化语言的翻译不是文学性或文化意义的转达，而是目的语符号的更新和交互文化杂合，是事物在交互文化语境下的文化意识形态价值转变。

从正面看，本书将探讨与源文陌生化语言翻译有关的阐释学、形式转换、文化意义转变等方面的问题；从反面看，本书将回应和反驳在源文陌生化语言翻译这个问题上根深蒂固的“陌生化形式仿造”和传统的“文学性再现”的观念。笔者希望，通过探讨源文陌生化语言的翻译，本书能使人们对文学陌生化语言的翻译有新的认识，并以此为例使人们对文学翻译这一跨文化交流活动的性质有更深刻的理解。

2 陌生化理论概览

“文学陌生化语言的翻译”中“翻译”牵涉对“文学陌生化语言”的跨语言文化处置。然而，当源语文本的文化项目跨越文化边界之后，在目的语文化中常常由于异域异质性而显得陌生。因此，在翻译语境下探讨陌生化语言，我们必须厘清“陌生”和“陌生化”两个概念之间的关系：首先是两者是否相同，其次是陌生对陌生化语言翻译的影响。[①] 本章将着重梳理和阐述“陌生化”这一概念，围绕以下几个问题展开：①什么是陌生化？②陌生化了什么？③怎样陌生化？换言之，也就是陌生化的内涵、对象和方式。

2.1 陌生化的内涵

在《手法》中，什克洛夫斯基说：

> 艺术之所以存在就在于使我们恢复对生活的感受，使我们感觉到事物，使石头像石头的样子。艺术的目的是表达人们在感知事物而不是认知事物时的感受。艺术的技巧就是要使事物（object）变得“陌生”（unfamiliar），使形式变得困难，增加感知的难度和时间的长度，因为感知过程本身就是审美目的，必须把时间拉长。[②]

---

① “陌生”和“陌生化”两个概念之间的区别和联系还牵涉“陌生化”和“异化”的区别和联系，本书第六章第一节对此展开讨论。

② Lee Lemon and Marion Reis. *Russian Formalist Criticism*: *Four Essays*. Lincoln: University of Nebraska Press, 1965, p. 12. 译文参见钱佼汝：《“文学性”和“陌生化”——俄国形式主义早期的两大理论支柱》，《外国文学评论》1989 年第 1 期，第 26－32 页。

对于这段话，我们对“困难”（“使形式变得困难”）一词不可仅按字面意义理解。在俄国形式主义中，“困难”未必是“复杂难懂”，而是“去自动化”（deautomation）的意思。陌生化理论实际上是建立在这样一个预设对比下：认知的自动化和认知的去自动化。自动化指人们在社会文化生活中形成对事物的习惯性联想和“视自然而然”的观念这种状态，去自动化便是指消解和打破这种状态。在什克洛夫斯基甚至在整个俄国形式主义理论里，新颖的文学形式被认为具有“去自动化”的认知功能，即消除麻木、引起注意、激发审美的过程。也就是说，陌生化的真正含义是去自动化，即解除事物被压制在认知背景的状态。去自动化是为了抵抗词语的“代数化”，形式主义者认为：

> 当词语被我们的思维用于替代通常的思想观念，发挥代数符号的作用时，当词语被用于日常生活话语中，即使未被完全清晰地发出或完整地听到，词语这时已经变得熟悉，它内在的形象和外在的（声音）形式已经停止被感知到。我们并不是在感受它，不是在观察它，而只是在认而已，就像我们并不观察我们房间的墙壁一样，像我们很难注意到校对稿里面的错字一样。①

去自动化的、困难的形式未必是复杂的形式，陌生化既可表现为以繁代简和以雅代俗，也可表现为以简代繁和以俗代雅。这种取代不是把所有的简的或俗的或雅的或繁的换成对立面。以繁代简及以雅代俗，是以简和俗为背景，以繁和雅为前景；反过来，以简代繁及以俗代雅，是以繁和雅为背景，以简和俗为前景。

与“困难”相对应，“陌生”一词也不可简单按照字面意义来理解。实际上，“陌生”一词有其理论来源。什克洛夫斯基说：

① Viktor Shklovskij. The Resurrection of the Word. In Stephen Bann and John E. Bowlt. *Russian Formalism: A Collection of Articles and Texts in Translation.* Edinburgh: Scottish Academic Press, 1973, p. 41.

> 据亚里士多德所言，诗歌语言必须显得奇特和精彩。实际上，这种语言经常是外来的：比如闪语就可能曾被亚述人视为诗语，拉丁语也曾被很多地中海欧洲人视为诗语。同样地，阿拉伯语和保加利亚语都曾分别被波斯人和俄罗斯人视为诗语。①

什克洛夫斯基这里说的是外来语“可能”被视为诗语，而不是“必定”或者“本质上”就是诗语。有时候，作者在诗歌中嵌入个别外来词汇，不是为了“陌生”，而是为了“不平常”。“不平常”才是亚里士多德所要表达的意思。② 也正因此《手法》英译文“unfamiliar”一词才加了引号，如：

（1）The technique of art is to make objects “unfamiliar”. ③

（2）The technique of art is to make things “unfamiliar”. ④

也许是为了避免混淆，道格拉斯·罗宾逊（Douglas Robinson）干脆放弃 unfamiliar，采用 estrange，也加了引号：

---

① Viktor Shklovskij. Art as Technique. In Lee Lemon and Marion Reis, *Russian Formalist Criticism: Four Essays*. Lincoln: University of Nebraska Press, 1965, p. 22.

② 亚里士多德在《诗学》中这么说，“语言，若想效果显著，必须清楚而不平凡。最清楚的语言由现行词汇构成，却非常平凡。不平常的词汇（unusual words）使得语言非常体面而不平凡。所谓‘不平常词汇’，我指的是奇特的词、比喻、延长的形式、任何与通常用法相反的语言。但是，如果一个人所有的词汇都是由这些词汇构成，结果则要么像是谜语，要么至少读起来非常混乱。我们所需要的是两者的混合”（G. M. A. Grube. *The Greek and Roman Critics*. Toronto: University of Toronto Press, 1968, p. 83）。

③ Lee Lemon and Marion Reis. *Russian Formalist Criticism: Four Essays*. Lincoln: University of Nebraska Press, 1965, p. 12.

④ Robert Scholes. *Structuralism in Literature: An Introduction*. New Haven: Yale University Press, 1974, pp. 83 – 84.

（3）Art's device is a device for the "estrangement" of things. ①

和罗宾逊的 estrangement 一词相似，李·莱蒙（Lee Lemon）和马里昂·雷斯（Marion Reis）的译文用了 strange，称"陌生化"是"make strange"。estrange 和 make strange 差不多，背后隐含以下意思：被 estrange 或 make strange 的对象本来是 familiar 的，或者至少是 not strange。以此类推，加了引号的 unfamiliar 意思是指"本是熟悉的但现在看起来又不熟悉"。什克洛夫斯基曾说过，"只有那些现实中存在的并已经被感知过的（也就是那些已经被人们熟知的）才能被陌生化——我那时候所引用的例子已经非常清楚地包含这一点"②。因此，所谓"陌生化"并非指陌生难懂，而是指让原来熟悉的事物变得奇特或奇异，是一种去除熟悉感、打破认知惯性的手法。③

从俄语译入的汉语译法可做旁证。与钱佼汝紧跟莱蒙与雷斯采用"陌生"一词不同，刘宗次译为"艺术的手法是将事物'奇异化'的手法"④。蔡鸿滨译为"艺术的手法就是使事物奇特化的手法"⑤。方珊译为"艺术的

---

① Douglas Robinson. The Spatiotemporal Dialectic of Estrangement. In New York University and the Massachusetts Institute of Technology. *TDR: The Drama Review*, Vol. 51, No. 4, Winter, 2007, pp. 127 -128. 弗雷德里克·詹姆森（Fredric Jameson）批评什克洛夫斯基在陌生化对象这点上"没有说明是内容还是形式"（Fredric Jameson, *The Prison House of Language*. Princeton, N. J.: Princeton University Press, 1972, p. 75）。就詹姆森所批评的问题来说，罗宾逊把什克洛夫斯基没有展开来说清楚的问题讲清楚了。罗宾逊把"事物"解释为"生活中所感知到的物体的诗意表征"，因此事物可分解出几个状态："生活中感知的事物""被代数化或机械化认知的事物"和"用于诗意地表征原来被感知对象的事物"。可见，陌生化的对象，既有内容也有形式。

② Shklovskij Povesti o proze, ii, p. 305. 转自 Daniel Rancour - Laferriere. Potebnja, Shklovskij, and the Familiarity/ Strangeness Paradox. In *Russian Literature*, 1976, No. 4, p. 189. 从什克洛夫斯基的这句话来看，他的陌生化似乎又包含用陌生化形式实现对生活中事物进行再认知这层意思。即，"事物"不单指"形式"。

③ 其实，在《复活》中，什克洛夫斯基多次用到"semi - understandable"一词。

④ 什克洛夫斯基著，刘宗次译：《散文理论》，南昌：百花洲文艺出版社，1994 年，第 10 页。刘宗次还翻译了什克洛夫斯基的《词使受挤迫的心灵自由》。该文"关于诗语研究会的故事"一节中，什克洛夫斯基对之所以采用"奇异化"作了如下解释："陌生化"（остранение）原意"奇异化""特异化"。不过是"犯了语法错误"的结果，即本应该写作"странный"（奇怪的），但他少写了一个"н"，结果"奇怪的"变成了"陌生化""奇异化"（什克洛夫斯基著，刘宗次译：《散文理论》，南昌：百花洲文艺出版社，1994 年，第 80 - 81 页）。

⑤ 茨维坦·托多罗夫编选，蔡鸿滨译：《俄苏形式主义文论选》，北京：中国社会科学出版社，1989 年，第 65 页。

程序是事物‘反常化’的程序”[1]。无论“奇特”“奇异”或“反常”，共同之处在于“不寻常”，并不是“陌生”。张冰的研究也印证了这点：

> 所谓陌生不是绝对普泛的陌生，而是相对于生活的本然样态、读者的前接受视野、一个时代文学中占统治地位的审美原则等，在一定背景下“显得”陌生。因此，陌生化意味着对旧规范旧标准的超越、背反，它是对读者的审美心理定式、惯性和套板反应的公然挑战。[2]

2.2 陌生化的对象

上述《手法》引文中“事物”一词其实比较模棱。我们不禁要问，变得奇特的“事物”是什么？或者说，陌生化手法作用的对象是什么？人们阅读陌生化语言时“恢复”的是对什么“事物”的感受？是语言本身，还是语言所指涉的（虚拟）世界？如果“事物”指“形式”，“使石头像石头的样子”就可理解为辅助性说明，作者用意不在“石头”，而是想说“感知过程本身就是审美目的”。这样解读的话，《手法》的意思是说“形式是最重要的”，是对《复活》所表达的形式主义思想的重复。如果“事物”包括“形式”但又不仅仅是“形式”（英文中的“objects”和“things”都是复数，似乎也包括了非形式的事物），“使事物变得‘陌生’”则可理解为为了“恢复对生活的感受，使我们感觉到事物，使石头像石头的样子”，整段话意思就是说形式能触发人们对生活中事物的再认识，那么，《手法》就是对《复活》的思想进行拓展。

首先，文学是一种语言运用的艺术，对文学文本的感知是对语言的艺术性感知，“是对形式的感知（或许感知的对象除了形式之外还有别的，

① 方珊：《形式主义文论》，济南：山东教育出版社，1999年，第56页。
② 张冰：《陌生化诗学》，北京：北京师范大学出版社，2000年，第8页。

但形式感知是其本质部分)"①。这里的“形式”不是与“内容”相对，不是通常所认为的“思想的外壳”，而是和艺术作品统一的形象混合在一起，特指“事物的制作”“事物的创造方式”。② 从这个角度来说，“事物”在这里并非指在世之物或语言符号所指涉的虚拟之物，而是指“生活中所感知到的物体的诗意表征"③。这正是福克马所评论的，“所有的手法都发挥了增强对事物或对语词的直接感受的作用，因为语词同样也是事物"④。更进一步说，在阅读和感觉语词时，人们的阅读感受是“由其结构的感觉特点决定的。人们可以感觉声音的方面，或者发音的方面，或是语义的方面。有时，可以感觉的不是词的结构，而是词的组合，词的安排"⑤。上文的“制作”指的就是这种“组合”和“安排”，也正是“形式主义”中“形式”一词的含义。

把“事物”理解为“形式”与什克洛夫斯基的有关著述是一致的。在《复活》中，什克洛夫斯基就曾指出，词语的诞生本来是一种诗意的创造，是用比喻获得的，只是这些比喻性词语由于频繁使用而变得熟悉。即是说，随着词语被重复和移用到生活中，人们对它们越来越熟悉，这些词语变成“代数化”记号，以致人们不再注意词语本身，也不再听到某个词，

---

① Viktor Shklovskij. The Resurrection of the Word. In Stephen Bann and John E. Bowlt. *Russian Formalism: A Collection of Articles and Texts in Translation.* Edinburgh: Scottish Academic Press, 1973, p. 41.

② “事物的制作”参见茨维坦·托多罗夫编选，蔡鸿滨译:《俄苏形式主义文论选》，北京:中国社会科学出版社，1989 年，第 65 页。“事物的创造方式”参见方珊(编译):《俄国形式主义文论选》，北京:生活·读书·新知三联书店，1989 年，第 6 页。另外，英语的几个版本则分别译为“the artfulness of an object”(Lee Lemon and Marion Reis. *Russian Formalist Criticism: Four Essays*, Lincoln: University of Nebraska Press, 1965, p. 12)“the process of construction that counts”(Robert Scholes. *Structuralism in Literature: An Introduction.* New Haven: Yale University Press, 1974, pp. 83–84)和“the making of a thing”(Douglas Robinson. The Spatiotemporal Dialectic of Estrangement. In *TDR: The Drama Review*, Vol. 51, No. 4, New York University and the Massachusetts Institute of Technology. Winter, 2007, pp. 127–128)。

③ Douglas Robinson. The Spatiotemporal Dialectic of Estrangement. In New York University and the Massachusetts Institute of Technology. *TDR: The Drama Review*, Vol. 51, No. 4, Winter, 2007, pp. 127–128.

④ Douwe Fokkema and Elrud Kunne-Ibsch. *Theories of Literature in the Twentieth Century.* London: C. Hurst, 1977, p. 15.

⑤ 什克洛夫斯基的原话，转引自茨维坦·托多罗夫编选，蔡鸿滨译:《俄苏形式主义文论选》，北京:中国社会科学出版社，1989 年，第 31 页。

就像在海边住得太久的人听不见海浪声一样。于是，词语死了。在什克洛夫斯基看来，未来派诗人创造的“半可理解”① (semi－comprehensible) 的词语打破常规，拯救和复苏了词语，赋予词语以新鲜的活力和音乐般的乐趣。

追根溯源，Shklovskij 及其他俄国形式主义者其实是批判地继承了亚历山大·波特布尼亚（Aleksandr Potebnja，1835—1891 年）的语言审美哲学。著名俄国形式主义研究者维克托·埃里希（Victor Erlich）指出，“俄国形式主义理论和他们的前人波特布尼亚的理论之间的密切联系远远大于俄国形式主义者所承认的”②。他们保留和继承了波特布尼亚关于诗歌语言和散文语言的划分。这并非体裁分类，而是指语言功能的区别——所谓诗歌语言并非指诗歌中的语言，散文语言也并非指散文中的语言，而是分别用来指诗意功能和交际功能非常突出的语言。这两种功能对应于语言（这里特指形式）和思想的关系：波特布尼亚认为，“语言和思想的目的互相冲突，思想倾向于降低语言的地位，使后者成为思想的奴役、标签，使它仅仅成为纯粹指代，而语言则试图获得独立，释放本身在语义结构以及在丰富内涵（connotation）上所具有的潜力”③。因此，散文语言是作者用来表达思想的工具，指向的是实用目的，而诗歌语言则是语言为了证明其自身的自足性所使用的有力防御机制，使“语言的理想——从思想的专指中获得解放”④。

什克洛夫斯基的陌生化语言便是从波特布尼亚的诗歌语言中得到启发，并从中引申而来。陌生化语言是作者对语言符号本身的陌生化，是对“陈词滥调”的陌生化。陌生化语言是“扭曲的言语”（distorted speech），是以组合方式上的新奇给人不期而至的感觉，“让‘表现’与其‘意义’不那么直线性的、‘一清见底’；让接受意识在其自身驻足，来‘玩味’或‘揣摩’其意义”⑤。正如雅各布森所言：“对我们来说，形式，只有当我

① Viktor Shklovskij. The Resurrection of the Word. In Stephen Bann nad John E. Bowlt. *Russian Formalism: A Collection of Articles and Texts in Translation.* Edinburgh: Scottish Academic Press, 1973, p. 41.

② Victor Erlich. *Russian Formalism: History－Doctrine.* The Hague: Mouton, 1980, p. 23.

③ Victor Erlich. *Russian Formalism: History－Doctrine.* The Hague: Mouton, 1980, p. 24.

④ Victor Erlich. *Russian Formalism: History－Doctrine.* The Hague: Mouton, 1980, p. 24.

⑤ 张冰：《陌生化诗学》，北京：北京师范大学出版社，2000 年，第 207 页。

们感到它难于接受之时，只有当我们能感觉到材料的抵抗力时，只有我们踌躇不决：这是什么？是散文？还是诗？只有我们——按照普希金的说法——像叶尔米洛夫将军那样，读格里鲍耶夫的诗，感到‘肌肉疼痛’时，形式才存在。”①

然而，当什克洛夫斯基说“艺术的技巧就是要使‘事物’变得‘陌生’，使形式变得困难”时，这两个小句之间的逻辑关系并不明确，它们之间可以是递进，也可以是并列。做递进关系理解时，上半句的“事物”则具体化为下半句的“形式”。若作并列关系看，则“事物”可理解为语言符号的指涉。从写作背景上来说，什克洛夫斯基的《手法》是为了反驳“艺术即形象思维”——所谓“艺术即形象思维”主张诗歌“使生者熟”，认为“形象能够把各种不同的事物和行动组合起来，通过已知事物来解释未知事物”②。什克洛夫斯基则反其道而行，认为诗歌的特质在于使熟悉的东西变得陌生，从而让人诧异，恢复人们对周遭世界业已麻木的感知。因此，他的陌生化并非仅仅是一般所理解的“为感知而感知，为艺术而艺术”，而是带有“对艺术的工具性理解”③，即通过诗歌来重新认识周边事物，获得对生活的新体验。

就背景而言，什克洛夫斯基在写作《词语的复活》《论马雅可夫斯基之〈裤子里的云朵〉》《论诗歌和超意义语言》《艺术作为手法》等文章时，第一次世界大战荼毒生灵，人们对战争却似乎完全麻木和漠然。什克洛夫斯基对于这种人性对灾难的冷漠反应十分担忧，并将此与艺术联系起来：“随着艺术的沉沦，世界失去了对生活的感知，并正进行着一场自杀。在我们这个艺术业已死去的时代，人们对战争熟视无睹。”④ 战争的硝烟和残酷似乎变成了自然而然的东西，和旧艺术一样被“自动化”，人们对之也渐渐习惯，并未仔细聆听和观察战争的残酷。什克洛夫斯基经常使用这

① 罗曼·雅各布森：《诗学论著选》，莫斯科：科学出版社，1987年，第273页。原文俄文，中译转引自张冰：《陌生化诗学》，北京：北京师范大学出版社，2000年，第75页。

② 茨维坦·托多罗夫编选，蔡鸿滨译：《俄苏形式主义文论选》，北京：中国社会科学出版社，1989年，第58页。

③ Galin Tihanov. The Politics of Estrangement: The Case of the Early Shklovsky. In *Poetics Today*, 2005, Vol. 26, No. 4, p. 675.

④ Galin Tihanov. The Politics of Estrangement: The Case of the Early Shklovsky. In *Poetics Today*, 2005, Vol. 26, No. 4, p. 674.

样一个比喻：生活在海边的人，习惯了大海的浪涛的轻吟，从未仔细地听过它。[①] 所以，为了使人们消除这种麻木，什克洛夫斯基“希望通过艺术来实现更健康的人性，用好的文学在人性中磨炼出对痛苦和危险的意识，从而学习避免战争”[②]。正是从这个角度来说，艺术的任务便是要使人们“从自动化的昏迷状态中醒来”[③]，以免事物、衣服、家具、妻子和对战争的恐怖等淹没于自动化的认知状态中，以免生活在这种自动化的意识状态中化为乌有，以求恢复人们对生活的感受。从这个意义上来说，“事物”指的是文学作品所反映的生活中的事物，用符号学术语讲，是语言符号的指涉。罗杰·福勒（Roger Fowler）便把这种指涉的陌生化称为“遮盖（withholding）事物的名称”[④]。

概括起来，在陌生化语言中，不是像福克马和伊布奇（Ibsch）所说，陌生化手法只“作用于能指上”[⑤]，它也作用在指涉上。也就是说，被陌生化的事物包括符号的形式本身和符号的指涉。

2.3 陌生化的方式

“陌生化”在俄国形式主义者看来，与“文学性”联系在一起，服务于文学文本研究。尽管如此，该概念在俄国形式主义阶段只是作为一个形而上的概念来使用，并没有发展为可应用于具体文本分析的系统范畴。不过，这个概念影响并启发了后来的捷克结构主义，并通过后者为英国文学文体学注入了理论灵感。文体学者杰弗里·利奇（Geoffrey N. Leech）在这个概念基础上建立起系统的文本文体分析工具。

首先是捷克结构主义者穆卡洛夫斯基接受了《手法》一文中“自动化”“非自动化”“意识”等概念，并在《标准语言与诗歌语言》中提出

---

① Victor Erlich. *Russian Formalism*: *History - Doctrine*. The Hague: Mouton, 1980, p. 177.

② Galin Tihanov. The Politics of Estrangement: The Case of the Early Shklovsky. In *Poetics Today*, 2005, Vol. 26, No. 4, p. 675.

③ Galin Tihanov. The Politics of Estrangement: The Case of the Early Shklovsky. In *Poetics Today*, 2005, Vol. 26, No. 4, p. 673.

④ Roger Fowler. *Linguistic Criticism*. Oxford: Oxford University Press, 1996, p. 60.

⑤ Douwe Fokkema and Elrud Kunne - Ibsch. *Theories of Literature in the Twentieth Century*. London: C. Hurst, 1977, p. 16.

"actualization"（捷克语为 aktuatisace，直译为汉语是"突出"），保罗·加文（Paul Garvin）把该词译为"foregrounding"（汉译"前景化"）。[①] 穆卡洛夫斯基指出："前景化相对于自动化而言，是对行为的非自动化。行为越是自动化，越不被主体有意识地处理，反之，行为越是前景化，则越能引起主体的意识。客观地说，自动化是对事件的程式化，而前景化则意味着破坏这个程式。"[②]

其次，俄国形式主义的另一重要学者雅各布森从语言学出发，针对诗歌语言提出"平行结构和投射说"。他说，"可用于检验诗意功能的语言标准是什么呢？更具体地说，任何一首诗歌不可缺少的固有特征是什么呢？要回答这个问题，我们必须回顾一下言语行为的两种基本构成模式：选择与组合。选择以等价、相似与相异、同义与反义为基础；而组合，即序列的组建，是以比邻为基础的。诗意功能将等价原则从选择轴投射到组合轴，因而，在序列的构成中包含着等价现象"[③]。平行结构可分为两种情况：①相似性投射，如重复；②相异性投射，如变异。

英国文体学家利奇和米克·肖特（Mickael H. Short）整合了什克洛夫斯基、穆卡洛夫斯基和雅各布森等人的理论，把"相似性投射"称为"横组合前景化"，把"相异性投射"或"变异"称为"纵聚合前景化"。[④] 于是，穆卡洛夫斯基的前景化概念在外延上扩大了，包括横组合和纵聚合两种。后来，韩礼德采用更简洁的术语，称"横组合前景化"为"失衡"，"纵聚合前景化"或"变异"为"失协"。所谓"失衡"，乃是以文本内的频率为标准，是局部对照于整体时在数量上的突出，既包括数量上的"过多"，也包括数量上的"过少"。

笔者认为，"相似性投射—横组合前景化—失衡"这一条线属于"肯定性显著"，与"陌生化"所具有的"否定性自我指涉"（negative self -

---

① Willie van Peer. *Stylistics and Psychology*：*Investigations of Foregrounding*. Croom Helm，1986，p. 5.

② Jan Mukarovskij. The Esthetics of Language. In Paul Garvin. *A Prague School Reader on Esthetics*，*Literary Structure and Style*. Washington：Georgetown University Press，1964，pp. 43 – 44.

③ Roman Jakobson. Closing Statements：Linguistics and Poetics. In Thomas A. Sebeok. *Style in Language*. Cambridge Massachusetts：Massachusetts Insitute of Technology Press，1960，p. 358.

④ Geoffrey N. Leech. Linguistics and the Figures of Rhetoric. In Roger Fowler. *Essays on Style and Language*. London：Routledge，1966，pp. 135 – 156.

referentiality）这一特征和“奇特”这一本意已相离甚远，本书暂不探讨。本书探讨的是“陌生化—前景化—相异性投射—纵聚合前景化”这一脉络下的文本语言现象，即“否定性显著”,[①] 或文体学中所说的“变异”。

那么，否定性显著如何实现？换句话说，陌生化手法具体有哪些方式？在这个问题上，钱佼汝认为，陌生化“基本上是一个选择和替代的问题，即选用新鲜的、不落俗套的，甚至是不合规范的语言来取代陈词滥调，使语言变得陌生，成为审美的对象”[②]。钱所说的有一定道理。在指涉陌生化中，陌生化的确表现为作者在语词选择阶段放弃通常使用的专有名称。只不过，钱的“不合规范”一语尚有待商榷：毕竟，规范不仅种类很多，有语法规范、文体规范、方言规范等，而且层次也很多，有文化的、体裁的、语言的。如果我们不明确哪一种规范，便难以界定“不合规范”——偏离。

那么，什么是规范？在众声喧嚣、杂语遍在的话语宇宙之中，我们又如何界定规范？规范，对应于英语的 norm，据林克难考察，它与语言研究最相关的两个定义是：①a standard of proper behaviour or principle of right or wrong；②a usual or expected amount，pattern of action or behaviour，etc.：average。[③] 林认为义项一相当于汉语的“标准”“规定”，义项二则为“行为常式”。所谓“行为常式”，指的是“在客观要求影响下有意识或无意识的某些有共性的行为”。林克难认为，义项一是规定性的，义项二是描写性的。张南峰则认为义项二也是规定性的，“因为别人的期望起码会给我们造成一点压力”[④]。张的评论并不完全有道理，因为并非所有的期望都会给人压力，并因此带有“规范”的意味。诚然，有些期望的确是出于要求，是期望者希望对方怎么做，或者认为某些事物或行为应该出现。这种期望确如张南峰所言，会给人带来压力。但是，也有时候，人们会对别人

---

① “肯定性显著”和“否定性显著”两个概念见 Michael Halliday. Linguistic Function and Literary Style：An Inquiry into the Language of William Golding's *The Inheritors*. In Michael Halliday. *Explorations in the Functions of Language*. London：Edward Arnold，1973，p. 112.

② 钱佼汝：《“文学性”和“陌生化”——俄国形式主义早期的两大理论支柱》，《外国文学评论》1989 年第 1 期，第 26 – 32 页。

③ 林克难：《翻译研究：从规范走向描写》，《中国翻译》2001 年第 6 期，第 43 – 45 页。

④ 张南峰：《多元系统论中的规范概念》，《外国语（上海外国语大学学报）》2008 年第 5 期，第 64 – 70 页。

或事物抱某种期望是由于熟悉对方的行事方式，或者熟悉事物的发展规律，因此对对方行为或事物的再次出现持积极的判断，但该行为或者该事物未必符合规范，预测者也未必（非常）认同，而仅仅是宽容和接受而已。后一种情况更多的是个体的规律。从这个角度来说，林克难把 norm 的第二含义称为描述性的，是有一定道理的，把它这种情况下的 norm 译为“常式”更贴近 norm 本身的用法。

因此，常式和规范两个词各体现了 norm 的一方面的含义，但都不能概括全部含义。相比而言，文体学把 norm 译为“常规”反而更为适合，因为“规”既可作“规律”解，又可作“规矩”“规范”解，规律是个体的，规范则是主体间的。当“规”作“规律”解时，指的是常式；若作“规范”解，指的是义项一“规范”。语言常规是就特定文化语境和文本语境而言的。在特定文化语境中，最基本的规范是语言规范，除此之外，各种题材和体裁的文本也有各自的形式规范。这些我们统称为“外部规范”。另一方面，作者在文本中通过重复（recurrence）和共现（concurrence）形成一定的语言符号规律性，可称为“文本内部规律”，或用韩礼德的话说是“本土常规”（local norm）。[①] 文本本土常规的存在反映了这样一个事实：由于文化语境和文本情景各异，受历史、社群、个人甚至情景等因素影响，文本的常规会由于时空的转变而带有历史和地域的印记，还由于个体的性格、教育和职业等因素而表现出个人倾向——如伊格尔顿所言，“一个人的常规可能便是另一个人的偏离”[②]。

有时候，文本的本土常规是对外部规范的重复和强化，此时文本常规体现外部规范；有时候，文本常规是对外部规范的违反，本身就是一种偏离。当文本本土常规与外部规范相一致时，此文本常规在文体学中称为一级常规（primary norm），两者相偏离时文本常规被称为二级常规（secondary norm）。二级常规是对一级常规的偏离，也称为一级偏离（primary

---

① Michael Halliday. Linguistic Function and Literary Style: An Inquiry into William Golding's *The Inheritors*. In M. Halliday. *Explorations in the Funcfions of Language*. Landan: Edward Arnold, 1973, pp. 113 – 117.

② Terry Eagleton. *Literary Theory*: *An Introduction*. Oxford: Blackwell, 1983, p. 5.

deviation)，对二级常规的偏离则是二级偏离（secondary deviation）。[①] 也就是说，陌生化语言既可能通过偏离于文本常规来体现对外部规范的偏离，也可能是通过偏离于本土常规来实现对外部规范的二度偏离或回归。无论如何，偏离都“有异于其在上下文中建立起来的语言常规”[②]。

细而言之，同一个文本之中可能含有不同阶层的人的话语，或者在情节发展的不同阶段作者采用完全不同的风格，每种风格或者每个阶层的人的话语自成体系。正如王东风所观察到的：

> 即使是在同文状态下，常规与变异的关系也不是稳定或静止的。比如说，福克纳的长篇小说 *The Sound and the Fury* 由四个部分组成，每一个部分聚焦于一个人物，并由这个人物作为叙述者，因此每一个部分都带有不同人物所特有的、互为区别的个人语言习惯。这一语言习惯在这一部分便构成了自身的同文关系和相对规范。也就是说，在这同一本小说中，存在着四种互为区别的规范，而每一种规范相对于其他三个部分又或多或少是变异。[③]

也就是说，一个文本并非单一的系统，而是一个多元系统，由多个子系统构成。比如，各个人物的话语若在词汇和句法上有显著差异，并可能由此表征不同的社会阶层或社会身份，那么每个人物的话语便可视为一个子系统。因此，从整个文本而言，常规（广义）并非相对于整个语言而言，而相对于与被分析的篇章段落密切相关的那部分语言，常规（广义）便是某个子系统的常规，是“相对常规”。[④] 可以说，小说文本是一个多元系统，包含多元常规。

常规有多种之分，相应地，偏离以常规为基础，也有多种之分。常规

---

① 有关常规和偏离的动态划分见 Geoffrey N. Leech. Stylistics. In T. van Dijk. *Discourse and Literature*: *New Approaches to the Analysis of Literary Genres*. Amsterdam: John Benjamins, 1985, p. 59.

② David Lodge. *Language of Fiction*. New York: Columbia University Press, 1966, p. 59.

③ 王东风：《变异还是差异——文学翻译中文体转换失误分析》，《外国语（上海外国语大学学报）》2004 年第 1 期，第 62 – 68 页。王东风说的变异便是本书所说的“偏离”，英文都是 deviation，仅是翻译不同。

④ Geoffrey N. Leech and Michael H. Short. *Style in Fiction*: *A Linguistic Introduction to English Fictional Prose*. London: Longman, 1981, p. 53.

和偏离是根据某种语言特征来确定的，可归纳如下（见表1）：①

表1　文体偏离的分类

实现层		形式层						语义层
语音层	书写层	词汇层				语法层		
语音偏离	书写偏离	词汇偏离	方言偏离	语域偏离	历史时代偏离	语法偏离	语域偏离	语义偏离

笔者认为，表1中的方言偏离、语域偏离、历史时代偏离等都是指语言符号的语体特征方面的变化，可以概括为“语体偏离”。因而，陌生化语言的方式就可以概括为词汇、语法、语音、书写、语义和语体六大类。有些陌生化语言可能是作者单独利用某一类的偏离而创造出来的，也可能是作者综合利用几类偏离特征而生成的（这点在下文的例子分析中将得到体现）。译者翻译陌生化语言时首先就需要参照这些语言特征对陌生化的方式有所把握，然后再在这个基础上解读其文化意义，再进行翻译。至于翻译后会是怎么样的结果，这当中又将给我们带来关于翻译的何种新认识，这些将是本书所要着重关注的。

① 邓仁华：《前景化概念的演变及其对文学文本解析的功用》，《华南理工大学学报（社会科学版）》1999年第2期，第118－124页。

3　源文陌生化语言的阐释

如上文所述，陌生化语言是对常规语言的有动因的偏离，这个定义中动因与作者意图相关。然而，在后学时代，意义稳定性和作者本意备受质疑，特别是在翻译研究学者中也存在这种倾向。在这种语境下，我们采用上述陌生化语言的定义便首先需要面对这样一个根本的阐释学问题：陌生化语言的身份是否就像作者本意以及意义稳定性一样不可取、不可信？译者或翻译研究者究竟能否确定源语文本中哪个语言片段属于陌生化语言？如果能够，他又如何确定？这些问题关系到译者进行翻译和研究者展开研究的阐释学根基，对于译者和研究者来说都非常重要。

这两个问题与源文陌生化语言的阐释有关。从理论上来说，源文陌生化语言的阐释大致上可分为两个步骤：第一个步骤，X 是陌生化语言；第二个步骤，陌生化语言是 Y。① 第一个步骤中读者（译者或研究者都是读者）旨在确定哪个语言片断蕴含陌生化意图和陌生化手法，第二个步骤中读者侧重解读该陌生化语言所表达的意义——包括字面意义和蕴含意义，即陌生化语言表达什么。在现实的阐释实践中，读者一般会直接跳过“陌生化”这个概念范畴，阐释直接从 X 进入 Y，但是，对于译者和研究者来说，阅读更需要带有分析性，使用“陌生化”这个范畴有助于他们分析和解读源语文本，以便进行理论上的抽象概括和在实践中运用。

在阐释过程中，译者或翻译研究者从根本上来说有没有可能辨认和确定哪个语言片段属于陌生化语言，这属于阐释的可能性。换句话说，**阐释的可能性**指读者通过文本把握作者陌生化意图的可能性。它相对于**阐释的**

① X 是指读者开始阅读文本时所接收到的某个语言片段，此时阐释还没开始，所以对于读者来说，该语言片段的身份和意义尚属未知。Y 则指相关语言片段的意义。

意愿而言，阐释的意愿指读者在阅读中把握作者的陌生化意图的积极性。[①]如果研究者或译者认为阐释（原）作者的陌生化意图是不可能的，他的阐释意愿便会降低，以至于终止阅读，或者把不可能进行本意阐释作为理由或借口进行自由阐释，歪曲源语文本语言。故而，如果我们在理论上证明读者能够在众多文本语言现象中辨认和确定陌生化语言，这对于翻译实践和翻译研究都有裨益：理论上可以区分两种陌生化语言不可译论，一种是出于阐释悲观主义的不可译论，另一种则是建基于语用事件不可复制性的不可译论；实践上可以消除阐释的悲观主义，增强译者辨认和理解源文陌生化语言的信心，也增加他们对自己的陌生化意图被辨认和被理解的信心。另外，区分阐释可能性和阐释意愿可以帮我们在理论上（虽然在现实中很难）区别两种陌生化语言阅读观，一种是把阅读源文陌生化语言视为纯粹认知活动，另一种则是把阅读源文陌生化语言看作社会实践（至少是社会实践的一部分）。作为纯粹认知活动的阅读行为往往只是在理论研究中存在，这是因为，译者是现实社会的话语实践者和语用事件参与者，他阅读源文陌生化语言的行为乃是生发于他自身的历史境遇，牵涉到他在该境遇下的担当、责任和未来走向，具有重大的现实影响和考量。所以，我们不能因译者或研究者在现实的阅读实践中不愿意阐释源文陌生化语言就说他们不可能阐释源文陌生化语言，这么做将误导其他译者和研究者。反过来，我们也不能说，因为译者阐释源文陌生化语言在理论上是可能的，所以他在现实中必定这样阐释，那就忽略甚至漠视译者阅读源文陌生化语言时的历史境遇和主体决断。实际上，源文陌生化语言翻译所生产的知识对于目的语读者的相关性以及目的语读者对该知识的态度有不可低估的作用，正是知识的解构力和建构力在阅读的可能性和阅读的意愿之间划开一道间隙，使译者阅读源文陌生化语言时不仅仅是被动接收或完全接受，使译者不仅仅扮演传声机的角色，而是为译者在源语文本与目的语文本的对应衔接处撕开一个空间，赋予译者进行主体性阐释和决断的责任、权利和权力，译者由此得以在这个空间对源文陌生化语言的意义进行回应、选取和重组——这里补充一句，对源语文本或源文陌生化语言的意义进行选取

① 这里“陌生化意图”并不是指陌生化手法背后的社会文化蕴意，而纯粹指形式上的，即作者在某个语言片段是否采用了陌生化手法。陌生化意图属于“X是陌生化”阶段。

和重组不一定意味着译者非得把原来的文本变得面目全非，表层形式的同一在不同语境下往往也可获得不同的意义；更何况，相同和相异其实也是基于阐释，是针对阐释所建立起来的某个比较参数而言。

本章讨论阐释的可能性主要并不是为仿造陌生化手法和再现文学性提供理论注脚和奠定阐释学基础，而恰恰是为了体现译者之能为而不为，以最终突出跨文化语境下的“文学性”转化和“文学翻译”的性质。同时，本章也为后续三章讨论陌生化语言的跨语言转换和跨文化转变奠定基础。

3.1 作者死了？

陌生化语言是一种偏离式语言，但这种偏离必须是有动因的，动因体现作者意图，是使偏离获得特殊意义并构成陌生化的关键要素。也就是说，作者意图是确定文本中某个语言片段是否陌生化语言的关键。然而，在后学年代，罗兰·巴特（Roland Barthes）的《作者之死》和雅克·德里达（Jacques Derrida）的解构主义渗透到翻译实践和翻译研究领域，有些译者和学者似乎受这种理论思潮影响，认为作者并不“控制”文本语言的身份和解读，认为意义在于读者的解读，例如，主张客观描写的翻译研究者德克·德拉巴斯蒂塔（Dirk Delabastita）在讨论双关语时曾说：

> 双关语并非是与否截然两分，而是历史的，它的历史过程有时特别多变。某些年代或某些群体的读者对语义滑动（slippage）或双义性（double reading）拥有比别人更敏锐的反应，会重新发现、发现或（甚至可以说）创造双关语，赋予潜在的双义性或词语联想以具体的语义、交际值以及它们本身以前并不具备的目的——甚至可能连原作者和最初始的读者都没想到的目的。①

这段话关键语句是“双关语并非是与否截然两分，而是历史的……创

① Dirk Delabastita. Introduction. In Dirk Delabastita. *Traductio—Essays on Punning and Translation*. Manchester: St. Jerome, 1997, p. 7. 这里选择讨论德拉巴斯蒂塔是因为他讨论的“双关语”和“陌生化语言”相似，关系文本语言的修辞身份和作者的意图。

造双关语……可能连原作者和最初始读者都没想到的目的”。按照这种观点，双关语不是原作者赋予词语的用法，而是读者在阅读中创造出来的。以此类推，某个语言片段也并非截然分为是和不是陌生化语言两种情况，有些源文陌生化语言并非出自原作者之手，而是出自译者或翻译研究者之口——因为“某些年代或某些群体的读者……更敏锐”（译者或翻译研究者也是读者）。那么，各个描写翻译研究者同样是处于各自特定历史文化语境下的读者，有的描写研究者可能比别的描写研究者或一般读者更敏锐（一般来说，有些研究者会这么认为），也可能反过来（这样的事实很难说完全没有，只不过有些研究者并不承认）。如此一来，如果我们以陌生化语言为题，在不同“年代或群体”的阐释视角下，任何一个“对应对子”（correspondent pair）对于不同的读者（如普通读者与描写研究者之间，或者，不同描写研究者之间）来说便可能同时是“陌生化—陌生化”“陌生化—非陌生化”“非陌生化—陌生化”“非陌生化—非陌生化”。同样的描写对象可以因为读者的变化而出现完全不同的结论，这样的描写恐怕难以称为客观，所谓客观、超然的描写翻译研究恐怕也难以实现。德拉巴斯蒂塔在阐释学根基上便出了问题，既承认历史，又否认历史，一方面对语言符号意义的稳定性持悲观态度，另一方面对描写者的阐释能力又很乐观，认为描写研究者可以客观地解读出语言符号中的“那一个”意义，预设描写研究者是独立于历史之外的“超级读者”。这种做法是视历史语境只对一般读者发挥制约作用，对描写研究者却格外开恩，属于罗宾逊所批评的“一只脚在描写论者的理性主义阵营里，另一只脚则在解构主义论者的后理性主义阵营里"①。

如果我们在研究陌生化语言翻译时受到类似德拉巴斯蒂塔这种意义极端相对主义倾向影响，我们的研究将难以开展。那么，在理论上我们如何反驳这种倾向，为陌生化语言的翻译这个研究课题奠定阐释学基础？这就需要我们正确理解后学理论，特别是德里达的解构主义和巴特的后结构主义。② 关于德里达的解构主义，希利斯·米勒（J. Hillis Miller）指出：

> 把虚无主义作为一个不妥的标签误用于解构主义身上的一个表现是：认为解构主义移除了所有确定性根基，去除了文学阐释的权威性，……这样的论点其实是错误的，……是对解构主义批

---

① Douglas Robinson. *Who Translates? —Translator Subjectivity Beyond Reason.* Albany: State University of New York, 2001, p. 142.

除德拉巴斯蒂塔之外，雷纳塔·卡姆尼卡（Renata Kamenická）也把描写研究者视为超脱于历史语境之外。用"框架"（frame）讨论明晰化与"增加""隐含化"和"删减"等概念的区别时卡姆尼卡再提出，有些"框架是有结构的实体，既包含通常较为中心/显著的、在有关该框架的讨论中常常被提起的要素，也包含未必会被唤醒的边缘/不显著的要素"。卡姆尼卡承认，"个体和文化之间在框架上的差异不宜被忽视"，但是，他又完全不提描写研究者的个体和文化差异，认为"一个要素文本框架中越是中心/显著，译文的相关操作称之为明晰化而非增加就更有合法性"。既然个体和文化之间在框架上的差异不宜忽视，那么，不同的描写者可能会对要素在框架中的中心/显著地位有不同见解甚至争议，因而对翻译操作持有不同定性。若是涉及陌生化语言的翻译，A 描写者认为是对源文陌生化语言的明晰化，B 描写者可能认为那个操作只是增加，这样一来，针对源文陌生化语言翻译的描写在阐释阶段便包含主观差异的成分（卡姆尼卡的文章参见 Renata Kamenická. Defining Explicitation in Translation. *Brno Studies in English*, No. 33, 2007, pp. 45 – 47）。卡姆尼卡提到的"框架"指的是"认知组织的手段，由文本中与之有关的词语作为索引，并服务于理解的过程"（"框架"一词参见 Miriam Petruck. Frame Semantics. In J. Verschueren, J. Ostman, J. Blommaert, and C. Bulcaen. *Handbook of Pragmatics.* Philadelphia: John Benjamins, 1996）。

又比如，安东尼·皮姆（Anthony Pym）受威拉德·奎因（Willard V. O. Quine）影响而推崇的翻译不确定论，认为"任何一段文本都可以被无数其他文本段阐释，且所有都有潜在的正确性"，皮姆主张以译者和读者之间的"合作"（cooperation）和译者的"风险管理"（risk management）来应对文本的多义潜性。若按照皮姆的说法，任何语言片段被解读为陌生化语言或者非陌生化语言时都具有潜在的正确性，所以需要译者和读者的"合作"以及译者的"风险管理"。然而，细读皮姆的文章，他所谓"不确定论"实际上是将一个句子从文本抽离出来，赋予该句子多种阐释的可能。由此来看，皮姆所谓的不确定性就是指句子去语境化后的多种可能性解读。而皮姆应对"不确定性"的"合作及风险管理"机制则是把词语放回到同一文本中，用文本中的其他句子作为阐释依据。可见，皮姆的不确定论和合作机制只是玩了一个去语境化和语境化的游戏（皮姆的文章参见 Anthony Pym. Explaining Explicitation. In Krisztina Karoly and Ágata Fóris. *New Trends in Translation Studies.* Budapest: Honour of Kinga Klaudy, 2005, pp. 29 – 43）。

② 后学理论派别主要代表不止这两位。米歇尔·福柯（Michel Foucault）也属后学理论的重要代表人物。由于笔者学力所限，本节只讨论部分学者对德里达和巴特的误读。

评家的作品的误读。①

米勒说，“德里达和德曼都未主张过读者的自由，未主张读者可以让文本表达如读者所愿的意义。他们俩各自的观点恰恰与此相反”②。米勒此话不假，德里达并不否认文本的相对稳定性，不主张符号在文本中完全自由嬉戏（freeplay）。例如，在讨论如何解读让·雅克·卢梭（Jean-Jacques Rousseau）要表达的意义时，德里达就说：

> 一方面，事物保持一致，可靠的传统给了我们这种信心。另一方面，事物又相互区别。对两种情况作出评估，并作出决断，读者就必须配备足够的知识，比如必须理解和使用法语进行写作和翻译，尽可能做到这些，并尽可能掌握卢梭的语汇，尽可能掌握决定这些语汇的语境，包括文学的、哲学的、修辞的、法语历史的、社会的、历史的等等。否则，读者将可作任意解读，这种任意解读并非我所接受的，我也不鼓励别人这么做。我并没有主张意义的不定论。③

德里达在这里阐述了阐释如何进行。读者要判断再次出现的词语是否与以往保持一致的用法和意义，必须要有“足够知识”，这些知识包括文学、哲学、修辞学、历史学、社会学等。德里达意思是说词语的意义存在于同时代的语境中，读者如果要恰当地解读词语，必须把词语放置回它自身的语境，特别是作者自己的语汇系统中。正是在作者自己的使用习惯中，我们才找到解读词语的线索。可见，德里达并没有否认文本和作者之间的联系，没有主张读者可以随便臆想、任意解读。套用到陌生化语言的问题上，解构主义者并没有主张文本中的某个语言片段既可以是陌生化语言也可以不是陌生化语言。

---

① J. Hillis Miller. *The Ethics of Reading*. New York：Columbia University Press，1987，p. 9.

② J. Hillis Miller. *The Ethics of Reading*. New York：Columbia University Press，1987，p. 10.

③ Jacques Derrida. Afterword. In Samuel Weber，Evaston. *Limited Inc*. Evaston，IL：Northwestern University Press，1988，p. 145，cited in Kathleen Davis. *Deconstruction and Translation*. Shanghai：Shanghai Foreign Language Education Press，2004，pp. 31 – 32.

相反，巴特的《作者之死》无论从标题还是从正文来看，给人的印象是似乎切断了文本与作者的联系。例如，Barthes 提出，文本只是“引言编织物”，人们给文本一个作者只是试图“给它一个限制，给它一个带终结意义的所指”，其结果是“关闭写作”。[①]实际上，我们必须对巴特的《作者之死》作语境化的谨慎理解。彼得·拉马克（Peter Lamarque）在评论这篇文章时就曾指出，“巴特在描写和规定之间摇摆，一方面承认作者的影响依然巨大，另一方面又认为现代写作不应再被视为作者的产品”[②]。拉马克“规定”一词是说巴特的《作者之死》整篇不是论证，而是通过宣告和呼吁把阅读行为的政治隐藏于文本的阐释学之中。用拉马克自己的话来说，巴特关注的问题“是政治和道德的，而非哲学的”，目标是要“把意义从不自然不受欢迎的限制中解放出来”，实现“意义的扩散增值”。[③] 巴特的“后结构主义”其实是对文本和历史采取一种偏激的立场，压制文本生产时的历史，隐蔽地把读者置入文本之中，使文本的符号联系跨越时空，无所不能。他的互文性是把读者所联想的其他文本投射于被读文本之上，“作者已死”并非描述了阐释科学中作者的“自然死亡”，而是规定性地用阅读的暴力和阐释学的政治故意“谋杀”了作者，是要用“作者死亡的代价”换取“读者的诞生”，想让阅读变成“写作的真正地点”。[④]

换句话说，巴特文本阐释的政治目的在于解放读者，在读者当中掀起阅读的革命，以抬高和解放读者，“杀死”作者，把作者驱逐出意义的家园，为读者的解放打开空间，使文本成为纯粹能指的世界，正如伊格尔顿所评论：

写作，抑或作为写作的阅读，是最后一块未被殖民的领地，

---

① Roland Barthes. The Death of Author. In Stephen Heath. *Image*, *Music*, *Text*. London: Fontana, 1977, pp. 146 – 147.

② Peter Lamarque. The Death of the Author: An Analytical Autopsy. In Mike Gane and Nicholas Gane. *Roland Barthes Volume III*. London, Thousand Oaks, New Delhi: Sage Publications, 2004, p. 71.

③ Peter Lamarque. The Death of the Author: An Analytical Autopsy. In Mike Gane and Nicholas Gane. *Roland Barthes Volume III*. London, Thousand Oaks, New Delhi: Sage Publications, 2004, pp. 71, 79.

④ Roland Barthes. The Death of Author. In Stephen Heath. *Image*, *Music*, *Text*. London: Fontana, 1977, pp. 147 – 148.

知识分子在其中玩耍，品味能指的奢华，全然不顾爱丽舍宫或者雷诺工厂所发生的一切。写作，在语言的自由嬉戏中，专指的结构意义得以被暂时打破和移除，写作/阅读的主体也得以从单一的身份中释放出来，体验狂欢弥撒的自我。[①]

总之，在巴特的理论中，文本阐释与外部社会实践的联系被切断，成为纯认知的嬉戏，在这种嬉戏中，读者的任务“从解读（decipher）变为分解（disentangle）”，阅读成为无法革命的知识分子用于知识自慰的场所，这种阅读理论“是对现代主义的审美主义观点的重新利用，是用非政治的快感升华破灭的政治理想”[②]。

这里需要指出的是，巴特的《作者之死》所讨论的是普泛的文本，包括源语文本和目的语文本，他的作者之死也包括译者（即目的语文本的“作者”）之死。所以，退一步讲，正如巴特所言，如果身兼（源语文本）读者和（目的语文本）“作者”的译者在阐释源语文本的语言时可以自由地把自己的联想随意投射于源语文本之上，那么，我们有理由这样追问，作为目的语文本“作者”的译者又何必翻译呢？毕竟，无论译者仿造陌生化形式与否，目的语读者也可以无视译者的意图。如此一来，译者和翻译理论首先要怀疑的便是翻译存在的必要性。[③]

总的来说，翻译研究中有些人动辄举起解构或后结构的旗子，主张意义极端相对主义，用以否定作者与文本的联系，让作为读者的译者可以自由解读，他们其实误读、误用了解构主义或后结构主义。既然原作者意图对于确定陌生化手法的作用不可忽略，而译者或研究者阐释原作者的陌生化意图又是可能的，那么，这种阐释又是如何进行的？源语文本的陌生化形式与原作者的陌生化意图如何联系起来？我们如何根据语言形式来判断作者的陌生化意图？这些是下节要讨论的内容。

---

① Terry Eagleton. *Literary Theory: An Introduction*. Oxford: Blackwell, 1983, p. 141.

② John Stopford. The Death of the Author as Producer. In Mike Gane and Nicholas Gane. *Roland Barthes Volume III*. London, Thousand Oaks, New Delhi: Sage Publications, 2004, p. 64.

③ 不过，补充一点，笔者并不是想否认文本存在被重新语境化和挪用的可能。然而，挪用与阐释意愿及翻译的主体性实践有关。

3.2 陌生化意图与陌生化形式

对于文本阐释来说，作者的作用不可忽略，承认作者的作用在于承认文本有“人为性”的要素，承认文本是其所是乃是为了发挥某种/些功能，也就是说，“承认文本之中有导引我们对其进行体验的成分”①。这个成分便是文本的意指功能（intended function），或者说文本中所蕴含的作者意图。作者意图是解释文本如其所是的重要范畴，当我们面对艺术作品时，“‘为什么艺术作品被设计成它所具有的样子’这样的问题只能参考有关意图的问题才能得以解答”②。那么，作者的意图如何体现于文本的语言形式？在陌生化语言这个问题上，原作者的陌生化意图如何体现于源语文本的语言形式？要回答这些问题我们必须先阐明意图的内涵，以明确我们所讨论的是什么样的意图。

按字面意义解，汉语“意图”一词包括“有意”和“有所图”两方面含义，这与英语 intention 一词的内涵相似。intention 包括脑力活动（mental effort）和背后的指向性（directedness），脑力活动指注意力的投入（attention），指向性指目标性（purposefulness）。③ 注意力投入的对象和目标投向的对象可能相同，也可能不同。这是因为，某人有目的地做某事不等于该事就是他行为的最终目的或全部目的，如迈克尔·布拉特曼（Michael Bratman）所言，“对于我来说，想要有目的地做 A 事，我必须想要做 A 事，我在行动中的精神状态必定是 A 事是我想要做的那些事情之一”④。因此，当我们假定作者的某个文本、某句话或某个词语背后存在某个或某些特定意图时，至少可以分为三种不完全相同的情况：①作者投入注意力创作眼下的语言，而且这就是他的目标本身；②作者投入注意力创

---

① Sten Moslund. The Phantom Walking the Text: The Death of the Author Reconsidered. In Forum “Origins and Originality”, University of Southern Denmark, http://forum. llc. ed. ac. uk/.

② David Summers. Intentions in the History of Art. In *New Literary History*, Vol. 17, No. 2, 1986, p. 307.

③ David Summers. Intentions in the History of Art. In *New Literary History*, Vol. 17, No. 2, 1986, pp. 310–311.

④ Michael Bratman. Two Faces of Intention. In *The Philosophical Review*, Vol. 93, No. 3, 1984, p. 377.

作该语言，但另有所图，这种所图在文本之外、人与人之间；③作者投入注意力创作眼下的语言，但其所图既包括眼下的语言本身，又有文本外人际的成分。用理查德·库恩（Richard Kuhns）的话讲，第一种情况是作者意图在于“艺术作品的‘信息’（message）”本身；第二种情况，作者意图是“非艺术的”（non - artistic），艺术者通过对某种媒介的操纵行为以达到某种结果；第三种情况是前两种兼而有之。[①] 本书把作者意图在于“艺术作品本身”这种情况称为形式意图。文本某个语言片断是否被作者设计为陌生化语言属于作者的陌生化形式意图，简称陌生化意图；作者想用陌生化语言表达什么人际意义——不管这种人际是文本内角色与角色之间的，还是作者与读者之间的，这些都属于作者的文化意图。

作为形式意图，陌生化意图未被表达时属于作者的主观意识，但这不等于说陌生化意图本身是纯主观的。陌生化意图的形成、表达和存在离不开外部社会条件，即使未被作者表达出来的陌生化意图在本质上也蕴含着社会性。实际上，陌生化意图蕴含于客观的形式传统之中，是以客观的形式传统作为存在方式和表达途径，更具体地说是以约定俗成的语言形式使用传统为基础，是对传统进行扭曲和偏离。这种偏离在穆卡洛夫斯基的前景化理论中被称为“张力”。[②] 穆卡洛夫斯基说：

> 即使在交际话语中也总存在着语调与意义、句法、词序之间的潜在关系，有时是作为有意义单位的词语与文本的语音结构的关系，有时是该词语与文本所体现词语选择的关系，甚至与同一个句子其他作为意义单位的词语的关系等。可以说，每个语言要素通过这些关系或直接或间接地以某种方式与别的要素连接起来。在交际话语中，这些关系通常是潜在的，人们的注意力并未聚焦于这些相互关系身上。然而，在某一点上就足以搅乱这个体

---

① Richard Kuhns. Criticism and the Problem of Intention. In *Journal of Philosophy*, Vol. 57, No. 1, 1960, pp. 5 - 7.

② 穆卡洛夫斯基的术语从捷克语直译是“突出”，foregrounding 为英译，“前景化”又是对此英译的汉译。穆卡洛夫斯基的突出/前景化外延上小于后来韩礼德的前景化，韩礼德的前景化包括“量”的突出，而穆卡洛夫斯基的前景化直接受俄国形式主义启发，指“质”的突出。因此，穆卡洛夫斯基的前景化实际上指的是文体学中的“偏离”。

系的平衡，于是整个关系网络会朝着某个方向倾斜，并在整个内部组织上跟随这个方向：张力在这个关系网络的一部分中出现（通过前后一致的单向性前景化），而该网络的其他部分则保持松弛的状态（通过被视为刻意背景化的自动化）。①

这段话中，张力相对于松弛而言，被认为是前景化的结果，表示对平衡状态的破坏，它的作用在于把读者的注意力吸引到“相互关系”本身。在“张力在这个关系网络的一部分中出现”一句中，“关系网络的一部分”指的是某个被前景化部分，即是说，穆卡洛夫斯基的“张力”所描述的是偏离部分本身的“紧绷”的符号（semiotic）状态，几乎相当于“扭曲”（distortion）。不过，紧绷和松弛都是相对而言，前景化的（或者说偏离）部分之所以显得“紧绷”和具有“张力”，离不开相应的“松弛”背景。所以说，“张力”表面看是偏离部分内部的符号状态，但从根本上来说是来源于偏离部分与常规部分之间的“相互关系”。②

张力来源于偏离对常规的违反和中断。被中断的常规便分为在场常规和不在场常规两种，在场常规与偏离之间的不连续性指向不在场常规与偏离之间的对立。本来，不在场常规与偏离之间属于替代和被替代的关系，是历时的，然而由于在场常规的惯性联想和整合作用，不在场常规被吸入文本的隐形场域，与偏离构成共时聚合关系（paradigmatic relation），作者在这个共时聚合轴上的选择因而获得弃彼选此的额外暗示，赋予偏离部分以暗示意义。通过生成由偏离与不在场常规构成的共时聚合轴，作者设置一个新的差异选项，由于这些差异选项是对同一事物（即陌生化语言所描

---

① Jan Mukarovskij. Standard Language and Poetic Language. In Paul Garvin. *A Prague School Reader on Esthetics, Literary Structure and Style*. Washington: Georgetown University Press, 1964, pp. 20 – 21.

② 新批评的艾伦·泰特（Alan Tate）论“张力”时更注重“相互关系”这层含义。泰特认为，张力是好的诗歌所具有的共同的特点，是诗歌语言的外延（extension）和内涵（intension）结合而成的“整个有组织的机体”（full organized body），是诗歌语言在当下语境临时获得的意义。外延指字面意义（literal statement），即语言要素的传统意义；内涵指语言的暗示意义（figurative significance）。换句话说，诗歌语言的外延和内涵之间表面看是历时关系，其实是在诗歌这个“有组织机体”整合下，外延和内涵被投射在诗歌主题上，相互之间演变为共时关系。这个共时关系构建阐释的场域，赋予诗歌丰富的联想意涵。因此，泰特的“张力”**描述的是外延和暗示意义之间的关系**。泰特论“张力”参见 Alan Tate. Tension in Poetry. In *Essays of Four Decades*. Chicago: Swallow Press, 1968, pp. 56, 64.

写的事物）采用截然不同的描写视角，这些差异选项就不是普通的差异，而是构成对立（opposition）选项，代表不同的文化立场。①

如果我们借用巴特的文化符号分析图（图 1），可对陌生化符号②作如下分析：

巴特用图 1 表示文化符号的内部结构。其中，语言符号 sg 充当文化能指（SR），SR 与文化所指（SD）共同构成文化符号（SG）。由于语言学所指和文化所指都是不在场的，在场的只是能指，这就使得同一个语言形式表面看来获得双重身份（既是语言学能指又是文化能指），承载语言学意义和文化意义的双层含义。

在下面图 2、图 3 和图 4 中，符号 sr1 - sd1 属于在场常规，符号 sr2 - sd2 属于不在场常规，符号 srX - sdX 属于偏离，符号 srY - sdY 属于在场偏离符号的传统搭配。

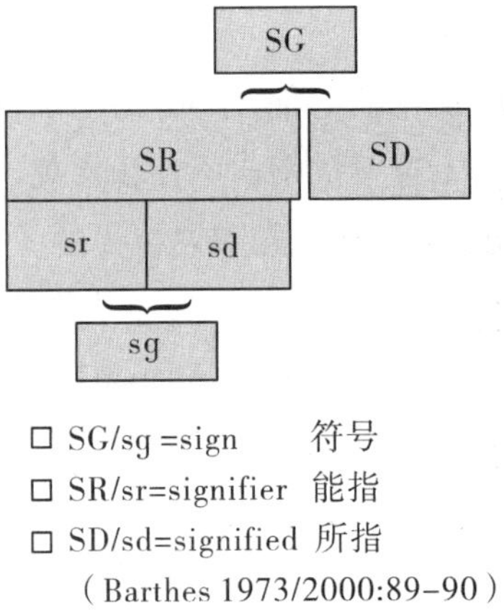

图 1

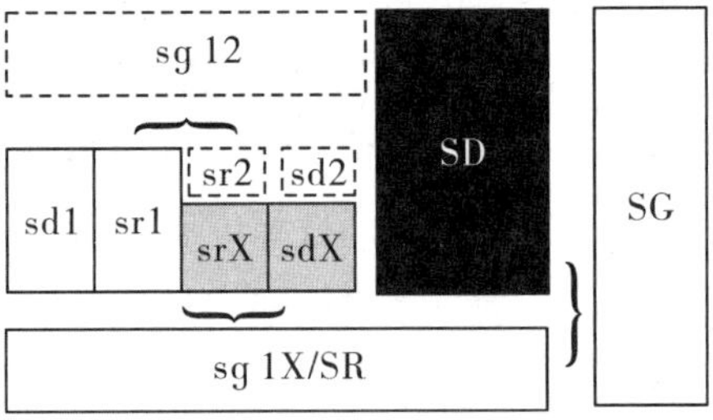

图 2

---

① 在符号学中，差异与对立是两个不同的概念，差异是纯形式的，对立则是获得意义的差异关系。

② 这里“整个符号”包括常规符号和偏离符号，是把“常规部分”视为陌生化符号的一部分。虽然根据定义（对常规的有动因偏离），陌生化主要强调的是偏离，但离开了常规，偏离就失去意义。“符号”本身是一个多层次的概念，符号中可以继续再分析出二级符号，符号又和别的符号构成更高一级的符号。故而，我们可以把由“常规 + 偏离”构成符号整体称为“陌生化符号”。

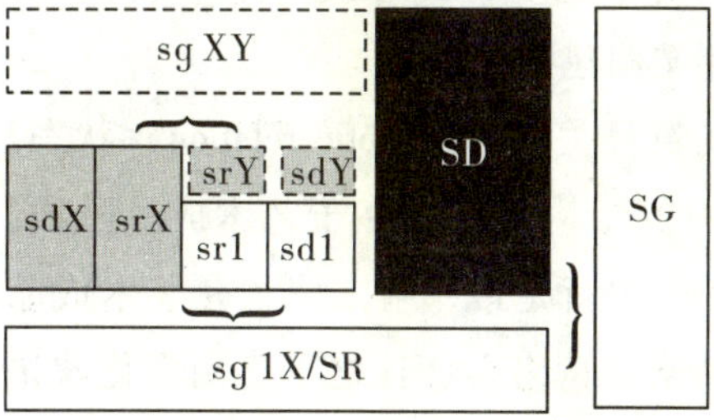

图 3

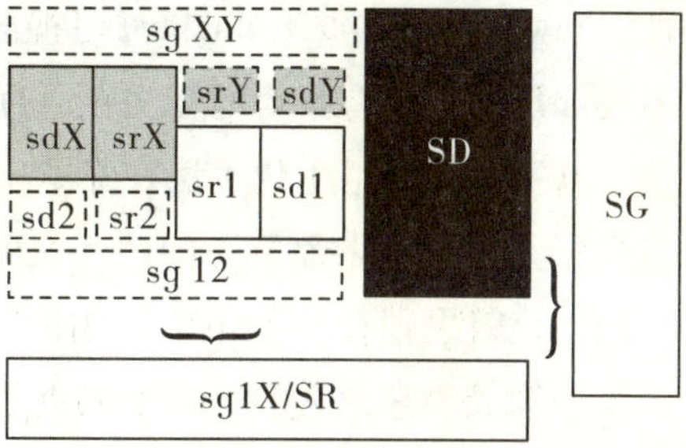

图 4

在场常规符号 sr1 - sd1 的常规联想符号是 sr2 - sd2，但 sr2 - sd2 是不在场的，与 sr1 - sd1 构成在场组合的是偏离符号 srX - sdX。srX - sdX 与 sr2 - sd2 之间构成对立，由于这一对立，整个语言符号 sg1X 获得蕴含所指 SD。sg1X（即 SR）与 SD 共同构成表达特殊文化意义的陌生化符号 SG。

偏离符号 sdX - srX 的常规联想符号是 srY - sdY，但 srY - sdY 是不在场的，与 srX - sdX 构成在场组合的是常规符号 sr1 - sd1，srY - sdY 与 sr1 - sd1 之间构成对立，由于这一对立，整个语言符号 sg1X 获得蕴涵所指 SD，sg1X（即 SR）与 SD 共同构成表达特殊文化意义的陌生化符号 SG。

如图 4 所示，陌生化表面看是在场常规符号 sr1 - sd1 与偏离符号 srX - sdX 间的张力，其实是 sg12 与 sgXY 两套符号组合之间的张力，文化所指 SD 则源自这两套符号的隐形并置和对立，是两种描写视角间的冲突。隐形的符号 sr2 - sd2 和符号 srY - sdY 是在场符号整体 sg1X 的互文符号，它们扩充在场符号的意指连接，从而扩大 sg1x 的阐释场域。在扩大的阐释场域中，符号 sr2 - sd2 和符号 srY - sdY 的隐形存在分别强化符号 1 和符号 X 的历史身份。这个历史身份彰显在场常规符号和偏离符号之间的不连续性和张力。不连续性是以连续性为背景。连续性是文本以某个方面的语言规范为参照（如书写、语音、语法、语体和语义）所形成的规律性，而不连续性是对这些规律性的偏离。

因此，在文本的符号关系网络中，陌生化语言既蕴含互文联想，又存在结构关系上的张力，是一种互文张力结构，其中张力是“对互文的扭曲”（twist of an intertextuality）。[①] 互文张力强调否定性突出所形成的断裂、差异和反差，是有张力的互文，通过互文构建张力。

互文张力是陌生化手法在文本中的符号关系（semiotic relation）状态。互文张力与**陌生化效果**不同：互文张力的结构关系存在于艺术成品阶段，而陌生化效果则存在于审美客体阶段。[②] 也就是说，互文张力是艺术成品本身的构成要素，它的存在不取决于后来之读者。相比之下，陌生化效果则是艺术成品转化为审美客体时所获得的品质，需要读者参与才能实现，它存在于审美过程中。因此，陌生化手法和陌生化效果不可混为一谈，前者是客体，后者是主体对客体的意识，具有陌生化手法的文本语言未必总能在阅读中给读者带来陌生化效果，只有作者和读者共享文化常识和文本语言常规时，陌生化手法才能转变为陌生化效果。[③]

总之，互文张力是陌生化形式的核心内涵，是陌生化意图在文本符号关系网络中的呈现形式。在表达陌生化意图时，作者以语言传统和规范为依托，通过文本系统整合对语言传统和规范的偏离，最终呈现为互文张力，在读者的阅读中实现陌生化效果。反过来，读者（包括译者和研究者）阅读时以语言传统规范和文本常规为参照，以此来辨识文内重复和偏离，确定互文张力的结构关系，确认陌生化意图。

---

① Micheal Riffaterre. Transposing Presuppositions on the Semiotics of Literary Translation. In Rainer Schulte and John Biguenet. *Theories of Translation—An Anthology of Essays from Dryden to Derrida.* Chicago and London：The University of Chicago Press，1992，p. 215. 互文张力与泰特所论述的张力有同有异。相同之处在于，两者都包含表层关系和深层关系的交汇，互文张力交汇于常规搭配，诗歌张力则交汇于具有象征意义的字或词。不同之处在于，泰特的张力未必是偏离和否定性突出所致，也可能源自相似性和肯定性显著所带来的象征关系。

② 穆卡洛夫斯基把艺术作品分为艺术成品阶段和审美客体阶段。他说，艺术成品（artifact）是物质上已成形的符志，它包含着意义；审美客体（aesthetic object）则是读者集体意识中的艺术成品的相关物，更连接着意义。艺术成品结构上不变，理所当然要成为读者形成意义的根源，也是接受者对作品所作的各种“具体化”的出发点（转引自 Douwe Fokkema and Elrud Kunne - Ibsch. *Theories of Literature in the Twentieth Century.* London：C. Hurst，1977，p. 143）。

③ 在《手法》一文中，“陌生化”这个术语被用来指作者在文学文本中所采用的“形式策略”，用于“陌生化手法”一词（the technique of defamiliarization），却未提到“陌生化效果”（the effect of defamiliarization），该文每当提到效果时只是用了以下形容词：unfamiliar，strange 和 difficult，deautomatized，“陌生化效果”一词为后人在介绍该理论时所添加。“陌生化手法”一词参见 Lee Lemon and Marion Reis. *Russian Formalist Criticism：Four Essays.* Lincoln：University of Nebraska Press，1965，p. 18.

3.3 源文陌生化语言的文化意义

3.3.1 价值和文化逻辑

陌生化形式并非陌生化语言的意义，把陌生化形式视为陌生化语言的核心要素是对《手法》的片面解读。在这篇文章中，什克洛夫斯基虽然说：

> 艺术的技巧就是要使事物（object）变得“陌生”（unfamiliar），使形式变得困难，增加感知的难度和时间的长度，因为感知过程本身就是审美目的，必须把时间拉长。①

可是，什克洛夫斯基在说这句话之前也说：

> 艺术之所以存在就在于使我们恢复对生活的感受，使我们感觉到事物，使石头像石头的样子。艺术的目的是表达人们在感知事物而不是认知事物时的感受。②

什克洛夫斯基在这段话中强调了“对事物的感知或感受”，这既包括对“形式”（此时是指具有某种手法的文学形式）本身的感知，也包括对生活中那些活生生的人和事的感受（即“恢复对生活的感受”）。“感知或感受”的目的并非获取“石头本身的样子”，“使石头像石头的样子”一句需放在什克洛夫斯基整个理论的大框架下理解。他提倡艺术手法的目的在于消除人们对生活的机械化（mechanical）、代数化（algebraic）认知

---

① Lee Lemon and Marion Reis. *Russian Formalist Criticism*: *Four Essays*. Lincoln: University of Nebraska Press, 1965, p. 12. 译文参见钱佼汝：《“文学性”和“陌生化”——俄国形式主义早期的两大理论支柱》，《外国文学评论》1989 年第 1 期，第 26 – 32 页。

② Lee Lemon and Marion Reis. *Russian Formalist Criticism*: *Four Essays*. Lincoln: University of Nebraska Press, 1965, p. 12. 译文参见钱佼汝：《“文学性”和“陌生化”——俄国形式主义早期的两大理论支柱》，《外国文学评论》1989 年第 1 期，第 26 – 32 页。

(recognition)。在社会文化生活中，事物的文化意义由于不断地重复而附着于事物身上，变得透明，成为“自然而然”的“第二自然”，人们受社会文化的浸染和潜移默化，以致对该文化意义视而不见、听而不闻且不自知。“使石头像石头的样子”的真正目的就是要通过新的表征方法把这些透明和“自然”的文化意义前景化、凸显出来，而“恢复对生活的感受”就是要去除机械化、代数化认知，重新用新的观察视角去阅读、审视和体验这些被文化所浸染的事物。

也就是说，陌生化形式的文化功能与事物在社会文化中积累沉淀下来的文化意义分不开。在社会文化生活中，事物（包括形式及其指涉）并非作为物自体而独立存在，而是承载文化意义存在于意识形态当中。这里意识形态并非指狭义的、政治上的虚假意识，而是广义的，即指：

> 社会生活中观念、信仰和价值的普遍的物质生产过程……特定社会中的意指实践（signifying practices）和象征过程（symbolizing processes）……映射着个体“体验”（lived）社会实践的方式，而非这些实践本身。①

这个意识形态定义比“指称共同承认的有价值的艺术作品”的文化概念宽，又比“包含所有的实践和制度的生活形式”这一人类学文化定义窄些。该定义和英国文化研究发起者斯图亚特·霍尔（Stuart Hall）等人的文化定义相近。② 因此，本书把上述意识形态称为文化意识形态。对于事

① 以上广义意识形态是伊格尔顿所列六个定义之一。这六个定义中有四个中性定义、两个非中性定义。上述定义属于中性定义，其他三个中性定义分别是：A. ideas and beliefs which symbolize the conditions and life experiences of a specific, socially significant group or class; B. a discursive field in which self promoting social powers conflict and collide over questions central to the reproduction of social power as a whole; C. promotion and legitimation of sectoral interests, … the activities of a dominant social power（Terry Eagleton. *Ideology*: *An Introduction*. London and New York: Verso, 1991, p. 28）。从这四个定义来看，上文第一个最广义定义连着文化，第四个狭义定义连着政治。

② 霍尔把文化定义为“……一个过程，一套行为。文化关涉社会和团体成员之间的意义生产和交换，是‘意义的给予和索取’”（Stuart Hall. *Representation*: *Cultural Representations and Signifying Practices*. London: Sage in association with The Open University, 1997, pp. 2 – 3）。伊格尔顿和霍尔所用术语虽然不同，但关注的都是文化群体对事物的意义界定，都是把文化视为群体内通过事物进行意义交换的方式和过程。

物来说，文化意识形态是事物获得文化意义的精神空间，而对于人来说，文化意识形态是为人们提供体验的文化现实。文化现实是人们“给社会或者自然世界赋予精神组织并建构起**他们所认知**（perceive）**和交流**（communicate）**的现实**”[①]，它不同于自然现实，是相关文化群体的想象和建构。

在文化意识形态中，具有某种文化意义的事物构成人们的体验对象，体验的具体内涵是这些事物的文化意义，即事物由文化意识形态赋予的“意指实践”和“象征过程”。“意指实践”和“象征过程”来源于文化群体的“观念、信仰和价值观”，或者用冯·戴伊克（Van Dijk）的话说是“观念、价值观、规约”（ideas，values，prescriptions）。[②] 在特定文化意识形态中，人们通过观念、规约、信仰、价值观等赋予事物某种精神含义，经由赋予的事物业已不是事物本身，而是“之于我们”的事物，是被涵括到“意指实践”和“象征过程”中为我们提供某种“体验”的事物。

体验是独特的意义生产和意义消费行为，一头连接着体验者的需求，另一头连接着事物的功能。在社会文化生活中，人们认知自身在文化现实中的位置和自身在这个位置的“合理”需求，进而形成对事物的功能判断。这种判断包括对事物当下功能的判断和对事物潜在功能的判断。人们对自我需求的认定和对事物的功能判断相辅相成：一方面，认定某种需求会激发人们开发事物的潜在功能，或者甚至激发人们生产新的文化事物，使人们对具有各种功能的事物进行功能方面的优先排序，并对各功能及各事物之间进行关联界定；另一方面，事物的功能会诱发人们的潜在需求，人们根据自身的潜在需求调整自身的当下需求和对各事物功能的当下排序。事物本来有着多种特性，因而具有多种潜在功能，但对于“此时此地的我们”而言，某种功能具有优先重要性，因而会被激活，或者说被放在优先的位置，此时，事物某方面的特性会被强调，事物从而被赋予相应的意义，以满足相应需求，提供某种体验。本书把处于特定位置、具有特定

---

① Roger Chartier. *Cultural History*：*Between Practices and Representations*. Lydia G. Cochrane. Cambridge：Polity，1988，p. 7. 强调笔者所加。

② Teun A. van Dijk. *Ideology*：*A Multidisciplinary Approach*. London，Thousand Oaks，New Delhi：Sage Publications，1998，p. 3.

需求的人们根据对事物的功能判断而认定的事物的意义称为价值。[①] 通俗地说，价值即是事物相对于特定位置上的人们的文化意义，是一种具体观念，为人们提供社会文化生活体验。

价值是双向的，是存在于体验对象和体验主体的中间环节，既连接着体验对象，有客观物质根源，也连接着体验主体，有主观的一面，是人们对外部世界进行知识殖民的临界面（interface）。[②] 在此界面之前，事物是其自身；在此界面之后，事物是被社会化的事物，附着或负载着某个群体对它的功能判断，并由此被纳入该群体建构起来的文化现实中——或者被用于建构或重构文化现实。文化现实是价值为人们提供体验的文化精神空间，而“体验”行为的实质是体验者用价值生产和消费被体验对象的文化意义，并以此作为社会行为的依据，在社会行为中“享用”价值所带来的成果和满足感。因此，文化意识形态的核心是价值和对事物的价值赋予。

价值不仅有其主语，还有其时空定语，“是一个及物的术语，指某个群体的人们在特定情景下根据特定标准和目的所持有的价值”[③]。这是因为，人与人之间、民族与民族之间的需求或许有一定的普遍性（即使是在潜意识层面上的普遍性），但是，自然条件的差异、行为选择的偶然性、历史的既存现实等因素影响甚至塑造着人们对自身需求的认知和表达，制约甚至决定着人们选择何种事物来承载价值。文化间的隔绝和随后各自的历史进程差异又加剧相互间的价值隔阂。

不仅如此，各价值之间的关系并非“虚无的、关系模糊不清的”，而是“具有一定的结构连贯性”。[④] 价值不是虚无的，因为它不是脱离历史的

---

① 这里的价值是文化上和广义的，既不同于平常人们所说的狭义的价值观念，也不同于索绪尔结构主义语言学中的语言学价值（linguistic value）。语言学价值仅仅是一种结构关系，而此处价值则是指人们所认定的事物相对于他们的功能，它体现的是人们与事物之间的需求和被需求的关系。从本章开始除非专门指出“语言学价值”，否则价值都是用来指文化意识形态价值。在可能引起混淆的地方，本书将分别注明语言学价值和文化意识形态价值。

② 不过，虽然“价值”既连接物质也连接意识，既是对事物的功能判断也是自身需求的表达，但是，有时候，对事物的功能判断未必有充分或真实的客观依据，而只不过是人们通过话语建构出来的（但人们还是会声称和某外部事物有关系），此时的价值是一种“虚假意识”，其意识形态便是人们常说的狭义和贬义上的“虚假意识形态”。

③ Terry Eagleton. *Literary Theory*：*An Introduction*. Oxford：Blackwell，1983，p. 11.

④ Terry Eagleton. *Marxism and Literary Criticism*. Berkeley：University of California Press，1976，pp. 17 – 18.

人凭空幻想出来，不是随意漂游，而是植根于事物的物质性，根本上牵涉历史中人的物质利益——特定阶级或群体的生存和/或发展利益。价值间的关系并非模糊不清，因为它们内部是一个“逻辑连贯的理论体系”①。这个体系包括垂直关系和水平关系。在垂直方向上，每个价值都由下层价值构成，又成为上层价值的构成成分。不过，人们往往会根据自身在其位置上的需求把某种价值设置为中心和最高图腾，作为中心和最高图腾的价值被视为不证自明，且用来论证别的价值，如“民族主义”“科学”“民主”“自由”等。在水平方向上，各价值间互相论证和推导，具有被所属群体认定的因果关联。这种因果关联背后是社会实践中的各事物间的因果关联——更具体地说，“我们”所认定的各价值间的因果关联实质是“我们的事物 A”和“我们的事物 B”相对于“我们”的因果关联。此“因果”并非纯粹客观的因果：“因”未必是可直接观察到的原因，而是一些被赋予价值的事物所充当的诱因，既有物质根源，也有精神的一面，是具有某种功能的事物对于“我们”的“效应”作为“因”；“果”特别侧重主观的一面，更精确地说是指投射着人们主观感受和体验的客观结果，即“我们”对上述“效应”的“体验”。

换言之，价值间的逻辑连贯从社会实践而来，是社会实践中的“我们”所认定的“之于我们的因果关系”的反映，“之于我们的因果关系”认定反过来又为“我们”的社会行为选择提供辩护，“组织或合理化（legitimize）群体行动”。② 各价值间被认定的逻辑连贯往往表现为各事物间被认定的逻辑连贯，在文本中则表现为事物之间相对于某个文化群体的逻辑连贯。本书把各事物间被认定的逻辑连贯关系称为文化逻辑。文化逻辑是文化中人所认定的社会因果关系。文化逻辑说明文化意识形态实质是价值的群体契约和体系集成。

语言在两个层面负载价值，处于文化逻辑之中：一是语言形式本身，语言形式根据特定方式排列成文学形式，作为文学或文化形式库的项目而存在，获得相应文学价值，是人们阅读文本时直接体验和感受的事物；另

---

① Stephen C. Ferguson II. Social Contract as Bourgeois Ideology. In *Cultural Logic*, *The Tenth - anniversary Issue*, 2007, p. 2.

② Teun A. van Dijk. *Ideology*: *A Multidisciplinary Approach*. London, Thousand Oaks, New Delhi: Sage Publications, 1998, p. 3.

一个事物是语言的指涉，即人们常说的“内容”（由于“内容”一词流于宽泛，本书采用指涉这个更有具体所指的术语），指涉指代着人们的生活实践及其产物，负载着生活中人对事物的价值赋予，向阅读文本的人们提供对生活的再体验。价值不是语言的形式或指涉单独存在时所具有，而是与文化逻辑中的“周边事物”共存时所获得。就语言形式而言，它构成文学形式后，与文学文化形式库中别的文学文化形式同在，包括下一层级的形式、同层级同类形式和同层级不同类形式、上一层级的形式等。语言形式便是作为文学形式在这整个文学文化形式库中获得其位置、文化逻辑关系和文学价值。就指涉而言，指涉的周边事物则是别的指涉，包括诱发它的事物、它导致的事物、它对立立场的事物、同类的事物等，这些周边指涉与某个指涉构成文化逻辑关联，从而使该指涉获得在这个文化逻辑的位置和价值。本书把语言形式转化为文学形式后获得的价值称为诗学价值，把指涉在生活中负载的价值称为社会行为价值，它们各自相应的文化逻辑是诗学逻辑和社会行为逻辑。

文化逻辑通过诗学逻辑和社会行为逻辑呈现于文学文本。具体说来，文学语言具有双重属性，既是角色语言，又是作者语言。[①] 在角色层面，文本所叙述的（由某个主体所代表的）某个群体的行动再现该群体的社会行为逻辑。每一个事件背后都有着特定的文化背景，事件中人们的选择折射出他们的行为动机，因而角色的社会遭遇及其抉择再现当时支配人们“命运”的道德、伦理、政治或宗教上的社会行为价值和社会行为逻辑。正是在这个意义上，我们说“伟大小说作品里我们所‘看到的’意识形态

① 尽管有时候作者会以第一人称出现在文本之中，但这个“我”分为两个层次：一个是讲述故事的“我”，一个是故事中的“我”。

都是以个体‘活生生’的经历为表现形式的”[①]。在作者层面，结构布局离不开**“具有某种结构特点的形式”**的诗学价值，这种形式需以一定的诗学传统为依托才被视为与上下文相连贯，被视为“文学形式”。[②] 尽管有时候作者的形式是反传统的，但反传统形式的诗学意义恰恰离不开被“反”的传统，它只有在被否定的传统中方能获得它在形式库的文学地位和诗学价值，作者的形式选择才具有可理解的诗学动因，体现当其时的诗学逻辑。由此而言，无论遵守还是违反，诗学传统、诗学逻辑和诗学价值是作者形式选择的合理化依据，文本只有以该诗学传统为依托，才能获得诗学连贯（包含反传统这种有标记诗学连贯）。反过来看，诗学价值和诗学逻辑解释了作者形式选择的诗学动机。

简言之，文学文本的语言既是角色的言语，也属于作者的言语，具有双重文化意义。它既表达着角色的生活体验，反映角色对他所观察或践行的事物的价值观念，又承载作者根据外部诗学语境而对形式所作出的诗学价值判断和选择。由此而言，文学语言的连贯功能是双重的，既贡献于角色的社会行为逻辑，也贡献于作者的诗学逻辑，在两个层面上构成文学文本的文化逻辑和文化意识形态。[③]

价值是人们的需求表达和对事物的文化意义赋予，它本身是无形的，必须通过语言在内的符号获得生产和表达——不管是以元语言（metalan-

---

① Louis Althusser. *Essays on Ideology*. London and New York：Verso，1971，p. 175. 不过，在社会行为价值相似的“活生生的”人与人之间，社会行为逻辑有时会表现出个体差异，出现大同小异。例如，张三、李四可能都认同 A 价值推导出 B 价值，但张三还持有 C 价值，而李四则持有 D 价值，这便可能导致张三、李四分别采用不同的事物或行为来实现 B 价值。文化逻辑的这种相近却又相异的特点常被用作人物刻画的重要手段，赋予人物丰富的个性形象。另外，这种“活生生”的经历又使得社会行为逻辑在文学文本中不仅表现为隐形，而且还呈现出一定的跳跃性——这是因为，事物的社会行为价值常常被作者预设为文化中人的文化常识，而附着于行为上的社会动机及其因果关联被设定为不言自明，故而文本叙事未必会紧扣现实生活中人的社会行为逻辑，未必会在每一个环节都模仿和再现社会行为逻辑，一步一步地介绍每个行为的动机和因果关联，而是可能跳过某个或某些中间环节，从行为直接进入行为结果的结果，甚至结果的结果的结果，所以说文本“并非所有环节都是直观的、表层的”（孙艺风：《翻译学的何去何从》，《中国翻译》2010 年第 2 期，第 5 - 10 页）。

② “具有某种结构特点的形式”是指被设计成某种结构关系的语言形式，而该语言形式的文学地位未决，是介于语言形式向文学形式转化的中间状态。

③ 从这个意义来说，文本的连贯并非单纯指一个词和另一个词在语境意义上相互呼应和契合，而是包含着两个层面，既有角色的社会行为之间的逻辑连贯，也有符号与符号之间形式上的可搭配关系，以及叙事模块与叙事模块之间的可连接关系等诗学（有标记）连贯。

guage）论述的方式还是以意涵暗示的方式。换言之，语言不仅负载价值，反过来也生产、再生产和呈现价值。究其因，价值实质上是从特定位置和视角出发对事物的知识建构和阐释，而“知识的建构和阐释在很大程度上是一个划分概念种类边界的行为”，在这种分类中，语言“不再是传播和接收先有知识的中性媒介，而是知识构建的关键物件”。[①] 更具体地说，文本中的语言并非单纯地为指代而指涉，而是在允诺指代的同时生产与该指涉有关的知识，建构具有某种属性的指涉，从而为实践和言谈提供知识范畴，并通过文本的生产和再生产来巩固、强化或者消解、颠覆这些知识范畴。这并不是说文本之外没有事物，而是说文本之外的事物作为物自身（thing itself）和文本之内建构起来的事物并无约束性的本质联系，因为语言对外界事物的命名不仅仅是简单命名，在试图命名该事物的过程中，语言同时也把使用者的位置、视角和功能判断强加于事物之上，使事物成为“某一种事物”。[②]

语言通过形式和指涉的有机结合生产和再生产价值和文化逻辑。语言通过文本向文学文化系统置入“具有某种结构特点的形式”，该形式与文学文化系统中原有的文学形式产生同一和差异分类，获得互文或转换关系，从而获得自身在文学文化系统中的相对位置和价值。尤其是当“新形式”（即“具有某种结构特点”的形式，是介于语言形式向文学形式转化的中间状态）与系统原有文学形式构成非同一关系（即差异、互文或转换关系）时，被置入的新形式重构了文学文化系统的构成，改变了原有文学形式的相对位置，导致各文学形式诗学价值的移位。然而，即使同一也未必意味着新置入的形式完全复制原有文学形式的诗学价值，例如，仿讽作为一种形式上的同一，实际上是通过挪用同一来颠覆原有文学形式的地位

---

① Adam Jaworski and Nikolas Coupland. Introduction: Perspectives on Discourse Analysis. In Adam Jaworski and Nikolas Coupland. *The Discourse Reader*. New York: Routledge, 1999, p. 4.

② 语言的使用位置包括作为语言符号在结构系统中的位置和作为话语在社会文化中的位置。结构系统对现实的分割方式从根基上决定了语言指涉外延的大小，而社会文化位置则决定语言是谁的语言，是从哪一个角度来描写现实。例如，“区域主义话语是一种施为话语，它试图把对于边陲（frontiers）的新界定加以合法化，这样一来，被名为‘区域’的现实就不再是‘现实’本身，而是成为界定现实的斗争的场所”（刘禾著，宋伟杰等译：《跨语际实践——文学，民族文化与被译介的现代性》，北京：生活·读书·新知三联书店，2002 年，第 41 页）。这就是说，区域主义话语对于边界的论述实质是用文本建构出“区域”这一被指称对象，从而为区域划定边界。

和价值。归根到底，同一的形式与不同的指涉相结合，使原有文学形式被用于描写另一种不同的现实，表达不同的文化意义——这就是说形式与指涉有机统一后，表面同一的形式可被用于表达实质上相异的意义。

语言、文本与价值、文化逻辑之间的相互关系不仅对我们研究源文陌生化语言的文化意义具有重要作用，对于探讨翻译行为以及目的语文本对应项目的文化意义也具有重大的理论价值。那么，源文陌生化语言承载了什么样的价值和文化逻辑？这是下一小节所要探讨的内容。

3.3.2 源文陌生化语言的价值和文化逻辑

文学陌生化语言是文学文本语言的一种，也包含着两种事物，即陌生化形式和它通过示例指涉所描写的事物。这两种事物相互关联，如果我们用肯尼斯·伯克（Kenneth Burke）的话来说便是“透过失协传达视角”(perspective by incongruity)。[①] 失协是就形式而言，而视角则是就指涉而言。失协是“把传统上属于某个范畴的词语刻意扭曲，作为其他范畴来隐喻性地使用”，“对传统所建立起来的语言范畴的不忠”，但它不是“语言堕落”（demoralize)，而是“语言重生”（remoralize)。[②] 词语在不断重复使用后逐渐石化，其形式逐渐失去质感，对事物的描写渐趋模糊，语言的重生便是要摒弃陈旧的语言形式，以新的语言形式重新观察和表征事物，重新引起人们的注意。具体而言，与旧形式相比，新形式的独特性在于作者不认为“R 是 N”，而是提出“R 实际上是 D（虽然人们常常认为 R 是 N)”。[③] 作者旨在通过从 N 到 D 的偏离和转换突出对立。就形式而言，对立体现于用于描写同一事物的旧形式（N）与新形式（D）之间；就被描写对象而言，对立体现于对该事物的旧观察视角和新观察视角之间——如果我们用罗宾逊的“三事物”分类，旧的观察视角是“被代数化或机械化认知的事物”，新的观察视角是“用于诗意地表征原来被感知对象的事物”。

旧形式是谁的形式？新视角是谁的视角？贝尔托尔·布莱希特（Ber-

---

① Kenneth Burke. *Perspectives by Incongruity*. Bloomington：Indiana University Press，1964，pp. 94 –95.

② Kenneth Burke. *Perspectives by Incongruity*. Bloomington：Indiana University Press，1964，pp. 94 –95.

③ R 指被讲述/描述对象；N 指常规语言；D 指含陌生化偏离的语言符号。

totle Brecht）和赫伯特·马尔库塞（Herbert Marcuse）认为陌生化语言表达出来的新视角是反主流、反传统的视角，如布莱希特提出：

> 陌生化的表征既可以使主题被辨认，同时又显得不太熟悉。它可以把人从被动接受的状态拯救出来，使人质疑事物的现状，把以社会条件为基础的社会现象从熟悉的牢笼中释放出来。①

与此相近，马尔库塞主张用“拒绝式的语言”（language of denial）进行“语言治疗”（linguistic therapy），“把语词从社会建制（Establishment）对其扭曲中解放出来”，主张“亚文化群体发展他们自己的语言，把日常交际中本无恶意的语词抽离出其通常语境，用其来指涉被社会建制所禁止的事物或者活动”。② 例如，对句法的破坏、对语词和句子的碎裂、对日常语言的爆炸式使用等。③

不同的审视或许带来的是过时的、落后的或错位的审视，布莱希特所谓“不同的审视必定兆示正确的审视的来临”这一说法过于武断。④ 另外，虽然社会语言变体中的确存在“反语言”（anti - language）现象，印证了马尔库塞提出的“亚文化群体自己的语言”，但是，关键在于，边缘文化群体未必会主动放弃现有语汇，他们有时候这么做不过是面对审查不得不采取的曲折表达方式——不过，不管主动还是被动，这种“反语言”（或者如马尔库塞所说的“亚文化群体自己的语言”）至少暗示边缘文化群体不认同主流意识形态。⑤ 除此之外，中心文化群体有时也可能挪用陌生化手法，或者用来丑化他者或边缘群体，或者用来进行自我反思和更新。布莱希特和马尔库塞把陌生化语言这种话语政治手段完全“私有化”给被压迫阶级，好像只有边缘的、被压迫的阶级才可以或者才懂得利用这种手法，在论述上有片面之嫌。

---

① Bertolt Brecht. A Short Organum for the Theatre. In Terry Eagleton and Drew Milne. *Marxist Literary Theory*: *A Reader*. Cambridge, Mass.: Blackwell, 1996, pp. 121 - 122.

② Herbert Marcuse. *An Essay on Liberation*. Boston: Beacon Press, 1969, pp. 8, 34 - 35, 41.

③ Herbert Marcuse. *An Essay on Liberation*. Boston: Beacon Press, 1969, pp. 8, 34 - 35, 41.

④ Bertolt Brecht. *On Art and Politics*. London: Methuen, 2003, p. 209.

⑤ Michael Halliday. Anti - language. *American Anthropologist*, Vol. 78, No. 3, 1976.

不过，两位学者的论述有合理的成分。语言是人们生活体验的介导（mediating）、媒介（medium），表征着事物和塑造着人们的感受。不同的手法以及全新的词语将给阅读者带来新的观感，引发人们的想象和思考。"与控制人的语汇决裂"的确有助于用"一种崭新的语言来界定和传导新的'价值观'（语言在这里是广义的，它包括语调、意象、姿态、音色），以构想和引导重建工作的新感性和新意识"[①]。从这个角度来说，语言的陌生化实质上意味着现实表征方式的陌生化，意味着对事物观察视角的陌生化。因而，无论陌生化手法被谁挪用，无论陌生化语言服务于哪个阶层或群体，背后是何种文化政治立场，对于潜在读者来说，这种语言作用在于改变他们对"事物"的惯有观察距离和视角，引发读者重新审视陌生化语言描写的对象。在这个重新审视的过程中，阅读的认识辩证过程包含三种事物："被感知的事物"（事物1）、"被代数化或机械化认知的事物"（事物2）及"用于诗意的表征原来被感知对象的事物"（事物3）。[②] 事物1是刚刚进入我们的生活视野的事物，是由自在之物变为"与我们有关的事物"时的状态；事物2是被认知内化后的事物，是被背景化而视为自然而然的状态；事物3则是事物1的喻体，是用于重新理解事物1的视角，它对事物1的再表征行为将重塑主体对事物1的意识。

概括起来，陌生化语言负载的价值取决于它所处的文化历史语境和相关的文化事物：就形式而言，取决于它所偏离的旧形式；就被描写对象而言，取决于和该对象相关联的旧文化视角。两者统一于形式和视角所服务的文化群体。换句话说，陌生化语言在形式层面是作者与相关常规文学语言的对话，是对文学语言的解经典化和再经典化过程，旨在协商并转移诗学价值；在指涉层面是对角色社会处境的描摹，再现不同文化群体对同一社会现象的不同阐释视角。这些阐释视角解释了故事中人的（相互）社会行为，从而折射各自行为背后的动机和社会行为逻辑，是故事发展的社会文化"缘由"。特别是当边缘者不接受被边缘的地位，或者中心者潜意识上不认同甚至反对他所处的文化中心视角时，这种人物的内在"精神分

---

① Herbert Marcuse. *An Essay on Liberation*. Boston: Beacon Press, 1969, p. 33.

② Douglas Robinson. The Spatiotemporal Dialectic of Estrangement. In *TDR: The Drama Review*, Vol. 51, No. 4, Winter, 2007, pp. 127 – 128.

裂”（schizophrenia）是人物行为剧变的根源，它往往演化为情节上的冲突，为读者把握叙事进展预留线索，为故事的“不合理”之处在形式上埋下“合理性”的伏笔。

陌生化语言的双层文化含义之间又相互关联。正如伊格尔顿所言，“文学形式的重大变迁源自意识形态的重大变化，新的文学形式体现的是观察社会现实的新方式”①。这是因为，文学是相关群体表征世界并建构所需文化现实的重要手段，协商和重新界定形式的诗学价值意味着对现实表征方式的再评估和再挑选，意味着作者寻找新的表征手段、建构新的文化现实。从这个意义上来说，作者对传统形式的诗学价值的介入是对既有文化现实的协商（negotiation），而文学形式的颠覆和重建实质是对文化现实的解构和重构，包括对文化逻辑的解构和重构，旨在再生产和再分配价值；相应地，文学史的（再）书写便是对形式的（再）阐释、（再）占有和/或（再）操纵、（再）挪用，并由此（再）界定事物。

可见，陌生化语言的文化意义并不在偏离部分本身，而在于偏离式语言所处的外部文化语境之中，是外部的常规形式决定了偏离形式的诗学价值，是周边的社会行为逻辑决定了陌生化语言指涉的社会行为价值。当我们采用这种文化语境的视角来解读陌生化语言的文化意义时，我们便可以说陌生化语言其实是作者对另一种文学形式的解文学化行为和对自身形式的文学化尝试，也是作者用来抵抗观察事物的惯常视角的方式。因此，源文陌生化语言的文化意义不可约简为陌生化形式，把陌生化语言翻译约简为陌生化形式仿造是对源文陌生化语言文化意义的缩减。即使翻译是要再现源文陌生化语言的文化意义，那么，译者所要再现的内容也不是陌生化形式蕴含的抽象、超验文学性，而应是陌生化形式和被描写对象的双重文化含义。

---

① Terry Eagleton. *Marxism and Literary Criticism*. Berkeley: University of California Press, 1976, pp. 24 - 25.

4 偏离在目的语文本中的跨语言再造

上一章说过，陌生化语言关键在于“常规—偏离”关系所构成的互文张力。互文源自以往常规搭配所提供的联想，张力来源于常规与偏离在当下所构成的不连续性，没有相对应的常规和偏离就没有张力可言，就没有陌生化。因此，译者想要再现陌生化意图就必须在目的语文本中生成偏离式语言以仿造互文张力，这就是为什么有些学者主张“偏离对偏离”。然而，偏离虽可抽象为跨文化共性，但在具体实现中又离不开现实的语言形式，可以说，偏离的具体方式取决于语言形式的具体特点。语言形式是制约译者再现陌生化意图的因素。

进而言之，陌生化语言并非孤立存在，而是文本系统的一个部分，构成文本连贯的一环，只不过它所构成的连贯是特殊的连贯，或者说“有标记连贯”（marked coherence）。[①] 有标记连贯的标记性源自偏离，可是偏离又是如何参与到文本系统中，与文本中的其他符号互动，获得特定的意义效果，贡献于文本的连贯？

同时，偏离总是相对于特定常规而言，如果没有特定常规作为参照，我们很难说某个语言项目表现出偏离。那么，**在目的语文本所建构和所处的语境中**，与目的语文本的偏离符号相关的常规有哪些？与不同的常规相

---

① 王东风：《有标记连贯与小说翻译中的连贯重构——以意识流小说 *Ulysses* 的翻译为例》，《外语教学与研究》2006 年第 5 期，第 303 – 308 页。在王东风看来，连贯（包括有标记和无标记在内）是一种文本关系。王的这个表述其实隐去了“文化语境”这一要素，把文本项目在文化语境中相对于相应文化群体的意义投射到符号本身。实际上，文本关系之所以构成连贯是因为有文化语境的支撑，是相对于相应文化群体而言，连贯的实质是文本项目在文化语境中的文化意义相互呼应，是通过读者激活文化语境和文化意义来实现。因此，文本关系是连贯的体现，文本关系的连贯效应需在阅读中实现。所以本书对（有标记）连贯和（不）连续性作了进一步区分，用连贯和有标记连贯来指文本所激发的阅读效应，用连续性和不连续性指称文本关系。不连续性通过阅读实现为有标记连贯。在陌生化手法上，与有标记连贯对应的是陌生化效果，与不连续性对应的是互文张力结构。

对应时，偏离又分别表达什么意义？例如，目的语文本的翻译体往往也构成偏离，那这种偏离和陌生化语言中的偏离在性质和功能上有什么区别？译者如何在目的语文本中对它们加以区分，以使他的陌生化意图（如果有的话）更明确地传达给目的语读者？读者又如何分辨两种偏离？这个问题对于想仿造陌生化形式的译者和研究者具有重要的理论和现实意义。

本章将着重探讨以上三个方面的问题，旨在弄清在跨语言转换的过程中，译者在目的语文本中生成偏离、仿造陌生化形式方面所受的限制。

4.1 偏离之英汉差异

从最基本的层面来说，陌生化语言的翻译是一个跨语言转换过程。在这个过程中，译者如果想要通过生成偏离式语言来仿造陌生化形式，首先就要面对语言形式体系方面的差异。每一种语言自身的形式特点从根本上限定偏离的可能方式。研究源语和目的语之间的差异有助于我们认识译者能否在跨语言转换中再造偏离。金兵在探讨陌生化语言翻译的著作中对语言差异这个问题只是一笔带过："英汉语言的具体差异点给翻译造成障碍"，但"详细探讨这两种语言之间的差异超出本书的探讨范围，也非本节的重点"。[①] 他还说：

> 应当承认，每种语言都有独特的构词能力、语序、遣词造句方式、话语标记以及各种特殊的语言形式，这些特性往往被作家加以巧妙利用，创造出能给读者带来新鲜感受的陌生化手法。这些手法传译起来难度的确很大，但我们也应该看到，"各种语言间的同大于异，语言间绝对分离的情况是罕见的"。对于译者来说，他（她）的一项重要任务就是分析对比两种语言间的特殊表达手段，进行艰苦的、创造性的移植工作。[②]

---

① 金兵：《文学翻译中原作陌生化手法的再现研究》，上海：复旦大学出版社，2009 年，第 102 页。

② 金兵：《文学翻译中原作陌生化手法的再现研究》，上海：复旦大学出版社，2009 年，第 85 页。

既然各种语言“同大于异”，那为什么译者的移植工作会“艰苦”呢？笔者认为，这种艰苦恰恰是由于金兵自己所说的“每种语言都有其独特的构词能力、语序、遣词造句方式、话语标记以及各种特殊的语言形式”。既然每种语言具有自己的特点，翻译研究者的任务就不是泛泛地说“虽艰苦，但能译”，而是必须仔细分析异在何处、苦在何处、有什么方式可译、能译到什么程度。只不过，研究者必须针对具体的语言对子（源语—目的语），这样所作的分析才能有的放矢。本书把陌生化形式的跨语言再现放在英译汉的语境下进行探讨。在英译汉时，金兵认为：

> 汉语的灵活性使其能够容忍更多的语言变异现象，使得作家能够在创作中更多地运用陌生化手法，也使得翻译家有可能充分利用汉语的潜力再现原作中的陌生化手法。[①]

“容忍”道出了汉语的弹性，这种弹性虽意味着译者可以对汉语字词进行丰富的“变异”，但从另一个角度看，它恰恰说明变异后的字词往往是汉语所允许的，因而基本没有张力。这是因为，张力存在于语言的不可处，是对语言进行扭曲和偏离，由此才有语言符号之间的“紧绷”状态。“紧绷”的语言符号能吸引读者的注意力，并激发想象和阐释，让读者在阅读中体验“惊讶”甚至“惊颤”。从这个角度来说，汉语的弹性即使没有消除陌生化张力，至少在一定程度上也削弱了张力。

不过，汉语还是有一定的规则和规范的，正是这些规则、规范赋予它被打破、偏离的潜力，使它获得张力创造的潜力。那么，英汉之间在创造张力的方式上有哪些差异？如前文所述，英语可用于创作偏离方式有语音、书写、词汇、语法、语义、语体等类别，那么，汉语是否有与英语相对应的偏离方式？如果没有，汉语是否为译者提供其他方式作为补偿？以往研究者在研究源文陌生化语言的翻译时并未重视这个问题。就笔者所掌握的材料来看，郑海凌、刘卫东、蔡粤生以及陈婵英只是初步触及汉语的语言特点及其陌生化方式，且各有侧重。郑海凌讨论的是语义的非常规搭

---

① 金兵：《文学翻译中原作陌生化手法的再现研究》，上海：复旦大学出版社，2009 年，第 90－91 页。

配问题，如“黑色的玫瑰”和“黑色的太阳”。[①] 刘卫东注意到，在翻译马克·吐温（Mark Twain）小说的语言偏离策略时，汉语译者“更多地通过语法，甚至更高层次的话语篇章偏离来传递说话者的社会信息”[②]。他由此提出，“译者不应拘泥于原文中各个具体语言项目的变异状况，而应采取灵活变通的方法”[③]。所谓“不拘泥”和“灵活变通”的意思是说译者应该采用迁移的方式来再现陌生化偏离。[④] 蔡粤生主张使用非常规印刷字体来达到偏离的效果。[⑤] 陈婵英注意到英汉在主谓结构上存在差异，但她依然使用“主语”“谓语”来讨论汉语句法，且又再分逻辑谓语和语法谓语，所用术语显得繁复而易混淆。[⑥] 除这四人之外，其他的文章基本上表现为：列举英语的偏离方式；主张用汉语复制或重构这种偏离，却并未详细讨论如何重构。这些研究论点大致可分为两种（以第一种为主）：英汉共性及陌生化偏离的可译性；英汉差异及偏离的不可译性。

实际上，英语和汉语在词汇、语音、语法、书写、语义、语体等方面存在着显著差异，从而具有不同的偏离方式。

4.1.1 英汉造新词的差异

造新词指的是作者或译者通过灵活运用现有构词规则，创造出现有词汇中不存在的词语。不过，新词虽新，却是依据原有规则创造出来的，或者至少与现有词汇存在某种联想关系，读者结合上下文语境基本可以理解

---

① 郑海凌：《“陌生化”与文学翻译》，《中国俄语教学》2003 年第 2 期，第 43 – 46 页。

② 刘卫东、田贵森：《语言变异的翻译对策》，《外语与外语教学》2005 年第 5 期，第 47 – 50 页。刘和田所说的语法指的是“汉语传统叙述的逻辑序列习惯”。

③ 刘卫东、田贵森：《语言变异的翻译对策》，《外语与外语教学》2005 年第 5 期，第 47 – 50 页。刘的“变异”即指“陌生化偏离”（笔者注）。

④ 这里的“迁移”英文作“shift”，用的是约翰·卡特福德（John Catford）的用法。卡特福德在他的书中划分了层级迁移（level shift）和范畴迁移（category shift）（该概念参见 John Catford. *A Linguistic Theory of Translation*. Oxford：Oxford University Press，1965）。卡特福德的 shift 和图里的 shift 含义不同，后者指的是目的语文本相对于源语文本的差异，译为“偏移”更恰当。图里的 shift 参见 Gideon Toury. *Descriptive Translation Studies and Beyond*. Shanghai：Shanghai Foreign Language Education，2004. 本书除非特殊说明，用“shift/迁移”时指的都是卡特福德的用法。

⑤ 蔡粤生：《试论英汉互译中语言变异的翻译策略》，《重庆工学院学报》2006 年第 3 期，第 147 – 148 页。

⑥ 陈婵英：《论有标记主位结构的翻译策略》，《顺德职业技术学院学报》2008 年第 4 期，第 61 – 64 页。

这些新词。在新词创造方面，不仅“词”在英语和汉语中的地位不同，而且两种语言造新词的方法也不同，因而两种语言的新词表现出来的张力在程度和方式上有所区别。英语词汇一般由多个语素按一定的形式规则组合而成，这些词往往具有可分析性，文学创作者便泛化这些形式规则，把原来不组合在一起的语素组合起来，构成新词，如由 foresee、foreknow 到 foresuffer，或者由 unlock 到 unsex。[①] 这些新词意义高度浓缩，体现作者运用语言的巧智。由于词在英语中属于独立存在的自然语言单位，[②] 新词作为对现有词汇的扩展，形式上的张力非常引人注目，让读者感到耳目一新。

汉语中独立存在的自然备用单位不是词，而是字。词的身份非常模糊，既能由一个字单独构成，也能由两个或多个字组合而成。单字词一般无构词法可言，因而难有和英语对应的偏离。[③] 非单字词的划分和确立是动态的、居于语境的。有些字组合在某些语境下可以视为一个词，换了新的语境又可视为两个或多个词。[④] 这种“词”身份的模糊还体现在弹性上。关于汉语的弹性，金兵曾引用和阐发了郭绍虞的观点：“重言可以伸缩；连语可以伸缩；语缓可以增字；语急可以减字；复语可以单义；语词可以变化；语词可以颠倒等等。”[⑤] 可能正是基于这种特点，“讲汉语也不一定

---

① Geoffrey N. Leech. *A Linguistic Guide to English Poetry*. Harlow: Longmans, 1969, pp. 42 - 43.

② 潘文国：《汉英对比纲要》，北京：北京语言文化大学出版社，1997 年，第 171 页。

③ 如果一个字构成单字词，那么，似乎可以说，在由两个或多个有意义形素构成的字中，该字/词的造字法几乎就是它的造词法，如汉语的“她”。而在由单个形素构成的字中，如汉语新近出现的“囧”字，虽然这个字有它的构成规律（象形），但在这种情况下，把该字的造字法视为造词法似乎并不妥当（或者至少不如上一种情形恰当）。或者这么说，本书所说的“造词法”更多的是指形态构成（morphological formation）。“形素”一词较早见于王宁的文章，指的是汉字的基础构形元素，称形素或形位。王宁提出，“把汉字进行拆分，拆到不能再拆的最小单元，这些最小单元就是汉字的基础构形元素，或称形素。形素以下（即再拆下去就成了笔画）在形体上已没有相对独立性，而且也不具有表音、表义、表形和区别的表意功能了……在依层次拆分的汉字中，处在全字和形素之间的构形单位，也称作这个字的构件”（王宁：《汉字的书写元素和构形元素》，《中国教育报》，1995 年 3 月 27 日第 3 版）。

④ 王了一关于词和仂语的区分印证了这点，他把未能成为句子的两个或更多的词组合而成的语言单位称为仂语。在字的使用中，一个多字组（如“能见”）究竟是词还是仂语需仔细辨别。王提出，区分词和仂语的标准是：“凡两个字中间还可以插进别的字，就是仂语，否则只是一个单词”，所以，“‘马车’是两个字，同时也是两个词，它们合成一个仂语，‘车子’是两个字，但它们只算是合成一个词”（王了一：《汉语语法纲要》，上海：上海教育出版社，1982 年，第 19 - 21 页）。

⑤ 郭绍虞：《照隅室语言文字论集》，上海：上海古籍出版社，1985 年，第 77 - 111 页。

非有‘词’不可”[1]。因此，当人们对“词”实施变异时，这种变异一方面可视为对现有词的破坏和扭曲，也可视为仅仅是字的常规变化和再组合，是汉语灵活性在语言应用中的体现，既属汉语允许的范围，也是汉语读者可预期的内容。

例 1：

张三：能见度多少？

李四：能看见，程度不高！

李四的回答中“能见”和“程度”两个词与“能见度”之间的关系比较模棱。一方面，由于“能见度”是较为固定的专业词汇，把它拆解成“能看见”和“程度”两个普通词语后与原来的专业词汇形成鲜明对比。另一方面，“能见度”中的“度”本来就是“程度”的意思，整个词只是浓缩了“能看见的程度”这个说法，李四把它拆开来只不过恢复它的原样。从这点来说，把“能见度”拆成“能看见”和“程度”又没什么特殊。

不过，在造新词方面，汉语也有自己独特的方式。例如，汉语中有些字组由于频繁使用，获得习惯用法并逐渐稳定下来，成为一个固定词汇的一部分，此时，创作者或译者颠覆字组搭配或者颠覆字组的惯常意义也能获得意外的效果，见下例：

例 2：

A girl with a simple, unspoiled nature, like Gwendolen, could hardly be expected to reside in the country. [2]

余：总不能指望像关多琳这样单纯的乖女孩住到乡下去吧。[3]

张：像温黛琳那么天真纯朴的女孩子，可不能住在乡下呀。乡下花太多了，简直是个花花世界。[4]

---

① 吕叔湘：《语文常谈》，北京：生活·读书·新知三联书店，1980 年，第 45 页。

② Oscar Wilde. *The Importance of Being Earnest*. New York: Dover Publications, 1990, p. 13.

③ 王尔德著，余光中译：《不可儿戏》，香港：山边社，1984 年，第 48 页。

④ 王尔德著，张南峰译：《王尔德喜剧选》，福州：海峡文艺出版社，1990 年，第 23 页。

且不论张南峰“花花世界”一词与源语文本的关系如何，在行文上从“花太多”转到“花花世界”是岐/奇用了汉语成语“花花世界”，“花花世界”一词也由此获得“花很多的地方”的临时含义。[①] 又比如：

例 3：

I am tired of being just a horsewife. [②]

只当个家庭煮妇我已经感到厌烦。[③]

我厌倦了仅仅做一个家庭主驸。[④]

英文 horsewife 是从 housewife 变异而来，其中“horse”用意似乎在于突出“家庭主妇”并没有“做主”，而是“做牛做马”。王伟庆译本虽然刻意保留“马”的意象，但显得较牵强，毕竟，“主驸”意思较晦涩难懂。相反，虞建华的“家庭煮妇”虽没与“马”对应，但“煮妇”隐含了“做煮”，暗示所谓“主妇”之“做主”只是限于厨房之内，“做主”厨房之事，实际上只是“做煮”而已，陌生化了“主妇”这个概念，比起“主驸”来说，文化批判意味更加明显。

从“煮妇”一例来看，在以字为基本单位的汉语中，字可以是词，也可以是词的一部分。一方面，字的这种灵活性为作者和译者重组词语提供丰富的资源，使作者和译者可以通过“语素粒子的‘随意’碰撞组成丰富的语汇”[⑤]。这种“随意碰撞”有时便可用来插科打诨或冷调热侃。另一方面，字的灵活性总体上降低了“意外”的效果，由此生成的变异张力显得比英语造新词要“柔性”一些。

更重要的是，英语新词译成汉语时，汉语中往往难有与英语相对应的

① 不过，张译的问题在于，“天真纯朴”“花太多”“花花世界”这三个词之间似乎没有什么内在联系，没有相似性可构成临时隐喻，因而这个文字游戏显得牵强，与上下文较难形成主题意义效应。相比之下，“乡下花花太岁和野花一样多，简直是个花花世界”可能更容易让人理解文字游戏的“由来”。在这个搭配下，“花花世界”既保持原来的含义，也获得新的含义“花很多的地方”。

② Donald Barthelme. *Snow White*. New York：Simon and Schuster，1996，p. 49.

③ 巴塞尔姆著，虞建华译：《白雪公主》，上海：上海译文出版社，2005 年，第 34 页。

④ 巴塞尔姆著，王伟庆译：《白雪公主》，广州：花城出版社，1992 年，第 37 页。

⑤ 申小龙把“字”称为语素粒子（申小龙：《汉语与中国文化》，上海：复旦大学出版社，2003 年，第 320 页）。

构词法，即使新词或旧词在英汉之间存在偶然对应，但要同时满足旧词、新词和构词法这三个要素的英汉对应比较罕见。这就迫使译者必须在汉语中寻找别的新词来替代，结果往往是译者只能在“新”上寻求翻译的相似性，在“词义”部分则有所更改和牺牲。

4.1.2 英汉语音偏离的差异

语音偏离指文本中某个或某些词语的发音违反语言系统的发音规则。现实生活中，由于情绪、受教育背景、方言背景或者仿讽他人等原因，人们在发音上有时会表现出与规范发音相距甚远的个人色彩。在强调使用正规语言的场合下，这些极具个人色彩的发音会被压制，取而代之的是合规范的标音和用词。但在文学文本中，为了与上下文形成某种音韵效果，或者为了突出人物的性格或背景，以求刻画人物形象和更真实地再现社会文化现实，作者便会反其道而行，用近似音或模拟音来标志人们的特殊口音。这种做法在英汉文学中都有。不过，由于语言形式的差异，英汉可用来临摹特殊口音的方式有所不同。英语的特点是书写系统基本直接对应于语音系统，作者可用近似的字母来“转抄”（transcribe）和模拟发音，读者根据英语的拼读规则和词汇常识基本可以推断出该词所代表的真正单词。汉语则不同，书写和语音分属两个独立系统，用文字“转抄”和模拟发音时，字和音之间的关系比较间接，读者推断起来并不容易。究其原因，除了汉语同音字较多之外，用文字来模拟地方口音时，这种口音常具有一定的地方性，往往只有懂该地方口音的人才能理解这些“特殊符号”。从这个角度来说，汉语的“书写—语音”双系统、多同音字以及不同地域同文不同音的事实等对汉语语音偏离来说是极大的影响。

另外，英语是多音节语言，一个单词可以包含多个音节，有时候作者便根据特殊情境把一个单词切分为几个音节，这些切分开来的音节与上下文语境一起，构成特殊的符号联系，获得特殊含义。有时候，作者通过置换某个音标（元音或辅音），把旧单词改为另一个相似的单词，使之与上下文其他词语发生巧妙关联，形成特殊的意义效果。[①] 汉语属于单音节语言，每个字都只有一个音节，如果译者要在汉语的音节上构成偏离，可变

① 这种情形属于雅各布森所讨论的“平行结构和投射”。

异的地方相对较少，只有声母和韵母，有的甚至只有韵母，不过，从笔者观察到的翻译实例来看，一些译者依然找到几种变异方法：

第一，语音延展，即把一个音节拉伸成几个音节。尽管汉语的特点是音节间隔清晰，拼合过程模糊，不过，特殊情况下，为了表示发音时间延长，汉字音节基本可以被“拉伸”开来，其方式一般是：第一个音节基本不变，为一个音，后一个音有两种变化可能——①以原音节的韵母（的后半部分）加半元音（y/w），如把“节”（jie）拉伸为“鸡”+“爷”（ji + ye）；②单独成无声母音节，如安-an、恩-en、昂-ang。赵元任译作《阿丽思漫游奇境记》中就把“体面汤”拉伸开来，变成了“涕洟糜餍汤”。①

第二，错别音，即用近似音来标示“不标准”普通话读音，如用“我胡了你”表示“我服了你”。成时译作《哈克贝利·费恩历险记》中用了这种方法，如他用“陀旧”代替“多久”。② 各地口音不同，因而在声母、韵母、声调等方面各有各的“不标准”，因此，声母、韵母、声调等都可用于变形，声母如“f-h”“r-l”“z-zh”“c-ch”“s-sh”“n-l”“d-t”“j-z”，韵母如前后鼻音之分，声调如一个调到尾。

另外，有时候作者或译者还会利用音素或音节换位的方法，用来模仿人物思绪或表达的混乱，此时，语音偏离与书写偏离有重叠之处。总的来说，语音偏离受语言本身特点限制较大，由于英汉之间的语音形式差异较大，译者翻译时即使在汉语中仿造语音偏离，那也是以汉语的特点为基础进行的再创造，与英语语音偏离往往并无直接对应关系，可视为在形式上对后者的补偿式翻译。

4.1.3 英汉书写偏离的差异

书写偏离指对书写规范的违反，既包括打破字/词之内的书写规范和字/词之间的书写规范。对书写规范的违反在字/词之内表现为误拼误写某

① 加乐尔著，赵元任译：《阿丽思漫游奇境记》，台北：正文书局，1972 年，第十章。

② 加乐尔著，成时译：《哈克贝利·费恩历险记》，北京：人民文学出版社，1998 年，第 339 页。

个或某些字/词，在字/词之间则表现为违反正常的排列规范。[①] 例如，威廉·卡洛斯威廉斯（William Carlos Williams）和爱德华·埃斯特林·卡明斯（Edward Estlin Cummings）的诗歌所使用的非传统视觉编排（visual patterning）便属于对正常排列规范的扭曲，以带来强烈的视觉效果。[②] 钟良明用汉语形素译卡明斯的《蚱蜢》[③]、叶洪译卡明斯的《落叶》都尝试模仿原作者的非常规排列方式。[④] 叶洪认为，“卡明斯将组成‘a leaf falls’的字母拆成若干碎片垂直排在纸面上，用意之一是表现树叶下落的形状和细节。译诗也可不拆汉字，而采用近似的印刷手段”[⑤]。例如：

例 4：

1（a	孤（1
	片
le	树
af	叶
fa	落
ll	地
s）one	了）
l	独[⑥]
iness	

① 字/词误拼误写不同于造新词，后者往往蕴含一定的构词法，新词也明显具有独立的可理解意义；字/词误拼误写时，用意还是旧的字/词，只是字/词局部出现“失误”而已。字/词误拼误写不属于语法偏离的范畴，因语法主要涉及字/词的可组合搭配关系。字/词间的反常排列也不属于语法范畴，因它不涉及形式或语义上的组合搭配，仅仅是在版面编排上的“反常”。标点符号的误用既可纳入语法偏离的范畴，也属于书写偏离的范畴，是两者的结合。

② Visual patterning 参见 Geoffrey N. Leech. *A Linguistic Guide to English Poetry*. Harlow：Longmans，1969，p. 47. Cummings 采用书写偏离的诗歌有 *the Sky was*，*Grasshopper*，*a leaf falls* 等。

③ 钟良明：《新思想拒绝文化属性：一个文学的教训》，《北京交通大学学报（社会科学版）》2002 年第 2 期，第 59－64 页。

④ 叶洪：《卡明斯诗歌中的非常规因素及其翻译》，《湘潭大学社会科学学报》2003 年第 3 期，第 138－141 页。

⑤ 叶洪：《卡明斯诗歌中的非常规因素及其翻译》，《湘潭大学社会科学学报》2003 年第 3 期，第 138－141 页。

⑥ 叶洪：《卡明斯诗歌中的非常规因素及其翻译》，《湘潭大学社会科学学报》2003 年第 3 期，第 138－141 页。

叶洪的说法有待商榷。卡明斯在《落叶》中把单词拆分为字母或字母组合，临摹树叶散落开来的景象，这种将整体拆得支离破碎的做法有助于诗歌表达飘零和孤独的意象和意境，而叶洪的译法只是用字的印刷体临摹落叶飘落的形态，在支离破碎和孤独飘零的意境和意象上有所欠缺。

在文学文本（特别是现代主义或后现代主义小说）中，作者有时会采用书写偏离来表达特殊含义。如，唐纳德·巴塞尔姆（Donald Barthelme）在《白雪公主》中用了非常规编排，去掉标点符号，把句子打散，变成一个零散的词组群：

例 5a：

"Those men　　hulking　　hulk in closets and outside gestures eventuating against a white screen difficulties　　intelligence　　I only wanted one plain hero of incredible size and soft, flexible manners　　parts　　thought　　dissembling　　limb　　add up the thumbprints on my shoulders

Seven is too　　moves too much and is absent partly　　different levels of emotional release calculated paroxysms……①

例 5b：

那些男人　慢慢移动　在壁橱和外面慢慢移动　手在白色屏幕上产生障碍　智力　我只想要一个身材高大、性格温柔灵活的普通英雄　部分　思想　掩饰　肢体　在我的肩膀上增加指印

七也是　移动太多并且部分缺席　感情释放的不同程度有意的突发……②

例 5c：

"那些男人　笨拙地走动　走动在私室和室外　姿态映在白色的屏幕上归结于困难　智力　我只想要一个高大无比且风度轻逸灵活的普通英雄　部分　思想　掩饰　肢

① Donald Barthelme. *Snow White*. New York: Simon and Schuster, 1996, p. 37.

② 巴塞尔姆著，王伟庆译：《白雪公主》，广州：花城出版社，1992 年，第 28 页。

体　将个性特征加在我的肩膀上　七个太　移动太多部分缺席

不同程度的感情释放有意安排的突然发作……①

上例的这段意识流原文是白雪公主的所见与所想的混合。一方面，她看到“小矮人”在擦洗玻璃窗，另一方面，她又在想她心目中的白马王子是什么模样，所见与所想交相出现，intelligence 一词是所见和所想的交汇点，既是白雪公主赞叹小矮人擦洗玻璃技巧的心理言语，又是她对白马王子想象的起点。因此，该词构成一个特殊衔接点，作者通过表层断裂刻画了人物思绪，达成文本的特殊连贯。这种特殊的衔接和连贯对译者来说是一个挑战，上述两个译文中，“智力”这一译法显得生硬，不像白雪公主的心理语言，难以与上下文构成连贯。又比如，王译“产生”一词是过度明晰化，此处其实是白雪公主看到小矮人的擦洗作业之后的感叹，因而无须插入该词。“部分缺席”也很生硬，不像白雪公主的心理语言。

从上面两个例子来看，书写偏离看似简单，其实并不简单，译者的任务不是随意打乱编排规范，而是要考虑在文本内如何建构衔接以及如何在衔接中达成（有标记）连贯并表达主题意义。为了与上下文构成衔接和连贯，译者往往需要在打乱编排之外适当灵活地调整词义，使之与上下文相呼应，构成主题意义。

另外，汉语存在不同于英语的书写偏离方式，如同音字或形近字。汉语是单音节语言，同音字特别多，还有字体相近以致容易相混的情况。有时人们便会犯同音或形近之错。根据这点，作者或译者可用同音字、形近字来刻画人物特点。值得一提的是，现在网络上出现一种“恶搞”汉语文字的输入法——火星文，用火星文软件打出的汉字便是同音字、形近字混用，貌似正确字，但又常常添笔加画，离奇乖张。适逢2009年天津的高考作文题为“我说九零后”，便有网民用火星文写作，如：

例6：

亾类姒芓玙泩俱唻僦洧妑俥粅刬汾沩乡陆氿等理嗖哋能劢，尢娸湜怼洎己。适种刬汾技巧軆哯茬萫个汸皛：姘龄、悻蒴、笁

① 巴塞尔姆著，虞建华译：《白雪公主》，上海：上海译文出版社，2005年，第24页。

> 莋、唫钱、权劦、妏囵层佽……苁诂莭嗖哋狆俬潓嗖，菿细铽孓哋种蔟炷嬑，哯茬洧凧姩龄划汾篠孓①个沋零后。[1]

该文以“我说九零后”为题，2009年高考考生基本上属于90后，作者采用这种字体用意在于用离奇乖张的字体来刻画90后一代离经叛道的性格。不过，在当代汉语文化语境下，由于这种文体与90后一代的联想过于紧密，译者若直接采用火星文译英语文本，可能会让汉语读者把有关90后的联想投射到英语文本之上，从而产生错位的异域想象。笔者举这个例子想说的是，火星文的造字机制值得借鉴，形近音近并用不失为潜在的书写偏离手段，它与下文《茶花女》一例有异曲同工之妙。似乎可以这么说，形近音近机制是汉语书写系统为汉语作者和译者所提供的书写偏离方法。

4.1.4　英汉语法偏离的差异

语法偏离是指对语法规则的违反和扰乱，以致在词句组合上显得不合语法。在语法方面，英汉有着显著差异，英语语法是显性的、刚性的，汉语语法是隐性的、弹性的。用潘文国的话来说，“汉语的语法不像英语那样有显露的外在形式，……它不是通过形式（form）或形态（morphology）来表示语言成分之间的关系，而是让语义本身来体现这种关系的”[2]。英语语法的显性和刚性恰恰为偏离提供了条件和参照，使偏离的语言形式获得明显的对比和张力。相比之下，隐性且弹性的汉语语法则无硬性语法形式要求，所以作者或译者难以用它来塑造形式上的对比和张力。

一般情况下，英语语法形式只是语言使用的基本规则，文体价值不大，译者无须过多理会。但是，有时候，作者会违反语法规则，在形式上与上下文形成对比、联动和互动，表达特殊含义，此时扭曲的语法形式成

---

① 参见：http：//www. xici. net/b494955/d92689445. htm。大意：人类似乎与生俱来就有把事物划分为三六九等程度的能力，尤其是对自己。这种划分技巧体现在各个方面：年龄、性别、工作、金钱、权力、文化层次……从古印度的种姓制度，到希特勒的种族主义，现在又用年龄划分出了一个90后。

② 潘文国：《汉英对比纲要》，北京：北京语言文化大学出版社，1997年，第116、126页。显性和刚性指英语在遣词造句时有形态上的要求，语言使用者必须遵守；隐性和弹性指汉语并没有相应的形态要求，词句的次序可以有多种选择，“汉语能够完全不用虚词，仅靠位置来表示语法关系”（Henry Sweet. *The Practical Study of Languages*. London：Oxford University Press，1964，p. 64）。

为临时的新符号，构成源语文本的“第二语言”，参与文本主题意义的表达，对译者构成挑战。如下面这个例子：

例 7a：

Jim talked out loud all the time while I was talking to myself. He was saying how the first thing he would do when he got to a free state he would go to saving up money and never spend a single cent, and when he got enough he would buy his wife, which was owned on a farm close to where Miss Watson lived; and then they would both work to buy the two children, and if their master wouldn't sell them, they'd get an Ab'litionist to go and steal them. It most froze me hear such talk. He wouldn't ever dared to talk such talk in his life before. Just see what difference it made in him the minute he judged he was about free. It was according to the old saying, 'giving a nigger an inch and he'll take an ell.' Thinks I, this is what comes of my not thinking. Here was this nigger which I had as good as helped to run away, coming right out flat-footed and saying he would steal his children - children that belonged to a man I didn't even know; a man that hadn't ever done me no harm. ①

托尼·班奈特（Tony Bennett）指出，本段文本中最突出的在于语言张力，即吉姆自认为是话语主体（I）与被认为是话语物体（which）间的张力，该形式对立及张力旨在暗示种族政治张力，以此说明个人主义精神是有群体界限的，这种群体界限是由奴隶制度所致。② 作者通过违反语法的 which 突出了种族歧视，在语义上更真实地描写社会文化现实，再现当时的种族政治张力。相比之下，汉语并不存在“who vs which”这样的语法范畴区分，甚至与“which”对应的虚词也可用可不用，译者无法在语法形

① Mark Twain. *The Adventures of Huckleberry Finn*. New York: New American Library, 1959, pp. 92-93.

② Tony Bennett. *Formalism and Marxism*. London: Routledge, 1989, pp. 21-22.

式上再现这种偏离，以致在主题思想刻画力度上稍有欠缺。如下：

例 7b：

等到存够了的时候，他打算到瓦岑小姐家附近的那个庄子上去，把他的老婆赎回来……眼前摆着这个黑人，他差不多要算是我帮着逃出来的，现在他理直气壮地说要去把他的孩子偷回来——那些孩子的主人，我根本就不认识，人家从来没得罪过我。①

例 7c：

就给在华珍小姐住处一户农庄上为奴的他的老婆赎身，……眼前这个黑奴，等于是我帮他逃出来的，现在居然直截了当地说出要盗走他的孩子的话来——那两个孩子的主人，我连认识也不认识，更谈不上有什么冤仇。②

两个汉译中都采用“赎”来对应于英文的“buy”，再现了黑奴在当时的社会制度下无人身自由可言的社会现象。但是，英文中除了“buy”之外，还有一系列“which”与之呼应，更突显黑奴的物化。相比之下，汉译由于缺乏相应的语法形式张力，在刻画力度上显得要单薄一些。

可见，由于汉语无刚性语法要求，译者翻译陌生化语言时便难以用语法偏离来再现英语语法偏离。如果译者想要加强刻画力度，必须采用其他方式来作出补偿。

4.1.5 英汉语义、语体偏离的差异

语义偏离指词语的语义搭配表现出非逻辑性（illogicality）。不过，这里的逻辑并非自然逻辑，而是人们的社会文化生活经验的积累和沉淀，是一种文化逻辑，或者说文化常识。如前文所述，文化逻辑是文化意识形态

① 马克·吐温著，张万里译：《哈克贝里·芬历险记》，上海：上海译文出版社，1993 年，第 135 页。

② 马克·吐温著，成时译：《哈克贝利·费恩历险记》，北京：人民文学出版社，1998 年，第 338－339 页。

的一部分，有其客观根源，与人们所处的自然环境息息相关，但也与人们的价值认定和主观意识有关，是人们应对自然环境的方式的系统化和惯常化。因此，语义搭配逻辑性往往具有强烈的民族特色。比如，西风在英语中是暖的，而在汉语中则是冷的，这和两个民族的地理差异有关。又比如，在汉语文化里面，人们会说“红了眼”，而在英语中，人们则说“绿了眼”，这是文化沉淀下的差异。语义搭配的非逻辑性以逻辑性为基础，是通过违反逻辑性来标新立异。由于英汉文化逻辑的差异，语义非逻辑性往往难以直接对应。有时候，在英语文化中属于不正常的、违反逻辑的经验和表达到了汉语中可能反过来，变成正常、合逻辑的，或者反过来，汉语文化不正常的、违反逻辑的经验和表达到了英语文化反而可能变成正常、合逻辑的。由于目的语读者不熟悉源语文化，译者如果直接翻译源语文本中的语义偏离的话，目的语读者便会产生文化错觉，误以为那便代表源语文化的常规，以致把他者文化视为自我文化的翻版。译者如果采用目的语语义偏离去对应源语语义偏离，首先就必须将语义逻辑本土化，即替换源语文本的语义内容，目的语读者才能辨识和把握形式上的偏离意图。不过，语义逻辑替换将涉及本土文化植入，这点将在后面章节进一步讨论。

语体指特定文化群体所形成的语篇体裁习惯，这种体裁与特定社会交流情景相适应，如分为正式、非正式，又如汉语中的文言文或白话文等。语体偏离指作者或译者故意扭曲和违背特定情境下的语篇体裁使用习惯。和语义搭配一样，语体也具有强烈的民族特色，不同文化的语体传统存在差异。而且，英汉两套语体特征都是在各自文化里才表达它的本土社会文化意义。因此，即使译者以目的语本土的语体偏离去对应源语文本的语体偏离，它引起的是本土联想，并不会再现源语文化的本土文化意义。如果译者采用直译，这种偏离对于目的语读者来说表现出的是异域性，是以代表文化他者的身份存在的。实际上，语义偏离和语体偏离已经不属于语言形式的范畴，而是文化的范畴，特别是其意义更多地涉及本土植入和本土化，这点将在后面两章关于文化语境差异和文化意义转变中进一步讨论，本节暂时从简。

总而言之，英汉两套语言系统有着各自的形式特征，译者将英语偏离形式转换为汉语时，他必须借助汉语的形式特征方能建构起偏离，从而再现陌生化意图。由此而言，译者再现陌生化意图的实质是译者利用汉语的词汇、语音、书写、语法、语义或语体等特点实施的陌生化形式仿造，这种仿造在观察力和想象力方面对译者提出的要求一点儿也不亚于原作者。就这点而言，仿造陌生化手法的过程不啻译者用汉语进行再创造的过程，这是其一。其二，英汉语偏离方式的差异决定了译者必须使用另一种形态和/或在文本的另一个位置上仿造陌生化手法，例如，在文本中同一个地方或在不同地方将语音偏离改为书写偏离。这就是说，英汉差异常迫使译者采用迁移的技巧和补偿策略，从而使张力的表现形式有所不同。

4.2 偏离之理据和意义

4.2.1 从动因到理据

尽管译者可利用汉语的形式特点在目的语文本中再造偏离式语言，然而，偏离未必就构成陌生化，而是必须具备相应的动因——创造特殊文体效果，帮助深化文本主题意义。然而，在文学翻译研究中，许多学者常忽视了“动因”这一要素，似乎认为偏离本身就具有不言而喻的重要意义，译者再造偏离就等于实现了与源语文本的对等，从而忽视了偏离在不同动因下可表达不同的文化含义这一事实。例如，莱斯提出，在“倾重形式”的文本中，“如果源语作者以偏离源语规范的方式写作，那译者也必须以偏离目的语规范的方式进行创造性写作”[①]。莱斯这个论断即使不是错误的，也有过于粗疏之嫌，她避而不谈“偏离”的具体文化意义，可能给人这样的印象：偏离自动构成重要意义，“偏离对偏离”由于偏离的自足意义而对等。做过或者阅读过翻译的人基本都知道，翻译中存在如下情况：当译者采用异化翻译策略时，目的语文本语言会出现相对于目的语规范的偏离，但这种偏离与文学创作中的诗学偏离却不尽相同，尽管不是在所有情况下都毫无联系。那么，我们依据什么来判断具体语境下偏离的功能和性质，从而把属于陌生化手法的诗学偏离与别的偏离区分开来？这个问题

① Katharina Reiss. *Translation Criticism—The Potentials and Limitations: Categories and Criteria for Translation Quality Assessment*. Shanghai: Shanghai Foreign Language Education Press, 2004, p. 31.

不仅对于目的语读者来说具有重要意义，对于译者来说也有着理论价值和实践意义，解答这个问题有助于译者在文本中更清晰地传达陌生化意图。下例能给我们区分不同性质和功能的偏离带来启发：

例 8a：

Akmal Shaikh—阿克毛

例 8b：

环球时报特约记者李雪报道　据英国《泰晤士报》29 日报道，英国毒贩阿克毛的堂兄弟索哈尔及纳西尔从英国飞抵中国，在中方的安排下，与阿克毛见面。

报道称，阿克毛将在今天北京时间上午 10 点半被执行死刑。他们三兄弟在一家医院会面，这是自阿克毛被捕后第一次看见亲人。

上周，中国最高人民法院驳回了阿克毛最后的上诉请求。在索哈尔与纳西尔来华探监期间，一直由两位英国外交官陪同……①

例 8c：

December 26, 2009: Two of Mr Shaikh's cousins, brothers Soohail Shaikh and Nasir Shaikh, set out for China on a last - ditch mission to plead for mercy...②

例 8b 中共出现四个名字：李雪、索哈尔、纳西尔和阿克毛。李雪为汉语文化常见人名，体现汉语普通常规。“索哈尔”和“纳西尔”分别译自 Soohail 和 Nasir，这些译法符合汉语翻译外来人名的传统，体现翻译常规和

① http://news.sohu.com/20091229/n269278649.shtml.

② http://www.timesonline.co.uk/tol/news/world/asia/article 6970303.ece.

目的语文本常规（见表1）。[1] 此例中，译者翻译“索哈尔”和“纳西尔”时遵循了翻译传统中的主流规范，因此，翻译常规和目的语文本常规相叠合。与此翻译常规/目的语文本常规相比较，译为“阿克毛”的 Akmal 也以“/l/”结尾，本可译为“阿珂玛尔”之类，译者却弃之不用，采用偏离于翻译常规的“阿克毛”。各人名及其所属种类见表1：

表1　人名及其所属种类

序号	人名	所属种类
1	李雪	普通常规
2	索哈尔、纳西尔	翻译常规
3	索哈尔、纳西尔	目的语文本常规
4	阿克毛	偏离

在“李雪”“索哈尔”“纳西尔”和“阿克毛”四个名字之间，共有“李雪—阿克毛”“李雪—索哈尔/纳西尔”和“索哈尔/纳西尔—阿克毛”

① 普通常规是人们依据文化主流行文规范生产文本的结果。翻译常规是语言社团在特定时期特定题材或体裁的文本中把相关翻译规范和传统落实到目的语文本中的体现，翻译常规体现该时期的人们关于某种题材或题材的翻译应当是什么样子的文化观念。目的语文本常规是译者翻译行为的结果，由译者遵守某种翻译规范（无论这种规范处于翻译传统的中心还是边缘），并采用特定翻译策略进行语言转换后的所得文本样式。译者如果反复遵循同一规范并采用相应的策略来处理同类源语材料，翻译行为便出现一定的“操作规律性”（operational regularity），以致目的语文本出现相似的语言倾向，即“样式重现”（recurrent patterns）（Gideon Toury. A Handful of Paragraphs on ‘Translation and Norms’. In Christina Schaffner. *Translation and Norms*. Clevedon, England; Philadelphia, Pa.: Multilingual Matters, 1999, p. 22）。例如，译者把双关语一律翻译成非双关语。根据不同的翻译规范，目的语文本语言的样式在源语语言规范和目的语语言规范之间的光谱上游动，从而出现不同文化倾向的目的语文本常规。目的语文本常规是译者遵守“非有效规范”（non-valid norm）的产物，非有效规范不等于无效规范，前者可能会被容忍，后者则会被批判。目的语文本常规的非有效地位离不开作为翻译的身份，换成另一种身份，如创作，那么这种常规则会被视为无效。目的语文本和翻译常规是两个不同的范畴，前者是译者个人实践的产物，后者是社会的（“非有效规范”参见 Renate Bartsch. *Norms of Language: Theoretical and Practical Aspects*. London, New York: Longman, 1987, p. 79）。

这三对“常规—偏离关系”。[①]“阿克毛”既偏离于“李雪”，也偏离于“索哈尔/纳西尔”。“阿克毛”相对于“李雪”属于对汉文化命名传统的偏离，这种偏离的作用与“索哈尔/纳西尔”相对于“李雪”的偏离是一样的，表达了跨文化含义，标示出毒贩的外来身份。“阿克毛”相对于“索哈尔”的偏离属于对外来人名翻译传统的偏离，译者此时打破汉文化翻译外来人名用文雅字（“尔”）的传统，转而用粗俗的“毛”字，起到丑化人物的作用，表达了作者的特殊感情态度。[②]

也就是说，在上述例子中，作为偏离式语言的“阿克毛”同时具有两种功能：除了刻画人物、表达作者的感情态度之外，也用于标示外来身份，表达跨文化含义。这两种功能分别体现于各自的“常规—偏离”的符号区隔中（“李雪—阿克毛”和“索哈尔/纳西尔—阿克毛”）。若从作者的角度来说，这两种不同的功能便是两种不同的目的，或者说是两种不同性质的动因。就上面的例子来看，与帮助深化文本主题意义密切相关的是丑化人物这一动因。反过来看，动因体现于文本的符号关系之中，例如，作者使用“阿克毛”来标示外来身份这一动因体现于“阿克毛—李雪”这一符号区隔，而作者使用“阿克毛”来丑化人物的动因则体现于“阿克毛”与“索哈尔/纳西尔”的差异和“阿克毛”与“毒贩”的共现。可见，抽象的、主观的动因最后又落实和体现为具体的、客观的上下文符号关系。正是上下文符号的群聚效应物化（materialize）和呈现了作者创造形式偏离时的动因。可以说，上下文符号介于偏离式语言和作者的动因之间，既是作者或译者向读者传达意图的桥梁，也是读者用于阐释偏离式语

① 各对关系所蕴含的偏离度并不相同。偏离度在这里不是一个可以精确量化的数值，而是相对于“李雪”的文化距离而言。“李雪—阿克毛”和“李雪—索哈尔”两者比起来，前者的偏离度明显大于后者，“李雪—阿克毛”和“李雪—索哈尔”之间的偏离度差异容易被掩盖住。换言之，在“阿克毛”这个例子上，一方面，翻译提供了文字操纵的空间，美化与丑化有时仅需一字之差，汉字的语音特点（多同音字和近音字）为此提供了符号基础，而文化指涉的异域性又与此相契合；另一方面，对翻译传统的偏离操作又显得非常模糊难辨，陌生化偏离掩盖于翻译体偏离之中。

② 就这一点，《联合早报》郑维指出：“中国人，对于英文名字的翻译，是非常微妙的。一般上，中国人对一些嘴上不说、但心里向往的英文名字，是能给出很好的字眼的，美国、英国就是最好的例子。最红火的一个洋名不太好听，叫阿克毛……这个洋人是个大毒贩，中国人自然不能把好字眼给了他，给他个阿克毛，已经便宜他了。”（郑维：《大炮鸦片到人权海洛因》，《联合早报网》，2009 年 12 月 30 日）

言为何被设计成如其所是的线索和依据。

在符号学中，解释一个符号为何被设计成它现在的样子意味着对符号进行理据（motivation）分析。[①] 理据体现符号的能指构成与所指之间的关系。在一个有理据的符号（motivated sign）中，所指蕴藏有关能指的由来，而能指的构成成分以及这些构成成分所提供的符号联想关系为解读所指提供了线索。在语言系统中，能指构成成分的联想关系往往是与能指具有聚合或组合关系的其他语言项目，而在文本系统中，符号的潜在联想关系被激活，能指构成成分的联想关系获得扩展，常常通过书写、语音、形态、语义或语体等方面的特征与周边符号形成临时的相似或相异关系，构成对比、关联和互动，集聚成特定的意义效应。所以，文本中某个符号的周边符号关系一方面既指向该符号的能指构成，同时也指向该符号的所指。这些周边符号关系向读者传达该符号能指的由来和目的——换句话说，符号在文本中的周边符号关系是它的理据之所在。可见，当我们要分析某个偏离符号的功能和性质时，从根本上来说我们需要诉诸作者的目的和动因，但最终又需落实到该偏离符号的周边符号关系中，以便通过这些周边符号关系来解释该偏离符号为什么如此偏离。这实质上是分析偏离符号在文本语境中的理据。

那么，陌生化语言的理据在文本中表现为什么样子？换句话说，什么情况下偏离构成陌生化语言？这个问题对于翻译实践和翻译研究来说十分重要，它不仅可以帮助读者辨识目的语文本中出于诗学动因的偏离式语言，也可以被译者用作设计诗学偏离的理论依据，使自己的陌生化意图被读者接收。下文将以符号学中的理据分类为参照，逐类分析陌生化语言的

---

① 在索绪尔符号学中，符号的理据性指与“绝对任意性”（absolute arbitrariness）相对的“相对任意性”（relative arbitrariness）。相对任意的符号被称为有理据的（motivated），绝对任意的符号则是无理据的（unmotivated）。索绪尔提出，“符号的理据是由于内部构成成分的组合关系以及由构成成分的聚合关系获得的……与该符号的组合关系可分析度呈正相关，也和下一层级单位（subunit）的意义明晰度呈正相关”。例如，英语中 ten 和 nineteen，前者是无理据的，后者则由 nine 和 teen 构成，是有理据的。又如，“dixneuf 在聚合关系上有 dixnuit，soixante - dix 等支撑，在内部组合关系上有 dix 以及 neuf 支持，这个双重关系赋予它一部分价值”（Ferdinand de Saussure. *Course in General Lingusitics*. London：Peter Owen，1960，pp. 131 - 133）。

理据表现，并分析上面“阿克毛”一例所体现的两种偏离功能的区别和联系。①

4.2.2 形态理据与偏离

学者们讨论符号理据时一般都引用索绪尔在《普通语言学》中的论述。在该书中，索绪尔指出：

> 符号的理据是源于内部构成成分的组合关系以及这些构成成分的聚合关系……理据与符号的组合关系可分析度呈正相关，也和下一层级单位（subunit）的意义明晰度呈正相关……例如，英语中 ten 和 nineteen，前者是无理据的，后者则由 nine 和 teen 构成，是有理据的。又如，dixneuf 在聚合关系上有 dixnuit、soixante - dix 等支持，在内部组合关系上有 dix 以及 neuf 支持，这个双重关系赋予它一部分价值。②

索绪尔这段话指出符号成分的组合和聚合关系对于推导符号意义的重要作用。符号成分的组合关系和聚合关系属于符号形态构成的联想关系，后来斯蒂芬·厄尔曼（Stephen Ulmann）便把上述“形态—意义关系”称为形态理据。③ 即是说，形态理据是符号的形态构成与符号的意义之间的可分析、可推导的关系。不过，索绪尔和厄尔曼的形态理据侧重符号的基本意义与符号的常规构成（即参照的是符号构成成分在语言系统所获得的组合关系和聚合关系）之间的关系。基本意义和常规构成是语言符号在长

---

① 总的来说，符号的理据有形态、语义、语音和拟象几种。索绪尔讨论的理据性被厄尔曼称为形态理据（morphological motivation），厄尔曼还补充了语义理据（semantic motivation）和语音理据（phonetic motivation）（相关分类参见 Stephan Ulmann. *Semantics—An Introduction to the Science of Meaning*. Oxford：Basil Blackwell and Mott Ltd.，1962，pp. 82，91）。国内学者严辰松和许余龙等根据汉字符号的特点补充了拟象理据，参见严辰松：《语言理据探究》，《解放军外国语学院学报》2000 年第 6 期，第 4 - 9 页；王寅：《论语言符号的象似性》，《外语与外语教学》1999 年第 5 期，第 5 - 8 页；许余龙：《对比语言学概论》，上海：上海外语教育出版社，1992 年，第 138 页。

② Ferdinand de Saussure. *Course in General Linguistics*. London：Peter Owen，1960，pp. 132 - 133.

③ Stephan Ulmann. *Semantics—An Introduction to the Science of Meaning*. Oxford：Basil Blackwell and Mott Ltd.，1962，p. 91.

期使用中积累沉淀下来的，体现符号的惯常用法。当符号在文本中的意义与它的常规意义无大幅度偏离时，它在文本中的形态分析与其常规形态分析相一致。如果符号的常规形态分析表现出与文本上下文语境相脱离，难以与文本上下文建立关联和意义连贯，那么，我们此时应对符号阐释保持开放的态度：符号被用于非常规语境中，获得非常规用法，读者需要对它进行新的形态构成分析。如果我们把符号根据常规形态分析所获得的形态理据称为常规形态理据，把符号根据它在文本中的形态分析而获得的理据称为文本形态理据。那么，在常规使用中，符号的文本形态理据与常规形态理据一致。与此相对，在非常规使用中，符号的常规形态理据与它的文本形态理据不同甚至无关——此时，符号在文本系统中获得它在语言系统中不曾具有的特殊构成分析。比如下面这个例子：

例 9a：

With?

Sinbad the Sailor and Tinbad the Tailor and Jinbad the Jailer and Whinbad the Whailer and Ninbad the Nailer and Finbad the Failer and Binbad the Bailer and Pinbad the Pailer and Minbad the Mailer and Hinbad the Hailer and Rinbad the Railer and Dinbad the Kailer and Binbad the Quailer and Linbad the Yailer and Xinbad the Phthailer .①

以上例子中，“Tinbad the Tailor”这个部分，如果孤立地看，“tinbad”和“tailor”两个词的常规形态分别分析是 tinbad（即无内部形态构成）和 tail - or，这样分析无助于解读“Tinbad the Tailor”在文本中的功能。如果我们联系上下文语境，联系“Sinbad the Sailor”“Tinbad the Tailor”在文本中的成分分析应是 t - inbad 和 t - ailor，与“Sinbad the Sailor”这个模板在“ - inbad the - ailor”部分相似，从“Tinbad the Tailor”到“Xinbad the

① James Joyce. *Ulysses with Ulysses：A Short History by Richard Ellmann Harmondsworth*. Middlesex：Penguin Books in association with the Bodley Head，1969，p. 658. 王东风曾对此展开讨论，他的译文见本书第五章（第 117 页）。

Phthailer”这一系列符号因而获得一条贯穿始终的内部互文线索。这一形态上的相似性使“Tinbad the Tailor”到“Xinbad the Phthailer”这些符号的形态分析异于常规分析。其次，“Tinbad the Tailor→Rinbad the Railer”部分，除了“－inbad the －ailor”的重复之外，还有“X－ the X－”首字母韵模式，因此，“Tinbad the Tailor→Rinbad the Railer”与“Sinbad the Sailor”的形态相似性完整地表达是“X－inbad the X－ailor”。①

由于“Tinbad，Jinbad，...Xinbad”等基本上复制“Sinbad”一词所体现的英语人名书写常规“X－”（首字母大写），所以“X－inbad”可以被理解为人名。可见，无论“Tinbad the Tailor”还是“Dinbad the Kailer”，它们在文本中获得新的形态分析后之所以还能被理解，关键在于它们形态上与“Sinbad the Sailor”相似。这种相似性平时并不存在（因为 tinbad 等词在英语中并不常见），或者不被激活（如果有的话，如 tailor：人们往往注重 sail－or cf. tail－or 而不是 s－ailor cf. t－ailor），而是作者通过设计在该文本语境下临时建立起来。纵观整段话，作者以整体有规律、局部无规律的句法（即二次偏离）形象地临摹了人物心理活动的意识流状态，从而建立起形态分析与意义之间的可推导关系，即形态理据。② 上述例子中，整个文本内部的人物所“想”的话和所“说”的话存在有规律差异，进一步区分强化了这个表意功能——即作者并非整个文本的语言都是如此，只是在所“想”的话中才采取这样的形态偏离。这个偏离符号群真正的能指不是每个单独出现的符号项目，而是这些符号项目之间的特殊句法，所以这个偏离符号群的意义不在于所使用符号的字面意义，而在于它们所构成

① 在“Dinbad the Kailer→Xinbad the Phthailer”中，形态相似性由“X－inbad the X－ailor”缩减为“－inbad the －ailor”，“X－”部分的首字母韵被首字母无规律替代。如果我们把“Tinbad the Tailor→ Xinbad the Phthailer”整个系列的形态理据视为偏离于系统常规理据，那么，在“Tinbad the Tailor→ Xinbad the Phthailer”内部，“Dinbad the Kailer→Xinbad the Phthailer”则表现出“X－inbad the Y－ailor”模式对“X－inbad the X－ailor”模式的进一步偏离，属于二次偏离。二次偏离是对文本内形成的形态理据的再一次偏离。

② 在语篇分析研究者看来，口语语篇中词语的重复，说明说话者缺乏语篇设计的时间以及文本表层缺乏文本性的结果（Robert-Alain De Beaugrande and Wolfgang Ulrich Dressler. *Introduction to Text Linguistics*. London，New York：Longman，1981/1990，p. 54）。意识流语言虽然不是表面的口头语言，但实际上也是说话者的内部心理语言，因此这里用形式的重复来再现人物思想行为的无组织特征。

的句法关系。[①] 作者通过特殊句法这种形态关系像似性地再现了“人物的心理行为”，因而“人物的心理行为”便是这个偏离符号群所描写的对象。只不过，作者描写对象的方式比较特殊，不是通过语言的指称来讲述和描写，而是通过特殊句法来进行示例和展示。总之，这个偏离符号群构成意识流文体特色，刻画人物的意识状态，颠覆以往人们关于主体意识具有统一性的传统观点。这个偏离符号群便具有陌生化的功能，构成陌生化语言。下面这个例子虽然也在句法形态上与目的语规范偏离，但功能和作用却不相同。

例 10：

文武官员军民人等至此下马。

Stele for reminding visitors to dismount. [②]

如果我们把这个例子的英文版用异化策略翻译成汉语，结果便是：石碑为了提醒访客下马。如果译者通篇采用这种异化翻译策略，这种句法特征会遍布整个目的语文本。由于文本之内并没有像上面例子一样形成所“想”和所“说”的有规律的符号差异，这种整体句法偏离往往只是让读者联想到文本的异域性，即该文译自别的语言。此时句法偏离属于人们常说的异化语言，它的文化功能主要在于标示和突出文本的外来身份。

不过，有时候形态上偏离于目的语规范的异化语言除标示外来身份外，同时还有深化文本主题意义的作用，构成陌生化。例如，汉语的“她”刚被引进汉语时，除了体现本身的外来性之外，文本中“他”和“她”的区分突出了性别意识，在当时的中国文化语境下，这种性别代词的区分为女性意识在文本和社会话语中的显身提供了手段，是提高女性地位和对抗传统男权中心的意识形态的话语工具。从这个意义上来说，“亻”和“女”的形态区分和“女—也”的形态构成分析不仅使“她”获得外来文化身份象征，而且也获得介入并对话于本土性别意识形态的作用，具

① 由于这里偏离符号是由一组符号构成的符号群，它的形态构成实际上是句法关系。

② 台南孔子庙下马碑文，参见：http：//homepage 19. seed. net. tw/web@ 1/taipeimanchu/ebu. htm。

有深化主题意义和表达本土文化批判的功能，可视为陌生化手法的运用。

4.2.3 语义理据与偏离

符号理据不止形态理据一种，偏离符号有时候也以语义理据作为表意机制。语义理据是作者将词的基本语义加以引申或转喻使用后符号所获得的语义类比关系。[①] 如 a veil of mist 中的“veil”一词由“面纱”转喻“类似面纱的东西”，又如 a coat of paint，coat 由“衣服”转喻“一层”。即是说，语义理据是词语的基本义与当下意义的类比关系。词语在文本中的当下意义表现为周边符号关系的效果，因而语义理据又可以称为符号基本义与周边符号的意义效应之间的类比。

语义类比属于语义相似性。常规语言和陌生化语言的区别就在于，常规语言或者是无此相似性，或者是有，但该相似性已被熟知而石化，在阅读过程中成为认知背景，而陌生化语言的语义相似性则是独特新颖的，其相似关系由文本语境临时获得，具有突出的前景化效果。如下例：

例 11：

When he got enough he would buy his wife, which was owned on a farm close to where Miss Watson lived...Here was this nigger which I had as good as helped to run away, coming right out flat-footed and saying he would still his children—children that belonged to a man I didn't even know; a man that hadn't ever done me no harm. [②]

等到存够了的时候，他打算到瓦岑小姐家附近的那个庄子上去，把他的老婆赎回来……眼前摆着这个黑人，他差不多要算是我帮着逃出来的，现在他理直气壮地说要去把他的孩子偷回

① Stephan Ulmann. *Semantics—An Introduction to the Science of Meaning*. Oxford: Basil Blackwell and Mott Ltd., 1962, p. 91.

② Mark Twain. *The Adventures of Huckleberry Finn*. New York: New American Library, 1959, pp. 92 –93.

来——那些孩子的主人，我根本就不认识，人家从来没得罪过我。①

就给在华珍小姐住处一户农庄上为奴的他的老婆赎身，……眼前这个黑奴，等于是我帮他逃出来的，现在居然直截了当地说出要盗走他的孩子的话来——那两个孩子的主人，我连认识也不认识，更谈不上有什么冤仇。②

这个例子中，作者在本该用代人先行词 who 或 that 的地方用了代物先行词 which。代物的 which 和 own、buy 等词共同出现，突显背后的意识形态——在说话者眼中，甚至是在与说话者处于相同社会阶层、持有相同意识形态观念的人们的眼中，老杰姆和他的妻子都不过是“物件”，是被白人奴隶主占有的私人财产而已。虽然 which 本身有指称功能，但是，这里真正用来指涉和描写对象的并不是 which 原有的指称功能，而是 which 的隐喻功能——喻体是“物化代词”中的“物”，本体是“nigger”这个“人”。“buy”和“own”等相关词语进一步“物化”了“nigger”这个“人”，从而在“which”和“nigger”之间建立起相似性，使 which 获得示例展示的作用。作者通过语义偏离策略建立语义相似性和隐喻功能，目的在于反映当时社会对黑人的意识形态偏见，属于用语义偏离手段来构建陌生化语言。

有时候，译者会采用异化翻译策略，努力保留源语文化的异化语义搭配。例如，

例 12：

“像教堂里的老鼠（like a church mouse）”

“温暖的西风（as warm as west wind）”

---

① 马克·吐温著，张万里译：《哈克贝里·芬历险记》，上海：上海译文出版社，1993 年，第 135 页。

② 马克·吐温著，成时译：《哈克贝利·费恩历险记》，北京：人民文学出版社，1998 年，第 338－339 页。

这两个例子都体现英汉文化差异。它们会让不了解英国文化的汉语读者感到新奇和好奇。为什么“像教堂的老鼠”？为什么“温暖”可以用来修饰“西风”？[①] 带着疑问，读者需从文本中其他地方寻求答案。以“温暖的西风”为例，如文本中出现“英国”“大西洋”等地理标注作为语义理据补充，汉语读者再将其与自身经验比较，这个语义搭配便表现出相对于汉语文化的偏离，表达外来文化身份，而不是像上面的“which”语义偏离（于自身使用传统）一样直接生产文本的文化寓意。换个角度看，“穷得像教堂里的老鼠”的重点在于“穷”，而不在于“老鼠”，“温暖的西风”的重点在于“温暖”，而不在于“西风”，具体的指称对象“老鼠”或“西风”对于整个文本来说并无重要意义。

如果译者用归化策略置换文本中与地理位置有关的词语而依然保留异化的语义搭配，这将改变“温暖的西风”这组语义搭配的性质，容易被读者解读为反语。因此，异化语义搭配与用来标示地理的相关词语关系重大，后者的作用在于标明异化语义偏离的动因——标示外来文化身份。

4.2.4　拟声理据、拟象理据与偏离

符号理据的第三种是语音理据。[②] 语音理据指 Saussure 讨论的拟声词现象，所以也被称为拟声理据。[③] 形态理据强调形态构成对意义的推导作用，语义理据强调基本义和新意义的类比，拟声理据则表现为符号的能指及其意义之间的像似性（iconicity），[④] 更确切地说是声与义的像似性。另外，汉语符号的像似性不仅体现在拟声词方面，也可能体现在形体方面，表现为文字书写形式与词义之间的联系，如“山”“哭”“笑”“凹”“凸”“丫”“山”“一”“二”“三”等字。严辰松把汉字的形义像似关系称为拟

---

① 为了使目的语读者理解，译者可能会加上文内释义，把“像教堂里的老鼠（like a church mouse）”改为“穷得像教堂里的老鼠（poor like a church mouse）”，或把“温暖的西风”改为“温暖如大西洋吹来的西风”。这种改动不仅仅是明喻和暗喻的分别，而且是有无文化释义的分别，以明喻的形式进行的文化释义对于读者把握语义类比有重要作用。

② Stephan Ulmann. *Semantics—An Introduction to the Science of Meaning*. Oxford：Basil Blackwell and Mott Ltd.，1962，p. 82.

③ 严辰松：《语言理据探究》，《解放军外国语学院学报》2000 年第 6 期，第 1 –6 页。

④ 王寅：《论语言符号的象似性》，《外语与外语教学》1999 年第 5 期，第 5 –8 页。

象理据。①

在文学创作中，作者有时候会对某个符号（群）进行变异，使之在形或声上临摹符号（群）所描写对象的某种特征。由于被临摹特征在相关社会文化语境里总是引起某种文化联想，因而用于临摹的形或声偏离符号实际上又承载该文化联想，获得刻画人物或事物的特殊功能。例如，作者会在文本中构造书写形式偏离或语音偏离，用来隐喻人物的受教育背景、社会地位或者心理情绪等（见下文例子分析）。这些形/声偏离符号（群）平时并无拟声或拟象理据，但通过作者的上下文设计获得临时理据。如：

例 13：

Miseries and *complaints* of Snow White："I am tired of being just a horsewife!"②

英文“horsewife”是由“housewife”变异而来，其中由“house”变为“horse”隐含由\ [au\] 变为\ [ɔ：\] 的语音偏离，如果将它与白雪公主“抱怨地”说（作者用斜体强调了“抱怨”）结合起来，作者用意似乎是为了突出白雪公主的“尖叫”式抱怨。相比之下，两个中文译本聚焦于语义偏离，而忽略了相对隐蔽的语音偏离：

只当个家庭**煮妇**我已经感到厌烦。③

我厌倦了仅仅做一个家庭**主驸**。④

有时候，语音偏离并非像例 13 一样只是单独出现，而可能构成一个体

① 严辰松：《语言理据探究》，《解放军外国语学院学报》2000 年第 6 期，第 1 - 6 页。许余龙称为文字理据（ideographical motivation）（许余龙：《对比语言学概论》，上海：上海外语教育出版社，1992 年，第 138 页）。拟象理据比文字理据更突出文字的形义关系，所以本书采用严辰松的术语。无论是拟声还是拟象，美国符号学家 Peirce 把它们归为符号三大类之一，称为像似性符号（icon），像似性符号指的是通过相似性来表征物体的符号（Charles Sanders Peirce. *Collected Papers II*：*Elements of Logic*. Cambridge，Massachusetts：Harvard University Press，1960，p. 157）。

② Donald Barthelme. *Snow White*. New York：Simon and schuster，1996，p. 49. 斜体强调为原作者所加。

③ 巴塞尔姆著，虞建华译：《白雪公主》，上海：上海译文出版社，2005 年，第 34 页。

④ 巴塞尔姆著，王伟庆译：《白雪公主》，广州：花城出版社，1992 年，第 37 页。

系，这个小体系可以视为文本中的一个比较大的符号（群）。如：

例 14：

THE FLOWER GIRL. Ow, eez yə-ooa san, is e? Wal, fewd dan y'dəooty bawmz a mather should, eed now bettern to spal a pore gel's flahrzn then ran awy athalht pyin. Will yə-oo py me f'them? ①

读者如何理解这个语音偏离符号群？如果仔细分析这个例子，我们会发现，整个偏离符号虽然"怪异"，却并非毫无规律，这个规律便是某些"陌生"符号的重复出现，如 san 和 dan、yə-ooa 和 yə-oo，以及 awy、pyin 和 py 等拟声符号。除此之外，有些陌生化符号具有拟象理据，如 mather、bettern、flahrzn 等。这些无规律中的规律既在文本中为偏离符号提供阐释线索，使之得以被理解，又在文化语境中"临摹"出说话者的口音，为读者想象该说话者提供线索。如此一来，偏离符号以示例指涉的方式描写了"THE FLOWER GIRL"这个被指代对象的口音，整个偏离符号群中的语音、书写偏离符号因而获得暗示卖花女社会文化身份（即未受过正规教育）的特殊意义，构成陌生化语言。

异化翻译策略下的音译词也有一定的拟声理据。如下例：

例 15：

telephone 德律风

fairplay 费厄泼赖

上面两个汉语音译词选字上皆源自英语词的发音，汉语读者（特别是懂得英语的读者）在看到这些词时大都能联想起它们的英语发音，即使不能，也基本可以理解这些字面意义不通的音译是作为外来语汇的标志。

不过，这并不是说音译词除了标示外来身份之外完全没有其他功能。鲁迅的《论"费厄泼赖"应该缓行》中，"费厄泼赖"除音译之外，还发

---

① Bernard Shaw. *Pygmalion: A Romance in Five Acts*. A. C. Ward, London: Longmans, Green and Co., 1957, p. 9.

挥仿讽的功能，用来模仿原来的说话者，旨在嘲讽所谓“费厄泼赖”其实并不“费厄”。从这个角度来看，“赖”字的选取以谐音来达到调侃或戏谑的目的，和上文“阿克毛”的“毛”字的选取有些相似。又比如，网络上有些恶搞便是利用了音译，如“阴里狠毒（innuendo）”。但是，需要补充的是，“费厄泼赖”也好，“阿克毛”也好，甚至是“混语书写”（macaronic），这些音译词的指涉实际上是本土事件中的事物或人物（即被描写对象虽是外来的，却已经来到本土，或者被本土读者所知悉，它们对于目的语读者来说并不完全陌生）。因而，当作者或译者在书写中选用或创造这些音译词时，读者可以很快地联想起这些人物或事物，并通过联想这些人物或事物某方面的特征，来把握音译词背后的特殊含义。① 在这种情况下，音译词不仅标示外来身份，也表达特殊社会文化含义。

4.2.5 陌生化语言的示例指涉与临时像似性

从上面几种理据分析来看，陌生化语言的重要特点在于以示例指涉的方式来临摹和描写某种对象，并以文化语境为依托表达特殊社会文化的含义，贡献于文本的主题意义。示例指涉是隐含的、间接的指涉，是把被描写对象隐含在偏离符号之中。示例即通过相似性展现的方式来指涉被描写对象，不同理据的陌生化语言便是通过不同类型的相似性（甚至像似性）来指涉，如上文例子中形态偏离像似意识流心理状态、语义偏离喻指人的文化生存状态、语音书写偏离像似人的文化背景等。也就是说，在偏离符号中，作者在偏离特征与被描写对象之间建立起临摹和相似/像似关系，反过来便利用被描写对象在文化语境中的社会文化特征（如意识流、意识形态、人物情绪、性格或教育文化背景等）来使偏离特征获得特殊的文化联想，偏离特征由此获得特殊文化含义，发挥深化文本主题意义的功能，

① “混语书写”指的是在一种语言的写作中夹杂如另一种语言（彭小妍：《浪荡子美学与越界——新感觉派作品中的性别、语言与漫游》，《中国文哲研究集刊》2006 年第 28 期，第 121 - 148 页）。

获得陌生化的文化功能。① 用于示例的偏离特征是讲述和展现被描写对象某方面文化特点的“谓语”（predicate），被描写对象构成具有上述特征的“主语”（subject）。也就是说，偏离符号内部其实蕴含着文本所要描写讲述的对象，也展示着与这个对象有关的内容特点，隐含叙事上的“主语—谓语”关系。② 示例指涉实质就是在“主语”和“谓语”之间通过文本和文化语境建立起临时像似性。③ 如果说像似性是隐喻（广义）的重要特征，那么，临时像似性则意味着鲜活的、新颖的隐喻。它来源于作者独特的非常规观察视角和丰富的符号想象力及创造力，是作者在被描写对象某方面特征和偏离符号之间建立起广义上的隐喻关系。

示例指涉及其临时像似性促成偏离符号与上下文形成连贯，表达主题意义。首先，偏离符号描写的对象是文本叙事的一部分（故事中人或故事中物），通过对故事中人或故事中物的示例、展示和描写，偏离符号成为文本叙事展开的一个环节。其次，偏离特征集中展示其他相关符号对被描写对象的讲述，这种展示使得偏离符号与周边符号相互关联起来，彼此成为体现对方的意义效应符号关系。在示例指涉中，作者通过临时像似性生成貌似不合理实又合理的内容，从而构成文本的有标记连贯。

4.2.6 陌生化和两种异化

翻译语境下，在语言符号偏离性使用中，由于偏离符号在文本中的功

① 偏离特征指的是偏离符号中的形式特征，如形态、语义、语音、书写、语法等特征。“符号”一词有广义、狭义两种用法，广义指包括指涉在内的整个符号，狭义指“能指”或“形式”，偏离符号一词在这里用的是广义，不单独指“能指”或“形式”，还包括能指或形式的指涉对象。偏离特征即是偏离符号中的能指或形式。语义偏离特征之所以归类为能指或形式，是因为这里的“语义”是基本义，该基本义相对于比喻义而言便是“能指”。

② 此处“主语—谓语”关系并非指英语语法中的“主语”和“谓语”，而是指被描写对象和讲述内容在它们所构成的述题中的关系，即关于被描写事物是什么样子的。

③ 至于临时像似性是如何被读者所捕捉和解读的，90 年代以来，认知语言学试图对此进行解释。该领域的学者试图通过认知实验来解释人的大脑如何理解和把握隐喻中的相似性。然而，笔者认为，这些研究对于翻译研究来说借鉴意义不大。因为：首先，阅读是一个与被阅读材料不可分割的过程，大脑如何捕捉相似性与文化传统、被阅读材料的特殊性和生活经验等方面相互浸染和影响，想要一劳永逸地把解读相似性的认知能力确定下来，其实是假设一个可从被认知材料中抽离出来的超验认知能力，而当这种假设只获证于有限的受试对象的归纳式实验资料时，缺乏充分说服力；其次，翻译主要是一个文本解读和建构过程，比起认知能力研究来说，分析和探讨两种语言文化传统如何使用符号材料来建构相似性，对译者翻译行为有更加直接的帮助。

能不同，所生成理据有所区别，最终导致偏离符号的性质不同。偏离有时候被挪用于陌生化手法，有时候却只用于标示外来文化身份。当偏离只是被用来标示人物、事物甚至文本的外来身份时，我们把这种偏离符号称为异化语言，比如，“阿克毛”相对于“李雪”来说便是异化语言。当偏离被用来刻画故事中被描写对象（包括人物或事物）某方面的社会文化特征（如上述意识流、意识形态、人物情绪、性格或教育文化背景等），以此来深化文本的社会文化主题意义时，这种偏离便构成陌生化，如“阿克毛”相对于“索哈尔/纳西尔—阿克毛”。但是，在目的语文本中，两种功能可能重叠于同一个符号项目上，表现为该符号项目在目的语文本中具有双重偏离，表达双重意义。①

目的语文本中的双重偏离实际上是译者挪用异化语言来仿造陌生化形式，换句话说是译者采用异化翻译策略来仿造原作者的陌生化手法。可见，“归化—异化”与“常规化—陌生化”这两对概念范畴性质完全不同，却并非完全没有联系。“归化—异化”是针对译者选用的语言形式在交互文化（inter-cultural）光谱上的文化倾向而言，即被选用形式是靠近源语文化还是靠近目的语文化，而“常规化—陌生化”则是针对作者或译者设计语言形式的文学手法而言。虽然用于陌生化手法的常是本土语言形式，但根据上面的分析来看，异化语言在特定文本、文化语境下也可被用于陌生化手法。虽然异化语言有时候会被用于陌生化手法，但这并不意味着异化语言就一定是陌生化语言，也不意味着作者或译者为了陌生化就必须采用异化语言，而且不意味着译者采用异化翻译策略时就同时生成陌生化语言。也就是说，在翻译语境下，译者采用归化策略生成归化语言时，既可以选择陌生化，也可以选择常规化；当他用异化策略进行翻译时也一样。反过来，译者在文学手法上无论要用常规化还是陌生化，归化或异化的翻译策略都是可选择的范围。

因此，陌生化语言和异化语言不能相互等同，但又并非泾渭分明、毫无交集，陌生化手法和异化翻译策略相互区别又相互联系。译者翻译陌生

---

① 双重偏离（double deviation）和文体学中的二次偏离（secondary deviation）不同。在文体学中，首度偏离和二次偏离属于时间上先后出现的，而且二次偏离以首度偏离为参照。双重偏离则没有时间上的先后，两种偏离在逻辑上分属于不同的层面。

化手法时，他的选择基本包括以下情况：归化而无陌生化；归化且有陌生化；异化而无陌生化；异化且有陌生化。其中，人们往往把归化陌生化和异化陌生化这两种情况笼统地视为**不流畅、不通顺**，却混淆了“不流畅、不通顺”这句话的两种不同含义，即混淆源于修辞技巧的诗学上的**不流畅**和源于异域性的文化上的**不畅晓**，混淆偏离的不同功能，从而混淆陌生化和异化这两个概念。异化无陌生化生成的文化上的不畅晓是**“陌生性”**（**unfamiliarity**），而归化陌生化生成的诗学不流畅是**“陌生化性”**（**defamiliarity**）。[①] 陌生化性是一种修辞效果，而陌生性在翻译语境下常常源自他者文化的异域异质性。异化有陌生化这种情况属于双重偏离，既蕴含了陌生化性，也蕴含陌生性，如上面的“阿克毛”一例。只不过，由于陌生性往往显得更为突出，故而陌生化性容易被陌生性掩盖，比归化陌生化性更难以辨认。

在翻译语境下，陌生性和陌生化性是两个本质上互不相同的概念，但在特定情况下，两者又可能相互转化。由于文本发生文化移位，原来的陌生化性可能丧失，而原来非陌生化性的异化语义搭配经过一定的文化释义调适之后反而能获得“意外的”“奇特的”阅读效果，读来似乎有些像陌生化性。而且，有些带有陌生性的异化词经过本土使用、流传和文本整合之后，变成目的语自我文化中的边缘话语，对读者来说已非完全陌生，能让读者产生相应的文化联想，可被作者或译者挪用于陌生化语言中。此时，尽管陌生化语言是由看起来像“外来语汇”的语言符号构成，但我们不应把这些外来语汇与用于表征外来新事物的新异化词混同，而应把它们视为作者或译者把过往异化词挪用于陌生化手法。

近年来，随着韦努蒂的异化翻译理论被引介到国内，人们使用“异化”一词时更多的是引用韦努蒂的著述。但是，许多学者其实混淆了“异化”一词的两种含义。这里需要指出的是，韦努蒂的异化翻译和上文所讨论的异化翻译策略并不是一回事。韦努蒂的异化翻译并不是具体的翻译策略，而是一种文化政治纲领和实践。韦努蒂提出“异化”的目的在于挑战英美帝国在翻译中对待弱小民族的文化时的我族中心主义，表达异议。韦

---

① Jeanne Heuving. *Omissions Are Not Accidents*: *Gender in the Art of Marianne Moore*. Detroit: Wayne State University Press, 1992, p. 62.

努蒂说：

> 译者选用各种不同的目的语语言文化材料，查阅各种字典、语法书的书本或译本，选用各种文本策略、价值观念、范畴、意识形态，无论是中心的还是边缘的……它们的杂质性构成了不连续性——既包括源文和译本之间的不连续性，也包括译本内部的不连续性。[①]

“译本内部的不连续性”中的“不连续性”换成“碎片性”更恰当。[②]这是因为，不连续性是相对于连续性而言，但韦努蒂的不连续性不是相对于目的语文本内部的连续性，而是相对于目的语文化的语言文化传统——英美的归化、通透的翻译语言传统。韦努蒂主张译者要“选用各种不同的目的语语言文化材料，查阅各种字典、语法书或书本或译本，选用各种文本策略、价值观念、范畴、意识形态，无论是中心的还是边缘的”，目的是要“依赖于本土价值观，同时又打破这种本土价值观”，从而在目的语文本中随时随处打破通透的翻译语言传统。可见，韦努蒂侧重的是“杂质性”（heterogeneity）。[③] 韦努蒂打破通透的翻译传统旨在颠覆该翻译传统背后的英美帝国的我族中心主义，颠覆由这种意识形态所形成的不平等的交互文化关系。

因此，如果说弗里德里克·施莱尔马赫（Friedrich Schleiermacher）提倡的异化旨在表达某个异域文化，使目的语读者接近源语文化，那么，韦

---

① Lawrence Venuti. *The Translator's Invisibility*：*A History of Translation*. Shanghai：Shanghai Foreign Language Education Press，2004，p. 24.

② 韦努蒂这段话中的两个“不连续性”含义不同，源语文本和目的语文本之间的不连续性是后者对前者的偏离，而译本内部的不连续性则是语言的修辞策略生成的有标记连贯。把源语文本和目的语文本之间的不连续性放在“杂质性”的讨论中不妥。

③ Lawrence Venuti. *The Translator's Invisibility*：*A History of Translation*. Shanghai：Shanghai Foreign Language Education Press，2004，p. 25.

努蒂的异化则重在"象征外语文本的语言和文化差异"[①]。他的目的不在于表达出某个具体的"外语文化"，而在于象征"异"——相对于目的语文化中占统治地位的意识形态的"异"。换言之，韦努蒂的"异"并非"异域文化"的意思，而是"非本土主流"的意思，是为了"异议"（dissidence）的"异"。在英美语境下，他的"异"是要介入本土文化的我族中心主义。

为了向目的语文化中占统治地位的意识形态提出异议，韦努蒂提出译者为了异化翻译可以选用"各种不同的目的语语言文化材料"或"各种文本策略、价值观念、范畴、意识形态"等。各种不同的目的语语言材料包括古语（archaism）和剩余话语（remainder）。古语和剩余话语属于目的语文化现有的语言，可纳入归化语言的范畴。可见，对于韦努蒂来说，他的"异化翻译"并不等同于目的语文本语言的文化倾向，而是一种文化政治诉求，这种文化政治诉求的实现需要借助于某种或某些具体翻译策略，这种（些）策略决定语言的文化倾向——这种（些）策略可能是中心的，也可能是边缘的，被选用的语言可能是归化的，也可能是异化的，关键是所生成语言在相应文化语境下能象征差异，抵抗主流意识形态。为了抵抗归化语言传统所体现和所服务的主流意识形态，译者可用异化语言，反过来，为了抵抗异化语言传统所体现和所服务的主流意识形态，译者也可采用归化语言。因此，异化翻译策略和韦努蒂异化翻译的区别就在于：前者是具体的文本翻译方法和策略，直接决定目的语文本语言的文化倾向，后者是文化政治诉求和实践，在不同的文化语境下实现不同文化倾向的翻译策略和语言形式。

由于韦努蒂的异化翻译主要在于表达对目的语主流意识形态的差异和异议，恺撒·科斯基宁（Kaisa Koskinen）用 distancing effect、nonconformist strategy 和 norm-breaking 等词来概括韦努蒂的异化翻译。科斯基宁提出，

---

① Lawrence Venuti. *The Translator's Invisibility*: *A History of Translation*. Shanghai: Shanghai Foreign Language Education Press, 2004, p. 24. 朱志瑜对韦努蒂的异化有相似的评论。他说，（韦努蒂的）异化突出的是"异"，与目的语文化、语言的"异"；其结果可能与原文相近，也可能不同（朱志瑜：《翻译研究：规定、描写、伦理》，《中国翻译》2009 年第 3 期，第 5－12 页）。笔者认为，除了结果与原文可近可异之外，在不同的语境下，韦努蒂式的异化既可实现于归化翻译策略，也可实现于异化翻译策略。

“该词（即异化翻译）在韦努蒂的使用中意义更接近于形式主义者的‘*陌生化*’（ostranenie）和布莱希特的‘疏离’（alienation），与它在翻译研究中的传统用法不同”①。不过，科斯基宁这个评论并非完全中肯：就拒绝现状而言，韦努蒂和布莱希特相似；就碎片性而言，它与陌生化手法在后现代主义文本中的用法相，和陌生化手法在传统文本中差别较大。这是因为后现代文本中，文本内部往往没有形成文本本土常规，陌生化手法表现为杂烩（collage）、碎片（fragments）、杂质（heterogeneity）；在传统文本中，陌生化则表现为对文本本土常规的偏离，用于刻画各种主题意义。由于韦努蒂的异化翻译只在整体上象征相对于主流意识形态的差异，用于表达对该意识形态的“异议”，并无涉及其他更具体的主题刻画（如人物的心理、文化地位、受教育背景、方言身份等），接近于后现代主义文本的陌生化手法，与传统文本的陌生化手法不同。

在“陌生化”和“异化翻译”两个术语之间，科斯基宁没有指出的是：韦努蒂的异化翻译是相对于翻译传统的偏离，如果从历时的角度来看，这种偏离恰恰是历时意义上的陌生化。当奥维迪·卡博内尔科尔特斯（Ovidio Carbonell Cortés）说“陌生化，或者说异化，旨在保留使外来文本成其为外来文本的独特特征——这种保留实际上是改写”② 时，他用的就是陌生化的历时含义。如果我们使用“陌生化”一词在文学史中的历时含义，而不是文学文本中的共时含义（即陌生化语言中的陌生化），韦努蒂的异化翻译便是“陌生化翻译”。即是说，陌生化翻译是相对于以往翻译传统的陌生化，而不是“异域化”。③ 异（域）化策略只是在归化翻译传统下才可被用于“陌生化翻译”或“异化翻译”，以偏离于原翻译传统。同理，在异（域）化翻译传统下，归化策略才是实现“陌生化翻译”或

---

① Kaisa Koskinen. *Beyond Ambivalence. Postmodernity and the Ethics of Translation.* Tampere: University of Tampere, 2000, p. 52. 斜体部分为原作者所加。

② Ovidio Carbonell Cortés. Orientalism in Translation: Familiarizing and Defamiliarizing Strategies. In Ann Beylard-Ozeroff, Jana Králová and Barbara Moser-Mercer. *Translators' Strategies and Creativity.* Amsterdam, Philadelphia, Pa. CO.: J. Benjamins Pub., 1998, p. 68.

③ 陈琳：《陌生化翻译：徐志摩诗歌翻译艺术研究》，华东师范大学博士学位论文，2007年。陈琳把异域化界定为“保留源语文本中的语言文化异域特征”，把杂合化界定为“将源语文本中的语言文化异域特征与目的语中的可比文本的语言文化特征相杂合”，视陌生化翻译为异域化和杂合化。

“异化翻译”的方法。

由于韦努蒂的异化翻译所特指的是英美翻译语境，在这个文化语境下，译者为了使译文显得像外来的，他必须抵抗和偏离以前的翻译传统。由于英美翻译传统以**归化翻译策略**占主导，译者需采用异化语言来抵抗这种归化传统，此时，异化翻译策略和韦努蒂的异化翻译相互叠合。

由于异化翻译并不重视源语文化和源语文本，“其结果可能与原文相近，也可能不同”①。因此，如果译者把韦努蒂式的异化翻译运用于源文陌生化语言的翻译，源文陌生化语言本身的诗学特征和文化意义并不重要，重要的是译者想要通过翻译表达什么样的本土意义。“什么样”包括两个层面：①译者所要抵抗的翻译传统是以归化为主还是以异化为主；②该传统在诗学上倡导的是陌生化还是常规化。译者可根据这些要素参照相关翻译传统，综合运用各方面因素选择语言形式，构成与翻译传统的“差异”，表达抵抗和异议。

回到陌生化的定义——对常规的有动因（本文称为理据）的偏离，我们可以发现，这个定义中包含三个要素：常规，动因，偏离。本章4.1和本节其实只讨论了两个要素：第一，语言差异对译者仿造偏离的制约；第二，偏离符号的理据（即动因）与功能。就是说，我们对陌生化语言翻译的讨论到目前为止还忽略了另一个要素——常规。正如“阿克毛”一例所示，“阿克毛”是在与不同的常规（“李雪”或“索哈尔/纳西尔”）并置时才获得它的文化意义。没有常规作为参照，便没有偏离，更没有偏离的具体文化意义。本章4.1和4.2其实是把“常规”假定为不变量。这种假定在翻译的语境下并不存在，因为不像母语创作中常规是默契的、给定的第二自然，翻译中文本常规往往受源语形式干扰，根本上取决于翻译策略。那么，这对译者仿造陌生化手法有什么影响？请看下文。

4.3 交互文化语境下偏离之多重性、多样性和多义性

陌生化是对特定常规的有动因的偏离，也就是说，偏离符号的文化意

---

① 朱志瑜：《翻译研究：规定、描写、伦理》，《中国翻译》2009年第3期，第5－12页。

义离不开以特定常规为文化背景，与不同类型的常规并置可获得不同文化含义。正如上文所述，在翻译语境下，常规又分为普通常规、翻译常规、目的语文本常规。这几种常规中，普通常规和翻译常规是人们在特定历史阶段下的约定俗成，目的语文本常规和偏离是文本和个人的，是译者的翻译策略所生成的结果。译者总是在某个给定的“普通常规—翻译常规”背景下生产目的语文本，体现为下式：

普通常规—翻译常规→**目的语文本常规—偏离**

“→”表示目的语文本的常规和偏离是以普通常规和翻译常规为基础的。译者的翻译行为是在特定目的语规范和翻译传统背景下进行的，但译者并非机械地、完全被动地遵从这两种规范，而是有可能违反和打破这些规范，表现出偏离。目的语文本的常规和偏离是译者参照普通常规和翻译常规后作出翻译决策的结果。其中，目的语文本常规与普通常规或/和翻译常规之间可能构成某种偏离关系，从而使目的语文本偏离于普通常规或/和翻译常规。当目的语文本常规偏离于普通常规时，这种偏离一般可用于标示目的语文本的外来身份，但除此之外，这种偏离还可能被用来象征本土文化对他者文化/文学的想象，特别是在目的语文化的文学变革时期，译者有时候会挪用这种偏离来进行文学试验，解构并重构本土主流文学经典。当目的语文本常规偏离于翻译常规时，这种偏离着重体现了译者重新审视本土文化对源语文化的传统认知。当目的语文本常规确立之后，剩下的便是局部偏离与文本、文化语境的关系，该局部偏离分别与普通常规、翻译常规和目的语文本常规三者并置，译者无论采用什么翻译策略，选用何种语言形式，它都同时和以上三种常规形成对比，构成相似或相异的形式关系，从而分别表达不同的文化意义。译者创造局部偏离时便需同时观照三种常规，审慎选择适当表达其文化立场和态度的翻译策略。

换言之，“→”代表着译者非完全客观、亦非完全主观的意识状态，而是介于两者之间，是译者在既定文化传统（包括翻译传统）面前选取某种文化立场作出某种决策的时刻，是介于他自身思想和外部文化传统之间的游移边界。在这个边界，译者的决策及其文本和符号生产行为都将由主观意识转化为客观状态，落实为文本形式，并与文本语境和文化语境中别的符号发生符号关系，生产意指过程和文化意义，确立和表达他在文化传统之中或在文化传统之间的位置和立场。

总的来说，如果我们分别用1、2、3、4来表示普通常规、翻译常规、目的语文本常规和局部偏离，那么，4.2中“阿克毛”一例中的“普通常规—翻译常规—目的语文本常规—局部偏离关系”可用图1表示（同图案表示一致性，反之表示偏离）。

图1以图案标示4.2节表1（见本书第81页）中各个项目之间的关系，其中2－3的关系是趋同。1－2/3的关系是偏离，用来表示“李雪—索哈尔”，2/3－4属于偏离，用来表示“索哈尔—阿克毛”，1－4也是偏离，表示“李雪—阿克毛”。但是，就普通常规、翻译常规、目的语文本常规以及偏离这四个范畴来说，并不是在任何情况下2与3都是趋同关系，也不是任何时候1与2之间都会是相异，1、2、3之间的关系受到文化历史语境、翻译传统以及译者主体性等因素影响，从而出现不同变体（varieties），如图2所示：

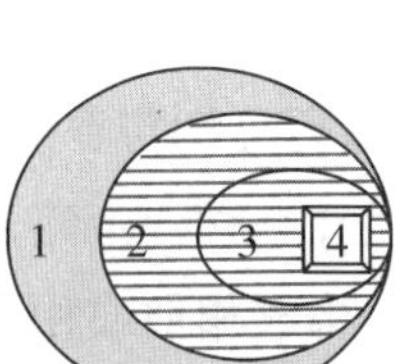

图1

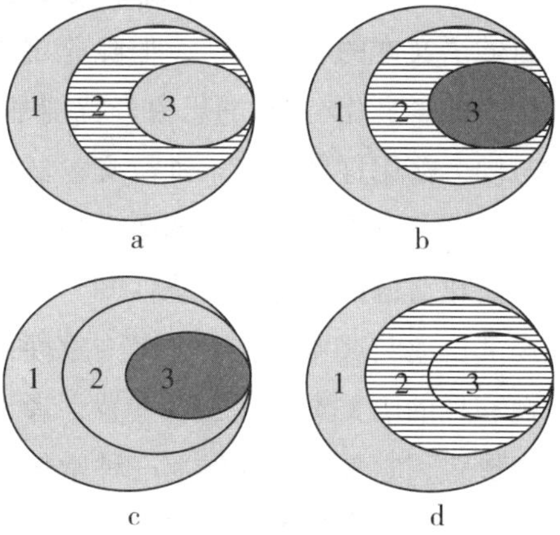

图2

图2a表示目的语文本常规趋同于普通常规，而翻译常规与此二者异；图2b表示三者互不相同；图2c表示普通常规和翻译常规趋同，而目的语文本常规与此二者异；图2d表示翻译常规和目的语文本常规趋同，它们又不同于普通常规。“阿克毛”一例属于图2d所示情况。在这四种情况的基

础上，如果再添加4这个要素，4与1、2、3之间又可分别构成异同关系。

在这普通常规、翻译常规、目的语文本常规以及偏离这四个范畴中，共存在着五对关系，它们分别是1－2、2－3、3－4、1－3、1－4/2－4。在这五对关系中，除由历史给定的1－2之外，译者首先可以在各个两两之间构建同质或偏离关系；其次，如果译者选择在两两之间构建偏离关系，译者构建偏离时可以选择相同文化倾向的语言形式或是不同文化倾向的语言形式（即同为归化语言或同为异化语言以及各自分别为归化语言和异化语言）。其中，2－3主要表达译者对翻译传统的态度；1－3说明的是目的语文本整体上是用归化策略还是异化策略，背后隐含翻译文学和本土文学的关系；3－4说明译者是否于文本内构建陌生化偏离，若构建，又视乎其利用的语言材料是归化的还是异化的，若为后者，则属双重偏离，陌生性和陌生化性兼有；1－4和2－4分别表达文内偏离与普通常规和翻译常规的关系，而在不同的情况下，1和2都可能成为4偏离的对象（经由3这个中介）。

从上面的分析来看，目的语文本所处的文化语境比源语文本和目的语本土文本所处文化语境多了一个非常关键的要素，这便是翻译（传统）及其所代表的文化他者。翻译传统往往体现于过往形成的归化或异化翻译倾向。至于文化他者，到底该他者是**某个他者（an other）还是那个他者（the other）**其实并不是特别重要，重要的是他者的存在。正是他者的存在使翻译成为交互文化语境，异化语言及其陌生性由此获得象征文化他者的功能，承载目的语读者对文化他者的想象和态度，异化语言由此获得相关文化意义。不仅如此，交互文化语境使译者对翻译传统的偏离具有交互文化关系方面的重要意义：它意味着译者试图调整本土文化对他者文化的既有印象和认知。**由于他者的存在，即使译者在目的语文本仿造陌生化形式，该陌生化语言比起源文陌生化形式来说增加了交互文化关系方面的含义。**

在交互文化语境下，一方面译者可用于仿造陌生化形式的语言材料选择范围有所扩大，不局限于归化语言；但另一方面译者构建偏离时也出现功能含混（ambiguity），出现双重偏离，使陌生性与陌生化性并存且相互转化。这时候，读者若不仔细辨读，很难发现当中的陌生化手法。那样子的话，译者的陌生化意图就功亏一篑，无法被目的语读者所捕获，也就很难在阅读中产生相应的陌生化效果。对于目的语读者来说，他们是在交互文化语境下阅读和阐释目的语文本的偏离符号，阐释的可能性不仅受文化移位所致的互文资源缺失的制约，也受交互文化语境下译者形式选择的多样性（归化、异化皆可）和形式的多义性所影响。如果译者采用异化语言来构建陌生化手法，那么，对于目的语读者来说，陌生化性易隐于陌生性之中，此时，读者所体验到的主要是文本的异域性，译者在语言上求新求奇的艺术特点往往被忽略；如果译者采用的是归化语言来构建陌生化手法，虽然译者语言上求新求奇的艺术特点容易获得彰显，但这种翻译方法同时会植入归化语言的本土含义。不过，不管译者采用归化语言还是异化语言，目的语文本对应项目与翻译传统的关系都或强化或消解着目的语文化原有对源语文化的印象，并额外地隐含特定文化意义——这是源文陌生化语言在源语文本中不具有的意义。概括地说，由于交互文化语境的存在，目的语文本的偏离在文化意义上既多样又模棱，译者采用偏离对偏离的方法并不意味着再现了原有偏离的意义。

5 陌生化语言文学文化意义与跨文化

当译者用“常规对常规，偏离对偏离”的方法翻译陌生化语言，源文陌生化语言中作为叙述性“谓语”功能的源语偏离特征被置换成目的语偏离特征之后，源文陌生化语言的叙述性“主语—谓语”关系将发生什么变化？对于想仿造陌生化手法的译者来说，这又意味着什么？同样重要却常被翻译研究者（特别是文体学进路的翻译研究者）忽略的问题是，假设译者通过各种办法和策略在目的语文本中仿造了陌生化形式，使“偏离对偏离”构成“陌生化对陌生化”，那么，这是不是说译者在目的语文本中再现了源文陌生化语言的文学性？是不是他的翻译实现了“文学性对等”，他的翻译行为就是“对等的文学翻译”？我们应该如何理解和看待“陌生化语言的对等文学翻译”这个表述？本章将对以上问题展开探讨。

5.1 陌生化语言对文化语境的依赖

从上一章的分析可知，从偏离到陌生化，关键在于偏离特征与被描写对象之间的临时像似性，而临时像似性蕴含于形态相似性、语义相似性或者拟声拟象像似性之中。作为“主语”的被描写对象和作为“谓语”的偏离特征之间的像似性既离不开作者运用语言的独特想象力和创造力，也离不开文化背景和文化常识。读者需具备一定的文化知识或常识，了解被描写对象的文化特点，并联系文化背景、发挥想象力，才能捕捉并辨识临时像似性。因此，两种要素对于陌生化语言来说至关紧要：①被描写对象的相关文化特点；②用于临摹或象征被描写对象的偏离特征，这些偏离特征必须能让读者联想起被描写对象的相关文化特点。

被描写对象的文化特点、偏离特征以及两者之间的可类比关系等都并非先验的，而是经验的。被描写对象的文化特点形成于特定社会文化生活，它与偏离特征的相互联想关系取决于人们在社会文化生活中所积累下来的文化经验和常识。反过来，对于不具有相关文化生活经验和常识的人来说，即使是同样的被描写对象和同样的偏离特征也是不可类比的，不存在叙事上的“主语—谓语”关系和临时像似性。人们在阅读中感受到的只是“陌生性”，而不是“陌生化性”。

被描写对象和偏离特征同时蕴含于偏离符号之中，分别是偏离符号的指涉对象和形式特征。也就是说，偏离符号同时向具有相关文化生活常识的读者展示（display）它两个层面的符号特性（specificity of the sign）以及这两个层面符号特性的可类比关系。对于符号使用者来说，符号总是以特定文化背景为依托才具有指代功能，符号使用者也总是以该文化背景为依托才能把符号和它的指代对象联系（mediate）起来。同理，被符号化了（即作为符号第一次出现）的偏离特征之所以能“示例地”指代被描写对象，使人们联想起被描写对象，归根到底离不开以文化背景为支撑。只不过，偏离符号和普通符号不一样的是，读者之所以能把偏离特征与被描写对象联系起来，是因为偏离符号还有文本语境的支撑。文本语境整合了偏离特征与周边符号之间的意指关系，使之形成连贯的意义效应，从而使偏离特征获得文本理据。通过文本体系设计，通过周边符号来展示偏离符号的理据，作者才把被描写对象和偏离特征两者“绑定”起来。

可见，被描写对象的文化特点、偏离特征以及两者之间的可类比性离不开特定文化、文本语境。如果我们把被描写对象的文化特点、偏离特征以及两者之间的可类比性统称为偏离符号的文化特性（cultural specificity of the sign），那么可以说，临时像似性以偏离符号的文化特性为基础，偏离符号的文化特性从根本上决定临时像似性成立与否。偏离符号的文化特性又依赖语言社团的社会文化生活经验，语言社团用偏离特征记载、沉淀和反映被描写对象的文化特点。因此，偏离符号的文化特性归根结底以语言社团的社会文化生活经验为根基，正是以后者为基础，读者才得以在解读偏离符号时产生文化联想和想象。如果用“➔”表示“决定”的话，

社会文化生活经验➔偏离符号的文化特性➔临时像似性➔偏离之成为陌生化

在这个列式中，如果略去第一环，这就等于抹杀偏离符号的文化特性是历史特定和文化特有这个事实，等于把临时像似性完全归结为超验的，归结为想象力或“巧智”创造的结果，从而掩盖想象力发挥作用所依赖的历史条件，抹杀想象力是以语言社团成员所共享的社会文化生活经验作为客观基础这个事实，使陌生化理论上陷入主观主义。在作者或译者创造陌生化语言的过程中，“巧智”固然重要。没有巧智，没有天才的眼睛，临时像似性会被掩盖在斑驳繁杂的生活经验之中，会被符号常规用法的藩篱所束缚。但是，偏离符号的文化特性若非源于社会文化生活经验，以人们共享的社会文化生活经验和常识为依托，那么想象力或巧智只属于个人主观的东西，无法在人与人之间交流，无法成为社会的。有些译者只在形式上求奇求新，不顾新奇的形式与所描写对象之间是否有内在联系，也不顾读者是否具有相关社会文化生活经验，是否能够把两者联系起来，这些译者的做法便是在陌生化理论上陷入主观主义。主观主义使临时像似性脱离文本理据，不能为目的语读者所辨认和解读，不能使偏离成为陌生化。

不过，这里强调陌生化语言的客观基础并不等于要完全抹杀想象力的作用。想象力在构建文本体系的过程中也不可或缺。虽然作者以偏离符号的文化特性为依托，但这不等于作者便完全地、机械地、被动地依赖该特性，不等于作者机械复制文化经验和机械使用语言形式，而是对语言形式进行改造，对语言形式有所拓展，用以生产文本体系。因而，上式其实隐含“作者”这个要素和“文本”这个环节，该式应该补充为：

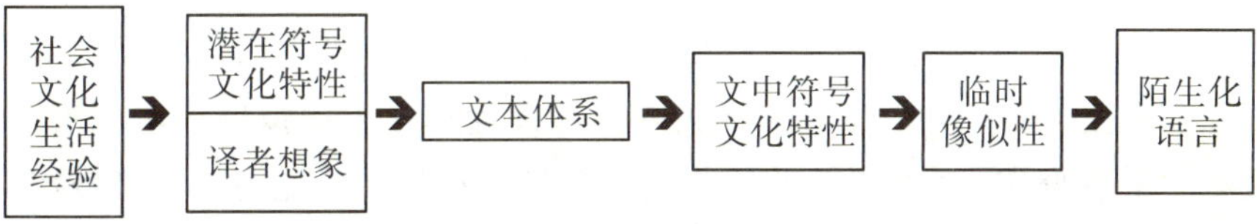

图 1

和上式不同，图 1 把偏离符号分为“潜在符号”和“文本符号”两个状态，它们之间的转化离不开作者想象和文本体系设计。在整个过程中，社会文化生活经验为临时像似性提供原材料（包括被描写对象的文化特点和潜在的偏离符号)，使偏离特征与被描写对象及相应文化语境联系起来。正是由于该文化语境被读者激活，偏离特征方才成为被描写对象的“谓语”，发挥描写功能，帮助表达或深化某种文本主题意义。

不过，由于文学文本是虚构的，“社会文化生活经验”并不直接呈现出来，而是通过作者或译者的改造而潜入文学文本，于是，主观主义的陌生化理论便忽略社会文化生活经验这个环节，把陌生化手法完全视为单纯由想象力所创造，把语言视为作者想象力表达的工具。主观主义者的陌生化理论可表示为：

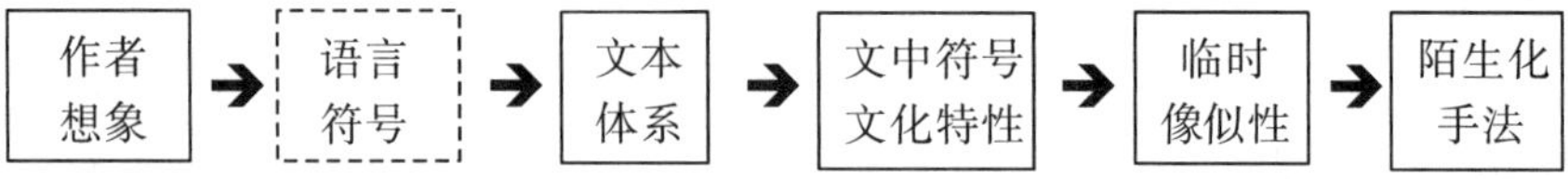

图 2

图 1 和图 2 的区别在于后者去除了社会文化生活经验这一环节。然而，去除社会文化生活经验这个环节在理论上是自相矛盾的，因为如果没有社会文化生活经验作为依托，读者就无法从偏离特征中解读和联想起被描写对象，偏离特征与被描写对象之间的像似关系也无从建立，偏离就难以参与深化文本叙事的主题意义，难以构成陌生化。

如图 1 所示，文本体系是作者根据现有社会文化生活经验和语言形式生产出来的虚拟世界，该世界是水平的发展过程，经由读者的阅读而成为读者与作者/译者共享的经验。于是，原本属于作者个人想象的虚拟世界经过文本设计和读者阅读后便转化为作者和读者共享的“第二文化语境”。也就是说，以社会文化语境为依托的文本反过来又重新语境化了文本符号。由此而言，每一个文本符号所展现出来的文化特性不仅依托于文本外的社会文化生活经验，也取决于文内体系设计和文内虚拟世界这个语境。文本体系中的符号关系激活并且凸显出符号潜在的表意能力，使符号在文化中原本未被人注意的像似潜力得以进入读者的想象视野。也就是说，文本生产是以社会文化生活经验为基础，是将偏离特征符号化的过程，是对目的语符号体系的拓展或/和更新。①

从表面上看，陌生化语言的翻译过程是把第二环节的“作者”改为“译者”，如图3所示：

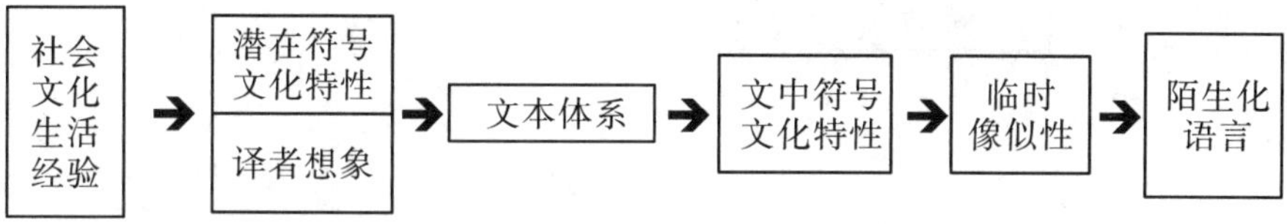

图3

这种看法过于草率。这是因为，在翻译语境下，第一环节“社会文化生活经验”和第二环节“潜在符号文化特性”需要我们仔细辨别，这个社会文化生活经验到底是源语文化的，还是目的语文化的？既然翻译是用目的语来生产文本，这样来看它应该是目的语文化的，但是，文本所讲述内容又间接地反映着源语文化的社会文化生活经验，它描写的对象以及隐含的文化内涵等又都是源语文化的，目的语符号只是被挪用于跨文化指涉，实际上是表达源语文化生活经验。即“潜在符号文化特性”在翻译中是双重的，它的能指主要唤起目的语读者对该形式的文化生活经验和记忆（即目的语社团所特有的），但受源语形式干扰有时不免“流露”出源语的语言形式痕迹；它的所指有时候或许会利用并“流露”出目的语的社会文化生活经验和记忆，但主要是表达（或者说为了表达）源语社团的社会文化生活经验。在第二个环节上，发挥想象力的主体不只是译者，而是包含着作者想象和译者想象——译者想象作者如何想象，并想象如何再现作者的想象（如果他想再现陌生化手法的话），有时候甚至还包括译者自身的独立想象。于是，就出现第一、二环节的模棱、内在裂变和混合，并由此导致第三、四环节的内在混合：文中符号的文化特性在能指上表达目的语社团特有的文化经验和记忆，而在所指上则（为了）表达源语社团的社会文化生活经验。如图4所示：

① 这个潜在符号材料同时也是现有符号。不过，由于现有符号被再符号化后获得新的意义而成为新的符号，所以相对于这个新的符号来说，现有符号便是新符号的潜在符号材料。“符号材料”一词是用来指被再符号化、即将获得新的能指身份的状态。

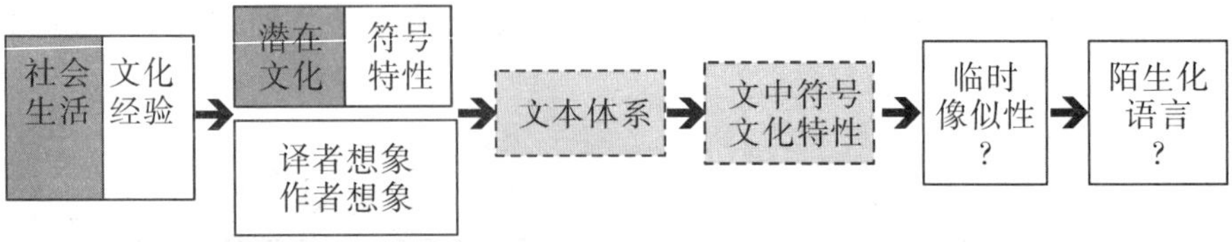

图4

上文说过，社会文化生活经验为被描写对象和偏离特征之间的“主语—谓语”关系提供文化语境支撑，使偏离特征可以与被描写对象相互联系起来，表达具体文化意义。在目的语文本中，被描写对象及其文化特点都属于源语社会文化生活经验，而偏离特征则属于目的语社会文化生活经验，这种情况下，被描写对象属于未知，被描写对象的文化特点超出目的语读者的可想象范围，偏离符号中的“主语—谓语”关系无法被目的语读者所认知，临时像似性难以建立，译者想再现作者的陌生化意图也难以被目的语读者辨认。这便是文化跨越对再现陌生化意图的挑战。

5.2 陌生化语言跨文化再现的矛盾

读者能否把偏离符号和被描写对象的文化特点联系起来，关键取决于作者所设计的文本语境和阅读行为所处的文化语境，文本语境是在文化语境的基础上对文化语境的转化和集成。归根结底，文化语境是根本基础。然而，翻译是文本的文化移位，同时也是阅读行为所处外部文化语境的变换，它往往使临时像似性脱离原有的文化语境，以致译者仿造陌生化手法的意图难以被读者所辨读，偏离便难以获得陌生化效果。在这种情况下，译者不得不采用注释的方式来说明偏离特征的形式意图。如：

例1a：

Miss Watson's big nigger，named Jim，… says：“Who dah?”

… Pretty soon Jim says：

“Say，who is you? Whar is you? Dog my cats ef I didn't hear

sumf'n. Well, I know what I's gwyne to do: I's gwyne to set down here and listen tell I hears it ag'in." ①

这一小段是马克·吐温笔下的黑奴吉姆在小说中的登场介绍。这段话中，除"is"这个语法偏离构成的陌生化外，"ef""sumf'n""gwyne""set""tell"等都既含有书写偏离，又含有语音偏离，以书写偏离象征语音偏离，用书写偏离来充当语音偏离的像似性符号。这组符号的拟声拟象理据分析如表1所示：

表1 吉姆的话语所含语音偏离的拟声拟象理据分析

Ef	/ef/	/if/	if	e-/e/-/i/-i：在两个前元音（front）之间偏离
Set	/set/	/sit/	sit	e-/e/-/i/-i：在两个前元音（front）之间偏离
Tell	/tel/	/til/	till	e-/e/-/i/-i：在两个前元音（front）之间偏离
Sumf-	/sʌmf/	/sʌmθ/	someth-	u-/ʌ/-/ʌ/-o：后元音（back）同，字母异 f-/f/-/θ/-th：摩擦音（fricative），二音嘴形略异
gwyne	/guine/	/gəuiŋ/	going	ne -/n/-/ŋ/- ng：前后鼻音（nasal）之分； w -/u/-/əu/- o：保留后元音（back），并懒音

① Mark Twain. *Adventures of Huckleberry Finn*. New York: New American Library, 1959, pp. 14-15.

作者的偏离符号设计见表2：

表2 作者马克·吐温的偏离符号设计

nigger	dah	am→is	what→whar	if→ef	something→sumf'n	going→gwyne
	语气	语法	结尾辅音	元音	书写+辅音	元音、辅音、书写

从这两个表格来看，一方面，英语的发音和书写方式为作者提供拟声拟象资源，而语音和书写中潜在的像似性是作者创造语音偏离和书写偏离的依托。另一方面，作者利用这些潜在语音和书写资源，创造了“ef”“set”“tell”“sumf'n”“gwyne”等拟声拟象偏离符号，并通过在文本中重复和递进地使用这些拟声拟象偏离符号来帮助读者理解：在重复方面，“ef”“set”“tell”之间重复于“/ e /”，两个“gwyne”也是重复关系；在递进方面，从最弱的语气偏离（dah）开始，进而继之以最明显的语法偏离（am－is），直至后来在词汇上使用书写、语音等较大幅度的偏离（gwyne），由浅入深，逐步推进偏离的程度。这一系列偏离符号回过头来又紧扣“nigger”一词，于是，“nigger”的出现就不仅仅是一个人物的出场，而是通过其指称对象引起读者联想该人物相关文化特点（包括相关社会地位和教育背景等文化特点）——当时的美国主流社会对“nigger”文化特点的普遍认知。通过这种联想，“nigger”实际上为后面一系列偏离特征提供“文化语境定位”，发挥了“凝聚”效应，把一系列偏离特征整合成具有共同意义关涉的符号网络。反过来，偏离特征则“展示”了“nigger”的特点（通俗言之，即“黑奴就是这个样子的”），作者由此刻画了人物，从侧面反映和揭露主流社会对 nigger 的偏见和歧视。即，就马克·吐温的这段偏离符号来说，有关 nigger 的社会文化经验和文本内循序渐进的偏离符号体系是实现陌生化功能的两大基石，文本外经验是基石的基石，而文本内符号体系则是作者从斑驳繁杂的现实中挑选、聚焦和凸显某方面特点的重要手段，是用来彰显社会文化现实的符号工具。此处，作者实际上是尝试用陌生化语言这种非常规符号来冲破传统语言符号的束缚，以求比用常规符号更真实地再现现实。我们看看例1的汉译：

例 1b：

“谁在那儿哪?”

……“喂——你到底是谁呀，你在哪儿呢？我要是没听见什么动静，那才叫活见鬼呢。好啦，我有办法。我就坐在这儿听着，非再听见那个声儿不可。”①

例 1c：

华珍小姐的那个叫杰姆的大个子黑奴……说：“谁呀?”

……不一会儿，杰姆开了口。

“说呀——你史（是）谁？史什摸（么）人？我约（要）没听到什摸才见鬼哩。嗯，我知道约怎摸办。我约坐在这儿，等掏（到）再听得响声才息（歇）。”②

在上面两个汉译版本中，张万里完全去除形式上的变异，该例做参照用，不赘述。成时的版本倒是有点意思，他所采用的偏离手段见表 3、表 4：

表 3　译者成时的偏离符号拟声理据分析

史	/shǐ/	/shì/	是	音节同，音调异
摸	/mó/	/mó/	么	音节同，音调同
约	/yāo/	/yào/	要	音节同，音调异
掏	/tāo/	/dào/	到	声母异，音调异
息	/ xī/	/ xiē/	歇	韵母异，音调同

① 马克·吐温著，张万里译：《哈克贝里·芬历险记》，上海：上海译文出版社，1993 年，第 8－9 页。

② 马克·吐温著，成时译：《哈克贝利·费恩历险记》，北京：人民文学出版社，1998 年，第 251 页。

表 4　译者成时的偏离符号设计对比

Nigger	dah	am→is	what→whar	if→ef	something→sumf'n	going→gwyne	till→tell	
	语气	语法	结尾辅音	元音	书写 + 辅音	元音 + 辅音 + 书写		
黑奴	呀	是→史	么→摸	要→约		要→约	到→掏	歇→息
	口语	音调	同音	音调		音调	声母 + 音调	韵母

比较表 1 和表 3，最明显的是源语文本中一系列用于构建偏离的源语语音、书写等形式特征被译者置换为目的语的语音、书写等形式特征。对比两套偏离特征，马克·吐温用了三次“/i/→/e/”，成时则在“约”和“掏”之间建立起细微重复——“/ào/→/āo/”。尽管如此，成时的重复方法并不如源语文本明显，这是因为，英语的书写“i→e”与发音“/i/→/e/”属于同形，其拟声拟象关系明显，读者可以直接透过书写来揣摩作者原意；而在汉语中，“约→要、掏→到”和“/ào/→/āo/”之间属于两套基本上毫无关联的系统，并无任何拟声拟象关系。虽说这是个直接引语，发音更为重要，但是这也是用于阅读的小说，书写形式能否启发读者，让读者联想起发音，将直接影响到偏离符号能否被理解。可能考虑到自己的偏离符号难以被理解，成时便采用括号补注的方法。① 但是，问题在于，括号补注使隐含含义显化，本来想让读者揣摩的东西变为直接呈现于文本之中，压缩了阐释和想象的空间，抵消了陌生化效果。

可见，例 1 的英文原文中，“nigger”和语音、书写偏离特征在原文化语境下的叙事上的“主语—谓语”关系是使偏离符号成为陌生化语言的界定性要素，然而，在汉语文化中，汉语读者不仅未必了解“黑奴”，而且“史、摸、约、掏、息”“陀旧、陀跪、布史、一攀子、奔友”等偏离符号所引起的是本土联想，与“黑奴”难以建立起“主语—谓语”关系。或者，即使汉语读者知道这种偏离符号仅仅是一种“比喻”，不能简单地用

① 例如，同样的偏离在文本不同地方出现时都有加注，如上文的“史（是）”“摸（么）”在第 288－300、315、318、325－330、333－346 页等多处地方出现。

本土经验来理解，随之而来可能会出现两种猜想：一是读者会猜测偏离是由于源语形式的干扰所致，是直译的结果；二是假设读者通过比较“哈克”和“黑奴”所说话语的区别，确认这种偏离不是出于源语形式的干扰，也不是被用来模仿源语形式以表达跨文化含义，但我们不能排除读者会产生另一种疑问：“黑奴”直接引语中的偏离是不是象征第三种语言，比如印第安语？

由上面这个例子我们可以看出，由于文化移位，被描写对象与偏离特征之间的联想关系失去了社会文化生活经验这一外在基础，因而导致临时像似性流失，偏离特征所要表达或象征的文化意义被扭曲或者过滤。这个过程体现了陌生化语言在跨文化再现中固有的内在矛盾：

异域指涉←陌生化语言翻译→本土偏离特征

这个内在矛盾就是：陌生化语言翻译的关键在于构建偏离符号及其内部的临时像似性。对于译者来说，一方面，语言形式转换是翻译工作的题中之意，因而译者必须使用目的语的语言形式来仿造偏离；另一方面，讲述异域的故事是翻译目的之一，是要让目的语读者了解未知、待知的异域文化，而被描写对象的文化特点属于这一异域文化的一部分，目的语文本保留这些特点本也是翻译的内在要求。可是，被描写对象的异域性与偏离特征的本土性之间存在文化错位，这种错位使被描写对象和偏离特征之间难以建立起临时像似性，源文陌生化语言的主题意义也就剥落，陌生化偏离便降格为普通偏离，甚至会被误以为是翻译体偏离。如果我们用函数来表示这个矛盾便是：

在源语文本中，$y = x +$ 偏离：y 表示陌生化，是待求量，x 表示被描写对象，是已知量；

在目的语文本中，$y_1 = y_2 +$ 偏离：y_1 表示陌生化，y_2 表示被描写对象，两者皆为待求量。

在源语文化中，原作者和源语读者共享 x 的文化特点这一背景常识，x 往往以预设的、文外的方式存在，并以此达到陌生化手法的“意外、会心一笑”的效果；在目的语文本中，y_2 必须经由明示和解释才能转变为 x，如此一来无疑会弱化“意外”的效果，但译者若不明示和解释，被描写对象和偏离特征之间的文化关联则难以建立起来，偏离特征的文化意义无法传达出来，难以构成陌生化。

不过，y_2 并不总是未知量，当被描写对象中与临时像似性相关的文化特点具有跨文化共性时，比如上面所举例 1 中的意识流活动，此时意识流心理活动可视为“x”，是人类共同的方面，y_2 就变成已知量 x，于是，上面表示目的语文本的式子又变回：

y = x + 偏离：y 表示陌生化，是待求量，x 表示被描写对象，是已知量。

尽管如此，翻译依然存在偏离特征本身形式与它自身直接指称的内容间的对应困难。如下例所示：

例 2a：

With?

Sinbad the Sailor and Tinbad the Tailor and Jinbad the Jailer and Whinbad the Whailer and Ninbad the Nailer and Finbad the Failer and Binbad the Bailer and Pinbad the Pailer and Minbad the Mailer and Hinbad the Hailer and Rinbad the Railer and Dinbad the Kailer and Binbad the Quailer and Linbad the Yailer and Xinbad the Phthailer. ①

例 2b：

跟谁？

行海船的辛伯达和当裁缝的当伯达和看牢子的看伯达和捕鲸者的捕伯达和打铁丁的打伯达和不中用的不伯达和舀舱水的舀伯达和做水桶的做伯达和跑邮差的跑伯达和唱颂歌的唱伯达和说脏话的说伯达和吃蔬菜的丁伯达和怕惹事的文伯达和酗啤酒的叶伯

---

① James Joyce. *Ulysses with Ulysses: A Short History by Richard Ellmann Harmondsworth*. Middlesex: Penguin Books in association with the Bodley Head, 1969, p. 658.

达和行什么船的行伯达。①

例 2c：

跟谁？

水手辛伯达、裁缝廷伯达、狱卒金伯达、捕鲸者珲伯达、制钉工人宁伯达、失败者芬伯达、掏船肚水者宾伯达、桶匠频伯达、邮寄者明伯达、欢呼者欣伯达、咒骂者林伯达、食菜主义者丁伯达、畏惧者温伯达、赛马赌徒林伯德、水手兴伯达。②

例 2d：

与何人？

水手辛巴德、裁缝钦巴德、监守人简巴德、会捕鱼的惠巴德、拧螺丝的宁巴德、废物蛋费巴德、秉公保释的宾巴德、拼合木桶的品巴德、天明送信的明巴德、哼唱颂歌的亨巴德、领头嘲笑的林巴德、巴吃蔬菜的丁巴德、胆怯退缩的温巴德、啤酒灌饱的蔺巴德、邻苯二甲春醇的柯辛巴德。③

例 2a 中，临时像似性存在于"X－""X －the X－"和"X－inbad the（X） －ailor"这些重复形式所像似的意识流心理状态，形态相似性为读者获取和把握临时像似性提供形式线索。王东风的翻译中，当伯达、看伯达、捕伯达、打伯达……形式上看起来和"辛伯达"相似，实际上还并未相似，因为"辛伯达"是人名，而后面一系列名字无论怎么看都不像人名。反观原文，整个意识流片段是一个包含人名（某某人）和职业（做什么）的小型叙述。人名和职业是偏离特征自身直接指称的内容，构成文本的表层叙述，如果翻译破坏人名和职业这两个构成要素，也就破坏该陌生化语言的表层叙述。相比之下，萧译和金译虽然保留表层叙述，却在形式上有所损缺。这就体现陌生化语言翻译的第二个内在矛盾（见图 5a）：

---

① 王东风：《译家与作家的意识冲突：文学翻译中一个值得深思的现象》，《中国翻译》2001 年第 5 期，第 43－47 页。

② 詹姆斯·乔伊斯著，萧乾、文洁若译：《尤利西斯》，北京：文化艺术出版社，2002 年，第 1195 页。

③ 詹姆斯·乔伊斯著，金隄译：《尤利西斯》，北京：人民文学出版社，1996 年，第 997 页。

偏离特征←翻译→表层叙述①

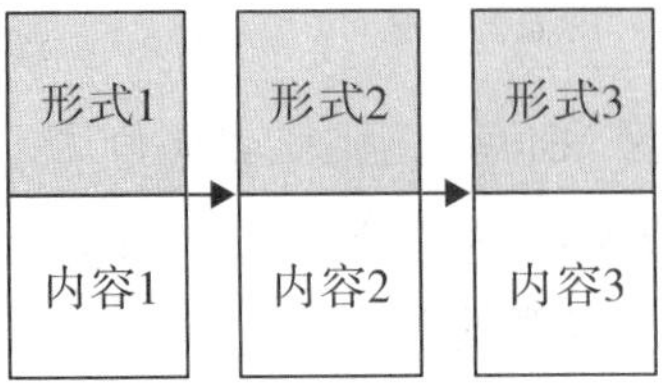

图 5a

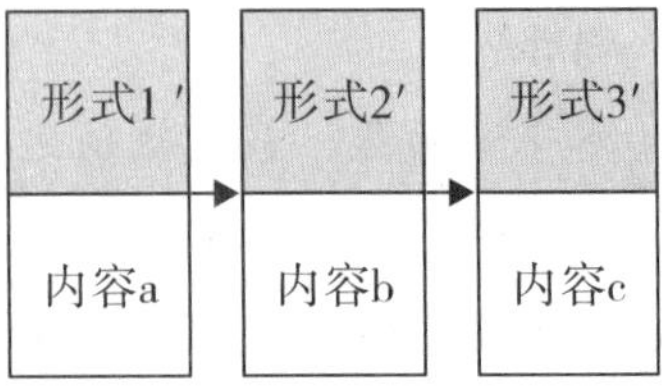

图 5b

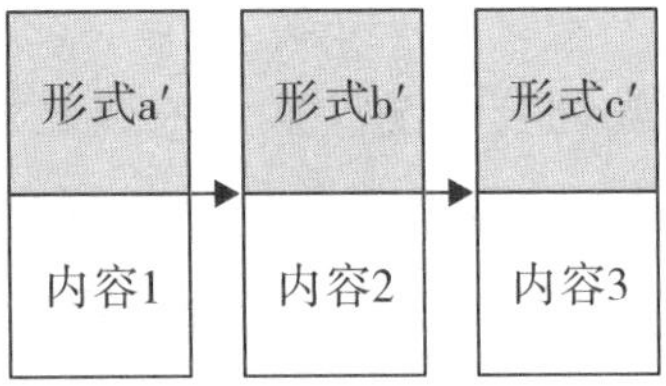

图 5c

也就是说，整个偏离符号其实包含“形式—内容”的统一整体（如图5a），译者若以目的语中表面上相对应的语言形式来仿造偏离，往往在指称内容上偏离于源文陌生化语言，破坏原有表层叙述，使之成为图5b。

若译者想要保留表层叙述，那么，形式偏离特征将被置换，译者难以仿造对应的偏离特征（如图5c）。

概括起来，源文陌生化语言翻译所存在的两个内在矛盾归根结底是两个因素所致：原偏离特征与偏离符号的示例指涉对象之间的文化联想不可分离；原偏离符号内偏离特征与它自身的直接指称对象不可分离。这两个不可分离又可归结为：指涉在不同语言文化中是不对称的。② 在原来的文化语境下，偏离符号、示例指涉对象和偏离特征自身指称三者“自然地”结合在一起，从而使偏离符号既具备深层的、隐蔽的叙事“主语—谓语”

① 此处并非指从统计归纳的角度来说所有陌生化符号都存在着偏离特征和叙述内容的两难，而是从分析的角度看，指陌生化语言的翻译一般会出现这种两难。但是，本书并不排除个别情况下偏离特征和叙述内容可能出现偶然汇合。毕竟，研究者难以穷尽所有的文学翻译现象做出终极性的归纳。

② 这里的指涉包括上文说的指称指涉和示例指涉，偏离符号所叙述内容是该符号的指称内容，如上面例子的人名，它不同于偏离符号的示例指涉。

关系，还具备表层的叙述功能，构成双轨的“深层叙述—表层叙述”，推动故事进展的同时也刻画被描写对象某方面的文化特点。语言形式的转换和文化语境的错位拆解了这个三位一体的自然结合体。译者为了仿造陌生化手法，在使用本土偏离特征的同时必须在文中其他地方做出相应更改，使偏离符号隐在的示例指涉对象本土化；译者选用本土偏离特征的同时便意味着表层叙述内容的确定，为了使该表层叙述与上下文保持连贯，译者还必须调整上下文的相关内容，使之与本土偏离特征的直接指称相呼应或一致。

换句通俗的话（“形式”和“内容”）说，陌生化语言中其实包含一个语言形式和三个内容。“内容1”是陌生化语言通过示例指涉展示出来的被描写对象，“内容2”是语言形式本身直接指称的对象，“内容3”是关于“内容1”的文化特点——就是说“语言形式”讲述了“内容1”的“内容3”——描绘和刻画“内容1”，再现或者表达出该“内容1”的某种文化特点（即“内容3”）。在这三个“内容”中，只有“内容2”直接呈现在文本表面。在跨语言转换中，当新的偏离形式与“内容1”的文化联想关系无法建立起来时，“内容3”在翻译后就流失了，因而这种“偏离对偏离”的翻译方法在陌生化效果方面和常规化翻译并无多大区别。就“内容3”对于陌生化语言的重要性来说，翻译就是要转达“内容3”，但“内容3”又是源语形式在源语文化和源语文本中相对于源语读者才能表达的，在跨文化语境下是难以转达的。① 另外，如果目的语偏离形式连源文陌生化语言的“内容2”都无法表达，那就比常规化翻译还少转达了“内容2”。

因此，在“翻译陌生化语言就是要翻译它的形式”这个表述中，如果“形式”指的是表达特殊含义（内容3）的语言形式，那么，译者恐怕很

---

① 罗宾逊把“恢复对事物的感受”“事物的制作”中的两种“事物”区分开来，其中，“恢复对事物的感受”中的“事物”是“生活中所感知到的物体”，而“事物的制作”中的“事物”则是“生活中所感知到的物体的诗意表征”。罗宾逊还指出另一种事物，即“机械代数化认知的事物”。这三种“事物”构成陌生化语言触发的认知辩证发展（有关讨论参见 Douglas Robinson. The Spatiotemporal Dialectic of Estrangement. In *TDR*: *The Drama Review*, Vol. 51, No. 4, Winter, 2007, pp. 127 – 128）。以上三种内容中，“内容1”是被描写对象，即“生活中所感知到的物体”，“内容2”和它的形式构成“生活中所感知到的物体的诗意表征”。“内容3”则是这个诗意表征的文化含义。

难在目的语中找到与表达特殊含义对应的“语言形式”，此时译者就必须采用文化释义来介绍“内容3”，而不是仅仅使用“偏离对偏离”。这时候，翻译其实就是“介绍”。如果“形式”是指“互文张力”的这一“结构形式”，那么，译者的确可以用“偏离对偏离”的方式来实现形式结构上的对应，但结果是这种偏离并不表达“内容3”，“翻译”此时就只是手法和结构关系上的“仿造”。

然而，无论是“介绍”还是“仿造”，它们所生成的目的语文本对应项目都不是孤立存在，它们的意义生成于与目的语文本其他项目的互动和相互界定中，更是生成于目的语文本所属的交互文化语境——目的语文本不仅属于这个交互文化语境的一部分，而且是建构起该语境的重要方式。那么，在目的语文本这个交互文化语境下，以“文学翻译”为名的“介绍”或“仿造”是如何处置源文陌生化语言的文化意义的？下面的章节将集中分析这两个问题。

5.3 陌生化、跨文化与“文学翻译”

那么，我们该如何理解“陌生化语言的文学翻译”？如3.3所言，陌生化语言是作者在形式层面与相关常规文学语言的对话，是对常规文学语言的解经典化和再经典化过程，旨在协商并转移诗学价值。也就是说，所谓“文学”，其实产生且存在于建制和解建制的张力之中。在建制和解建制的紧张互动中，陌生化形式与其说展现了唯一、永恒的文学性，不如说体现了某个群体的文化意识形态对另一个群体的文化意识形态的抵触。可以说，陌生化便是文本与文化意识形态交流的环节，既曲折地映射现有文化意识形态，又体现原作者的立场和取向。忽略这点便忽略了陌生化语言、文学性和文化意识形态三者之间的对话和互动，以致把文学和文学性视为独立于社会之外。[①] 由此来看，我们或许可以把“文学”视为一种“功能”，视为特定文化群体在特定历史阶段进行身份生产的一种手段，既生产自我的身份，也生产他者的身份——当这种文学生产发生于文化之内，它就被用于生产文化内不同群体的身份；当这种文学生产发生于文化之间，它就被用于生产文化自我和文化他者的身份，有时候还被用来隐喻文化内身份。在身份生产的过程中，传统和反传统的形式都可成为相关文化群体利用的手段，这当中还包含反传统的形式被保守的意识形态挪用和传统的形式被激进意识形态挪用。

从这个意义上来讲，在进行文学翻译时，译者追问“什么形式是文学的，采用什么形式才是文学翻译”，不如追问“哪个文化群体的文学”，追问“为了建构什么文化现实和生产什么身份的文学”。换句话说，追问“文学翻译是什么、如何实现”不如追问译者想要生产“谁的文学”更具有启发意义。这个“谁”不是一个抽象的、超时空的意识，而是处于特定历史进程、具有特定需求、追求特定价值的主体，该主体的价值追求也以特定文化语境为客观基础（这个语境包括形式和由形式建构起来的现实）。在翻译行为中，如果反传统的形式被保守文化意识形态挪用于丑化、压制某个寻求变革的文化群体，那么，译者若一味强调只有陌生化形式才具有“文学性”，便是“只见树木不见森林”，忽视了这种“文学性”到底服务于哪个文化群体的问题。举例说，如果我们把文学系统和社会文化粗略地划分为“主流”和“非主流”的话，那么，当译者对主流文学用常规语言建构文化现实持反对立场时，陌生化语言才意味着译者代表他的文化群体对主流文学语言进行解经典化，意味着译者对被主流意识形态所界定的社会现象进行再阐释和再表征，进而再生产异于主流文化意识形态所建构的身份。如果主流文学语言本身就是陌生化语言（此时陌生化语言是对语言

---

① 正如罗杰·福勒（Roger Fowler）对雅各布森的批评，“雅各布森对文学的定义把文学视为驯良的（contained）、安静的，孤立于社会和历史之外的”。福勒指出，“文学同样不能免除语言的普遍责任，即在充满冲突和同情的现实世界之中发挥作用的责任”。福勒这句话中，“驯良”和“安静”与“冲突”和“同情”相对：冲突意味着对立，而同情则意味着身份和立场的选择。在文学中，身份和立场的选择未必表现为明确的支持或谴责，实际上表征对象、表征视角和表征方式的选择就暗含着文化立场和文化认同，是文化意识形态取向的表达（福勒的评论参见 Roger Fowler. *Literature as Social Discourse*：*The Practice of Linguistic Criticism*. Bloomington：Indiana University Press，1981，p. 85）。

系统常规的偏离)，那么，译者在翻译中采用陌生化语言便有作为主流文化意识形态共谋之嫌。

这就是说，在文化意识形态中，诗学形式是建构文化现实、生产文化身份的手段（此诗学形式是广义的，包括各种形式技巧）。对于文学翻译行为来说，陌生化形式只是一种选项，只是表达文学内容和建构文化现实的潜在方式之一，因而只是文学翻译的选项之一。特定语境下陌生化形式会被某个群体赋予诗学价值，却未必总被赋予诗学价值，未必被所有文化群体赋予诗学价值，未必总是占据文学系统的中心诗学价值，也未必总是具有解经典化的功能。换而言之，陌生化形式在目的语文化中未必被视为主流文学形式，有时候甚至不是“文学翻译”的可选项。在涉及陌生化语言的“文学翻译”过程中，译者须放下对“陌生化形式”的迷思。

进一步说，被称为“文学翻译”的过程实质上涉及文学形式的跨语言转换和跨文化移位。跨语言转换并非只是从源语转换成目的语。跨语言转换其实是把某种在源语文化中一度具有文学形式地位的源语形式转换为目的语文本中“具有某种结构特点”的语言形式：①这种“结构特点”的具体内涵直接取决于译者的翻译策略。②这种“具有某种结构特点”的形式在文学地位上并非由自身决定，而是取决于一种关系和一种需要：该结构特点与目的语现有文学形式的异同关系和目的语文化对这种异同的需要。换句话说，如果这种关系是异/同，而目的语文化又需要异/同，那么，该结构特点就有可能获得文学地位，被视为文学形式；如果它是某种异/同，而目的语文化又不需要甚至排斥这种异/同，那么，它就可能被排斥在文学系统之外，不被视为文学形式。③对于目的语文化来说，这种异/同的形式所描写的异域现实可为目的语文化提供本土身份和跨文化身份参照，其异同以及目的语文化对这种异同的需要同样是译者要考虑的因素。

目的语文本中“具有某种结构特点”的语言形式并不自足地决定它自己的文学地位，它的文学地位在翻译时处于待定的状态，这点恰恰体现了跨文化移位对文本文化意义的改造。即使译者在目的语文本中仿造陌生化形式，但是目的语文本处于交互文化位置上，陌生化形式所处的文化语境已经彻底改变——与陌生化形式相对的旧形式、陌生化形式所服务的文化群体、该文化群体的文化位置和需求、源语文本所描写现实已成为“外来者”等等——所有这些要素的改变都影响着形式的诗学价值。那么，“文学翻译”下目的语文本的语言形式具有什么样的诗学价值？是再现源文陌生化语言的诗学价值还是生产自身独立的诗学价值？这与“文学翻译”之“文学”的含义密切相关。然而，“文学翻译”却是一个相当含糊的概念。如果我们暂且把“翻译”视作产物，用来指文本，那么，“文学”指的是文本的属性。① 可是，翻译行为中的哪个文本在什么时候被什么人称为文学呢？是翻译之前源语文本被源语文化中人视为文学？还是翻译之前源语文本被目的语文化中人视为文学？还是翻译刚完成时目的语文本被目的语文化中人视为文学？还是翻译后历经一个时期目的语文本才被目的语文化接纳为文学？“没有一部文学作品或一种文学传统可以脱离人们对它的评论而自身具有价值”②，某种文学作品（传统）的文学身份依存于相应的文化语境，相应文化群体通过文学批评、文学史书写、文学理论研究等话语形式建构着文学价值，形成了有关文学身份的认定。由于源语文化（的不同时期）和目的语文化（的不同时期）之间存在文化差异甚至隔阂，人们对同一结构形式往往出现不同的文学身份认定。如果译者要对陌生化语言进行“文学翻译”，他首先就得明确：什么样的“文学”？如果源语文化视陌生化形式为文学，而目的语文化不这么认为，或者反过来，那么，译者该如何选择？他的“文学翻译”指的是哪一种文学？

问题还不止这么简单，以上分析还未区分译者（及其所代表的文化群体）的文学观与源语文化（如果译者来自源语文化）或目的语文化（如果译者来自目的语文化）的主流文学观。特别是当人们对译者的文学观和目的语文化主流文学观这两个概念不加区分时，译者的（无）文学意图和目的语文化的文学经典化结果之间可能存在的差异就会被忽略。如果我们把译者的“文学意图”和目的语文本在目的语文化中的文学经典化结果区分开来，我们就可以区分“文学翻译”的两种不同含义：一是用“文学翻译”来表示结果，指目的语文本被视为“文学文本”；二是用“文学翻译”来表示行为，指译者带有“文学翻译”的意图。由于译者及其所代表的文化群体的文学观未必能在文学经典化斗争中获得文学地位的上升，因

① “翻译”既可以理解为这种行为，也可理解为该行为的结果。因而，“文学翻译”便可以用来指译者的文学翻译行为和这种翻译行为的结果。

② Terry Eagleton. *Literary Theory*: *An Introduction*. Oxford: Blackwell, 1983, p. 11.

而，作为行为的“文学翻译”未必能生产出具有文学经典地位的“文学翻译”结果。反过来，作为结果的“文学翻译”未必源自“文学翻译”这种行为，有时候，译者本来没有文学意图，他的目的语文本却在流传甚至在文化演变中被“扶上”文学经典的“宝座”。

因此，笔者认为，作为行为的“文学翻译”指的是译者自己（一般也代表某个文化群体）视自己的翻译行为是“文学的”，他（们）旨在生产他（们）认为是“文学”的文本。译者对陌生化语言的“文学翻译”其实就是译者对陌生化语言进行带有文学意图的翻译。在译者形成自身文学意图的过程中，他自己的文学观未必与源语文化和目的语文化相同，却不见得就一定毫无联系，译者有时可能或主动或被动地挪用或认同两个文化之一的文学观，包括在当时已经过时了的文学观。不过，即使译者在翻译陌生化语言时或主动或被动地挪用或认同源语文化或目的语文化中的文学观，且译者的文学观在目的语文化中获得承认，这也并不意味着作为结果的“文学翻译”（即目的语文本）中的“文学性”就等同于该被挪用的文学观。这是因为，在“文学翻译”之中，除了“文学”还有“翻译”。如果“文学”是指源语文化的文学（如源文陌生化语言在源语文化中被视为文学形式，译者据此仿造陌生化形式），那么，在“翻译”之后，这种文学形式已从它原有的本土文学文化系统中“旅行”到目的语文化中来，或者更确切地说“旅行”到源语文化与目的语文化之间的交互文化语境中来。这种“旅行”不只是用新的语言形式来表达源文学形式，更重要的是使该文学形式与其原有诗学逻辑相脱离，即脱离于其他文学形式，从原有文化语境中抽离出来。用新的语言形式来表达的文学形式其实被置于一个新的文化位置，面对着往往具有不同文化需求的新的文化群体。如果“文学”是指目的语文化的文学（如译者仿造陌生化形式时目的语文化恰好视陌生化形式为文学形式），那么，目的语文学形式被挪用于翻译之后，该文学形式已被用来表达异域的文化内容，建立起跨文化指涉关系，且体验主体和体验对象关系上变成目的语读者与本土/异域事物的关系。① 无论是前一种情况还是后一种情况，译者的目的语文本实质上是一个包含着跨文化指涉和跨文化体验的跨文化“形式—叙事体系”。

① 形式属本土，文化事物属异域，所以称本土/异域事物，其中“/”表示“同时又是”。

在目的语文本的跨文化“形式—叙事体系”中，目的语语言形式在指涉异域事物时却又常引起目的语文化的本土联想，或者有时候译者甚至直接用目的语文化的事物（类比地）替代源语文化事物，因而，经由目的语语言形式的联系和目的语读者的联想，两种文化的事物被隐蔽地并置。当目的语读者阅读目的语文本时，读者对用目的语语言形式来表现的文学形式的体验，对异域事物的体验，对目的语本土事物的记忆和体验等相互影响、相互渗透。其中，文学形式在目的语文本和目的语创作中的相似或相同为本土诗学价值打开潜入目的语文本的隐蔽通道，但异域叙事与本土叙事的差异又或多或少地抵消或取消这种相似或相同，异域的叙事进展和安排往往又重新编排了本被用于目的语创作的文学形式，以致目的语文本的文学形式体现的是被扭曲的本土诗学逻辑。文学形式在目的语文本中和目的语创作中的差异往往被读者解读为诗学价值的差异、解读为某种外来文学身份的象征，以致目的语文本的文学形式被认为是代表了新的诗学价值和诗学逻辑。只不过，这种“外来文学身份”和外来“诗学逻辑”在目的语本土文学系统中的地位取决于目的语主流文化对该外来文化、外来文学的传统认知和当下需求——特别是当下需求，如果当下需求与传统认知相冲突，相关文化主体或群体便会用各种方式（包括与翻译传统相异的翻译策略和诸如翻译批评、译者序等其他话语形式）来重新构建文化意识形态，调整文化印象。而且，目的语文本和目的语创作在文学形式上的差异彰显两种文学形式的诗学价值所适用的本土范围，凸显出诗学价值的历史性和地方性；进而言之，差异使文学形式间的区隔（differentiation）更加细致化，为诗学价值的调整开辟潜在载体，为目的语文化本土诗学价值的再生产和再分配提供必要条件——尽管不是充分条件。所以说，在“文学翻译”行为中，表面看是某种文学观指导翻译行为，实则是翻译行为的跨文化特殊性解构和重构了“文学性”的内涵和表现形式，重新生产和重新分配诗学价值，进而重构诗学逻辑。

可见，所谓“文学翻译定性于原著的性质”①，这种说法有待商榷。它对“文学翻译”的理解较片面，把“文学”作为“翻译”的宾语，而且作“源语文学”理解。就作为行为的“文学翻译”来说，“文学”究竟代

---

① 杨武能、林煌天：《中国翻译词典》，武汉：湖北教育出版社，1997 年，第 186 页。

表了谁的意图和想象，这是一个不容忽视的问题——与其说目的语文本的文学性“定性于原著的性质”，不如说始发于译者所代表的文化群体对“文学性”的想象。在译者所处的本土文学文化现实中，译者把某个文本（其中包括陌生化语言）拿来翻译，从而使该文本获得源语文本身份，其原因多种多样，或是出于对异域风味的好奇，或是出于本土想象和挪用的需要，甚或是出于文化扩张的需要等等。这些需要决定了译者的文学性想象、文学形式的选择和对形式的诗学价值赋予。从这个意义上来说，译者的“文学翻译”行为其实具有施为性力量：（译者我的）这个文本就体现文学性。因此，“文学翻译”就并非表述了文学性，而是建构了文学性。就作为结果的“文学翻译”来说，“文学性”蕴含着交互文化语境下的文学形式、语言形式和跨文化指涉的杂合，并生成目的语文化的文学文化需求，其结果是建构了“翻译文学性”。相比之下，也是作名词用的“翻译文学”比同样作名词指结果的“文学翻译”要显得更具中间性。[①]“翻译文学”相对于“本土文学”而言，意思是说它既非源语文化的本土文学，也非目的语文化的本土文学，乃是一种“非本土文学”，是“杂合的文学”。“文学翻译”则相对于“非文学翻译”而言，在突出“文学性”的同时模糊了“谁在什么时候所需要的文学性”这个问题。所谓“翻译文学定性于译著的质地和水准，即本身必须仍旧是文学”一说，“仍旧”一词的使用有待商榷。[②] 它预设了普遍、恒定、本质主义式的“文学性”，掩盖文学翻译行为所生成的非我非他的翻译文学形式。

所以说，如果译者要对陌生化语言进行文学翻译，其方法未必就一定是仿造陌生化形式，其目的则不是再现文学性。毕竟，源文陌生化形式的诗学价值依存于它在源语文学传统中的位置，是对原常规形式所代表的源语文学传统的违反，以此来重构文学形式库中的相对位置和再建构源语文化现实。把译者对陌生化语言的文学翻译视为再现（陌生化形式的）文学性不仅是对“文学”的本质主义理解，也是对“翻译”的粗疏理解。这种观点归根结底是受形式主义美学思想和对等论支配，忽视“文学”乃是文

① “翻译文学”与“19 世纪英国文学翻译”之间，两个“文学”虽然都作名词用，却不尽相同，前一个“文学”是本土文化事实，而后一个则是异域文化事实。

② 杨武能、林煌天：《中国翻译词典》，武汉：湖北教育出版社，1997 年，第 186 页。

化身份的生产方式之一、结果之一，也忽视翻译具有转化本土文学性和生产翻译文学性的施为力量。在译者的“文学翻译”行为将发生而未发生之际，当可能被译者选用的“具有某种结构特点的形式”与目的语文学形式的关系处于待立的状态时，译者的“语言—文学形式”选择将首先确立它本身和目的语文学传统的关系，并确定描写异域文化内容的方式。对异域文化内容的描写方式决定了目的语文本将为目的语读者提供什么样的源语文学和源语文化想象，最终在目的语读者心目中建立起相应的交互文化印象——即两个文化的相对态势和关系。换言之，决定源文陌生化语言的“文学翻译”的关键要素不在于陌生化形式本身，“文学翻译”的实现途径也不在于陌生化形式仿造，“文学翻译”行为的决定性要素在于：译者需要如何表达异域，需要在目的语文本“具有某种结构特点的形式”与目的语文化本土文学形式之间突出相似还是相异。译者选择文学形式的同时伴随对异域叙事的相应处置，以致突出、压制或改写了源文陌生化语言所描写对象的社会行为逻辑，进而重构整个文本的社会行为逻辑。译者根据他和他所代表的文化群体的位置和利益，选取其所喜好的文学形式来建构他（们）的翻译文学，向读者呈现他（们）观察源语文化的视角，转达经由他改写的源语文本社会行为逻辑，最终在读者心中建立某种源语文学文化形象。译者正是在观照自身的这些需求的情况下确定源文陌生化语言的翻译方法——是采用陌生化还是常规化；如果采用陌生化，在翻译策略上是用归化还是用异化；如果选择异化翻译策略，是否进行文化释义以减少跨文化误读等等。这些翻译方法最终导致不同形态的文化意义生产，这便是下一章要讨论的“陌生化语言的翻译策略”。

6 陌生化语言的翻译策略

如上所述，“文学陌生化语言”和“文学翻译”两个概念中的“文学”并非一回事，后一个“文学”不是前者的复制和再现，译者也未必仿造陌生化形式。“文学陌生化语言”经过“文学翻译”后实际上是在交互文化语境下构建了一种杂合的翻译文学性。那么，如果译者采用不同的翻译策略，这种杂合的翻译文学会有什么不同表现，陌生化语言所包含的双层价值和文化逻辑又将被如何处置？本章将对这些问题展开探讨。

有关翻译策略的讨论，若以文化转向为界分为前后两个阶段，那么，这两个阶段基本上分别集中于“忠实对等”和“操纵建构”两个关键词。[①] 粗略地说，在这两个阶段，“对等”和“操纵”分别是学界对翻译身份的标贴。对等论者认为翻译的身份在于同，译者的任务在于“求同”。各家尽管对“同”有着不同定义，却几无例外地或规避甚至谴责（源语文本和目的语文本之间的）“异”，或仅把异视为求同的手段。操纵论者认为一直以来在具体经验语境和社会文化政治实践中，翻译的现实身份是“用”，译者的翻译行为往往在于“达用”。因而，不管源语文本和目的语文本之间是同是异，研究者所侧重的是发掘特定翻译策略背后的“旨”和“用”。翻译学界将这两种研究路径分别称为“源语导向”和“目的语导向”。“源语导向”试图回答翻译作为翻译应该是什么样这一问题，而“目的语导向”则解释作为本土文化事实的翻译往往就是什么样的这一现实。

如果我们按照这两种路径来讨论陌生化语言的文学翻译，就会落入以

---

① 据朱志瑜的观察，“在西方翻译研究中，忠实是一种翻译策略，一般指 faithful translation，它往往被用来指 literal translation，而在中国翻译语境下，‘忠实’既指翻译策略又指翻译伦理”（朱志瑜：《翻译研究：规定、描写、伦理》，《中国翻译》2009 年第 3 期，第 5－12 页）。这里“忠实”是伦理上的判断。传统翻译理论认为忠实就是要对等，对等就是忠实，所以“忠实”和“对等”属于同义反复（tautology）。

下两种预定套路之一：①译者如何翻译才能在目的语文本中保留源文陌生化语言的文化意识形态价值（包括形式的诗学价值和指涉的社会行为价值）；②译者之所以能够部分地/未能保留源文陌生化语言的文化意识形态价值，是因为他受目的语文化某种意识形态所制约和操纵。[①] 在这两种预定套路背后，目的语文本被视为源语文化或目的语文化的从属，翻译策略便是这两种文化支配文学翻译行为的方式。无论是源语导向之对等，还是目的语导向之操纵，它们把目的语文本视为两种现存文化之一的延续，都是以现存的（源语文化或目的语文化的）文化来论述翻译策略及其文本的文化意义生产。然而，如上文所述，陌生化语言经由文学翻译后，生成的是杂合的翻译文学。翻译文学相对于本土文学而言，强调的是它的非本土性（这里本土包括源语文化和目的语文化两层含义），即亦我亦他、我他杂合却又非我非他的文化身份。就是说，翻译文学具有不同于源语文化或目的语本土文本的文化意义生产，而上面两种进路的翻译策略研究都未能

---

① “意识形态操纵”中的“意识形态”一词用的是安德烈·勒菲弗尔（Andre Lefevere）的用法。在当代文学翻译研究中，勒菲弗尔较早讨论意识形态与翻译的关系，且对国内译学影响较大。在《翻译、改写以及对文学名声的制控》一书中，勒菲弗尔把意识形态单列为与诗学不同的范畴，而且所举的例子关涉人物行为举止的“正确性”（proper）（Andre Lefevere. *Translation, Rewriting and the Manipulation of Literary Fame*. Shanghai: Shanghai Foreign Language Education Press, 2004, p. 70）。由此来推断，他的意识形态定义侧重于道德、伦理、宗教和政治等方面的价值规约，是指狭义意识形态——“虚假意识”，不包含诗学规范或文学规约。不过，勒菲弗尔的论述虽戳穿对等的神话，道出自我与他者邂逅时表现出的权力强横本性，在当时具有一定的理论贡献，但现在看来，他仅仅视形式为意识形态工具，使人只注意到译者的增删改动中所企图的形式之外的意识形态，却忽略形式本身的意识形态。形式本身的意识形态意义是文本达成诗学连贯的重要条件。这是因为，语言形式与语言形式之间的组合（除包括词句组合之外，还包括谋篇与布局等较高语篇层面的组合）只有被文学系统接受才能使文本被视为内部连贯（包括有标记连贯）。而且，形式使文本与其他文本构成互文关系，从而使文本与它所处文化语境进行对话并以此获得文化位置和意义。反观受勒菲弗尔影响的学者，他们一般只注意（外部）意识形态如何“摆布”文学形式，却轻视甚至忽视译者在形式的“摆布”下，在文学形式中（而不是通过形式）所（企图）实现的意识形态意义——通过与旧有文学形式的对比和对旧有形式的转换或更替，新文学形式旨在调整文学形式库的构成成分以及各形式的相对位置。例如，在《意识形态与文学翻译的互动关系》（《中国翻译》1999 年第 2 期，第 10－14 页）一文中，王晓元虽声称要研究“互动”“相互影响”关系，包括“意识形态的影响和制约”和“翻译活动本身生产着意识形态”两个方面，但就其举证来看，与其说他是研究“翻译生产意识形态”，不如说是研究了“翻译如何被本土意识形态挪用于其自身的（再）生产”。如果真要研究翻译和（本土）意识形态的相互关系，文学形式本身的意识形态意义便是不可忽略的环节。这就牵涉到如何理解文学形式本身的意识形态意义。为此，我们必须跳出勒菲弗尔的意识形态狭义用法，运用新的意识形态定义重新理解意识形态与文学形式、语言和文本的关系。

看到这点，还忽视目的语文本是特殊的跨文化地带和交互文化空间，忽视目的语文本对现有文化项目的再语境化。无论生产过程还是阅读过程，目的语文本是一个本土文化和外来文化相互渗透的意指过程，蕴含翻译（所生产）的特殊符号关系网络，是一种特殊的文化形态。我们只有以这种视野来审视源文陌生化语言的文学翻译，才能更好地把握目的语文本对应项目在目的语文本中的意指过程，更好地把握目的语文本对应项目在目的语文本所建构和所属的交互文化语境下的文化意义——即文化意识形态价值。

译者如果在翻译陌生化语言时采取不同的策略，他在目的语文本中所建构和通过目的语文本所激发的意指过程将有所不同，从而使目的语文本生成不同的互文连接，使对应项目在目的语文本所建构的交互文化语境中生产不同的文化意识形态价值。但是，这里首先必须明确一点，翻译策略和翻译策略的文化效应是两个相关但不相同的概念。翻译策略是一个纯形式的概念，只涉及文本操作行为本身。[①] 当我们把翻译策略所生成的文本（和语言）放置在它所属的文化语境中考察，由此获得的文化意识形态价值便是翻译策略的文化效应。换句话说，同一种翻译策略在不同文化语境下可能生产完全不同的文化效应，而相同文化效应在不同文化语境下往往需要通过不同翻译策略来实现。在这一点上，韦努蒂便是把“翻译策略以及翻译的社会政治效用混同”[②]，在理论化过程中剥离和掩盖了翻译策略生产某种文化意义的文化语境条件，以致把“异”（所谓“异化”）与“用”（文化政治“异议”）直接挂钩起来，把在英美文化语境下**可用于异化翻译的异化翻译策略**作为一种普遍翻译理论来推广。[③] 实际上，“异”的语言形式和文学形式具有何种文化意识形态价值需视它在目的语文化传统中的位置而定。传统是多层的，大传统中有二级传统，二级传统在大传统中有它相应的文化地位和文化意义传承。因而，相对于目的语主流文化的“异”如果属于二级传统，而二级传统若被主流传统挪用于丑化他者，那么，

① “形式”在这里不是指结构关系，也不是指具有某种内容的形式，而是指被抽去具体经验内容后的抽象操作。从这个意义上来说，本章有关翻译策略的讨论是“纯形式的”。

② Tarek Shamma. The Exotic Dimension of Foreignizing Strategies—Burton's Translation of the Arabian Nights. In *The Translator*, Vol. 11, No. 1, 2005, p. 51.

③ 关于异化翻译和异化翻译策略的区分，请见 4. 2. 6。

“异”的形式在文化意义上反而可能变成文化主流的共谋——简单地说，异化翻译策略在某些文化语境下恰恰是反韦努蒂式异化翻译的。

概括地说，决定翻译策略的文化效应的因素大体上有：目的语文本符号项目与翻译传统的关系，目的语文本符号项目与主流文化传统的关系，翻译传统与主流文化传统的关系。这些关系包括共时的重复或偏离、历时的连续和一致、历时的不连续和不一致等方面。共时的重复或偏离为目的语文本符号确立语言学价值。① 历时的连续性/一致性与不连续性/不一致性相结合，为目的语文本符号延续或更新其文化意识形态价值提供同一和差异的文化语境比照，使符号得以在历时的“同一—差异”中生产文化意识形态价值。这里“—”表示文化意识形态价值在承继和变异中的错综复杂机制：有时候，历时的整体同一被部分差异所抵消，所得的文化意识形

---

① 语言学价值即索绪尔符号在语言系统中所获得的结构关系“价值”，不同于文化意识形态价值。在索绪尔语言学中，符号由它在系统中的位置和系统关系所决定的功能称为“价值”（value）（Ferdinand de Saussure. *Course in General Linguistics*. London：Peter Owen，1960，p. 80.）。用保罗·蒂博（Paul Thibault）的话说，“价值意味着这样一个事实：语言及其他所有的社会符号系统都是以系统中各个要素之间的关系为基础组织起来的”（Paul Thibault. *Rereading Saussure：The Dynamics of Signs in Social Life*. London：Routledge，1997，p. 164）。语言学价值分为潜在价值和临时价值（潜在价值和临时价值的区分参考鲍贵关于成分价值和功能价值的区分。鲍贵的成分价值实际上是一种潜在的功能，而功能价值也是符号作为文本成分所获得的。但是，由于符号价值本身就是一种潜在的功能，而即使在文本中，符号也是作为文本成分存在，因而成分价值和功能价值两个术语容易引起概念混乱，可考虑用潜在价值和临时价值替代。鲍贵文章见《再论语言的价值》，《外语教学》2003 年第 2 期，第 6 - 8 页）。潜在价值是符号在语言系统中所获得的聚合、组合关系的交集，具有相对稳定性，而临时价值则是符号在文本中所获得结构关系的交集，具有动态性。任何语言符号既是作者和读者所共享的语言系统（le langue）的要素，具有它在语言系统内的潜在价值，又属于眼下个别的言语行为（la parole），与文本中别的符号构成上下层级（rank）和同一层级等同文关系（co-textual），相互呼应和相互界定，获得它在文本符号网络中的临时价值。符号的临时价值首先是对它的潜在价值的重复，如德里达所言，“通过在传统语码（语言、文学、政治、文化等）内的重复、痕迹，或印记，累积并浓缩出稳定的关系系列和意义效果，从而使得能指痕迹可以被理解……文本是可以理解的，准确说是因为文本的痕迹是符合语码的重复”（Kathleen Davis. *Deconstruction and Translation*. Shanghai：Shanghai Foreign Language Education Press，2004，p. 30）。不过，符号的临时价值又往往不是简单地重复潜在价值，而是在重复潜在价值时带有差异，使符号表达精细的意义。文本符号相对于常规用法的差异之所以能被理解，又依赖于作者在文本内的重复。以潜在价值为基础，符号在文本内与别的符号反复共现（concurrence），各符号通过共现达到相互界定，从而使符号的临时价值变得明确。文本内的重复和共现向后强化文本符号的规律性，形成文本本土常规。文本本土常规向前增加读者的阅读预期，在文本内部形成符号的一致性和符号间的连贯。进而言之，在文本之内，符号有时候又形成相对于自身在文内重复的偏离，是以文本本土常规为背景，是对文本本土常规的利用，用于表达独特的意义。总之，符号是通过在文外和文内两个层面，借助重复和偏离两个机制来利用和改造潜在价值，生产临时价值。

态价值是不同意识形态相互协商和妥协的结果；有时候，历时的同一即是差异，因为形式的再次出现未必意味着具有和上一次出现时相同的文化意识形态价值，人们需求的满足或者形式被挪用都可能导致形式的文化意识形态价值的改变；有时候，历时的差异即是同一，因为占据中心地位的意识形态常常变换花样，以改头换面的方式寻求继续占据中心。凡此种种，只有把共时的文本、文化语境和历时的文化传统结合起来，参考主体的文化位置、需求和价值取向，我们才能确定目的语文本对应符号项目的文化意识形态价值。

如果我们要解读某次具体文学翻译行为所生成源文陌生化语言的对应项目的文化效应，文本、文化、历史传统、译者价值取向等都是需要分析的文化语境要素。在一个理论探讨而非经验个案分析的研究中，某次翻译策略生成的符号项目表达什么具体文化意义这样的问题，超出了研究的范围，研究者的主要任务在于讨论某种翻译策略总体上具有什么特点，这种翻译策略所生产的符号项目与源语文本有什么相似和相异之处。本章正是基于这种立场来讨论陌生化语言的翻译策略，目的在于分析各种翻译策略下“源文陌生化语言—X”之间是什么样的翻译关系（如哪方面对应、哪方面不对应），以求展示相应翻译关系的实质。

总的来说，译者翻译陌生化语言时需要在两种要素上做出选择：①语言材料的文化倾向——归化还是异化；②语言技巧的取向——陌生化还是常规化。当译者采用的是异化语言时，他又进一步面临文化释义策略的选择——即是否采用明晰化（explicitation）。① 常规化和明晰化是两个不同的概念，前者指奇特的语言被表述为平淡无奇的常用语，后者则是指对外来文化项目进行文化释义，文化释义的对象包括形式和指涉。因而，在必要的情况下（比如译者选择异化语言），常规化和明晰化是可以并用的。以往学者在讨论陌生化语言的翻译时往往把注意力全部集中于“文学性”身上，局限于“常规化—陌生化”的二元视角，忽视了语言材料的文化取向问题和明晰化的重要性。

根据“常规化—陌生化”“归化—异化”以及“明晰化—不明晰化”这三方面来划分，源文陌生化语言的翻译策略包括下列两类六种（见表1）。在这六种策略中，当译者采用异化语言而不进行明晰化解释时，即使

---

① 维奈（Jean-Paul Vinay）和让·达贝尔（Jean Darbelnet）把“明晰化”界定为“把源语在目的语中介绍出来的操作，这些信息原本在源语中隐含却又可以根据语境或情景推断出来”（Jean - Paul Vinay and Jean Darbelnet. *Comparative Stylistics of French and English: A Methodology for Translation.* Amsterdam and Philadelphia: John Benjamins, 1958, p. 8）。

后来学者进一步展开探讨。其中，肖莎纳·布卢姆·库尔卡（Shoshana Blum - Kulka）把明晰化视为增加“冗余”（redundancy），不妥。当读者缺乏相应文化背景和知识时，译者的补充说明对于目的语读者来说便不能称为“冗余”（库尔卡的定义参见 Shoshana Blum - Kulka. Shifts of Cohesion and Coherence in Translation. In Lawrence Venuti. *The Translation Studies Reader.* London and New York: Routledge, 2004, p. 292）。另外，据皮姆观察，库尔卡“仅把明晰化局限于衔接”（Anthony Pym. Explaining Explicitation. In Krisztina Karoly and Ágata Fóris. *New Trends in Translation Studies.* Budapest: Honour of Kinga Klaudy, 2005, pp. 29 - 34）。

金卡·克劳蒂（Kinga Klaudy）和克里斯蒂娜·克罗里（Krisztina Karoly）对明晰化做出如下表述：“一个表达较普遍意义的源语单位被表达较特殊意义的目的语单位替代”“意义复杂的源语词语被用分布在目的语的几个词之上”“新的要素出现在目的语文本之中”“源语的一个句子被翻译成目的语的几个句子”“源语的短语被扩充为目的语的小句”（Kinga Klaudy and Krisztina Karoly. Implicitation in Translation: An Empirical Justification of Operational Asymmetry in Ttranslation. In *Paper Presented to the* 10th *International Conference on Translation and Interpreting*, Translation Targets, September, 2003, pp. 11 - 13）。克劳蒂和克罗里的表述并非界定明晰化的内涵，只是描述明晰化的外在表现和结果，这些表述以源语的结构分析为中心，十分依赖于结构主义语言学。

卡门尼卡（Renata Kamenicka. Defining Explicitation in Translation. In *Brno Studies in English*, *No.* 33, 2007, pp. 45 - 57）把“明晰化”与“普遍化”（generalization）、“隐含化”（implicitation）、“删减”（omission）、“增加”（addition）等概念联系起来讨论，具有启发作用。所谓明晰化，总是以某一个视角、某一个侧重点——或用语言学的术语来说，某一“义素”——为参照来衡量的，是关于什么被明晰化、关于什么的明晰化，正是在这个意义上我们才说“普遍化的翻译策略同样也可服务于明晰化的目的”。

另外，明晰化在国内又译为“显化”，刘泽权和侯羽（参见《国内外显化研究现状概述》，《中国翻译》2008 年第 5 期，第 57 - 60 页）曾做过概念梳理，有一定参考价值。虽然译者采用归化策略时（特别是归化陌生化）也会采用注释，如《白雪公主》“煮妇”一例，但这时注释并非为了解释被遣用语言项目的文化意义，而是补注此为译者临时所设，功能上不同于明晰化。

译者采用陌生化，陌生化性往往淹没于陌生性中，局部的语言形式不具有突出的阅读效果，读者往往将常规化和陌生化都解读为异质的。因此，这两种策略同大于异，不妨归为“异质主义”（foreignism）来讨论。[①] 当译者对异化语言进行明晰化处理时，异化陌生化则比异化常规化更加精细地表达源语文本的形式区分。不过，对于目的语读者来说，明晰化抵消了陌生化效果，实际上是将陌生化常规化了。这两类也是大同小异，可归为“明晰化”一并讨论。剩下的是归化陌生化和归化常规化两种。[②]

表 1　翻译策略与语言技巧组合选项

语言材料	语言技巧	文化阐释
异化	陌生化	异质主义
异化	常规化	异质主义
异化	陌生化	明晰化
异化	常规化	明晰化
归化	陌生化	（不适用）
归化	常规化	（不适用）

6.1　异质主义

译者用异化策略翻译源文陌生化语言时，一般尽量保持与源文陌生化

① “异质主义”一词可见于罗宾逊的著作，他称之为“与适应主义者的理想相妥协”（compromise with assimilationist ideals）（Douglas Robinson. *What is Translation—Centrifugal Theories*, *Critical Interventions*. Beijing：Foreign Language Teaching and Research Press，2007，p. 84）。在安托万·贝尔曼（Antoine Berman）看来，异质主义不包括“不透明直译”（an opaque literalness）（Antoine Berman. *The Experience of the Foreign*. Albany：State University of New York Press，1992，p. 189）。贝尔曼和罗宾逊两个人对异质主义的评论虽然措辞不同，却有着相似的关注点：即异化策略所生成的文本语言在一定程度上（虽然并非完全）遵守了目的语规范，目的语读者大致可以根据目的语规范来解读这些异化语言。不过，这种解读只是在基本语义层面，至于更深层的文化暗示意义，除非译者采用文化释义，否则读者还是难以进行更深层次的解读。

② 有时候，译者会采用第三种语言作为陌生化材料。此时，第三种语言往往已为目的语读者熟知，是被目的语文化整合了的外来材料，已不属于异化材料，而是归化材料，属于归化下的陌生化翻译。

语言在文学形式上的对应和/或尽量保留相关文化项目。当这种翻译策略对目的语读者理解基本语义造成潜在困难时，译者又不采用明晰化方法解释源文陌生化语言的诗学价值和社会行为价值，本书把这种翻译方法称为“异质主义”。

根据语言技巧方面的差异，异质主义又分为异化陌生化和异化常规化。异化语言是否构成陌生化的关键在于：①译者是否在文本中建构有规律的常规和偏离关系，在文本内部形成互文张力结构；②异化语言所描写对象对于读者来说并不陌生，被描写对象的相关文化特点是目的语读者所熟悉的，目的语读者可以把异化语言中的偏离特征和被描写对象联系起来，从而把握两者之间的临时像似性。然而，即使异化语言构成陌生化，但陌生化性往往被陌生性所掩盖，表现为陌生性为主。因此，对于目的语读者来说，异化陌生化和异化常规化一样主要还是表现为“陌生性”，我们可以把两种情况归纳为“异质主义”一并讨论。

用异质主义翻译陌生化语言包括字词异化、音译异化和句法异化。字词异化指译者根据源文陌生化语言的词汇偏离手段仿造出相应的词汇偏离（由于汉语的字有时候便是词，所以也是字词偏离），并且两个词在语义内容上尽量保持对应（如王伟庆的“主驸”一例）。音译异化是指译者通过音译来模仿源文陌生化语言中的语音偏离（如赵元任的做法）。句法异化则指译者以对应的句法模式模仿源文陌生化语言在句法结构上的偏离（如王东风译“尤利西斯”一例）。[①]

异质主义为目的语文本创造出一种不同于目的语文化的风味。如果说翻译的移位和失位常使源文陌生化语言难以复制，使文本语言流失其陌生化趣味的话，那么，异化语言则为文本提供另一种色彩。人们常把这种色彩称为异国风味。那么，它是否真的具有异国风味？关于这个问题，罗宾逊对异化语言的评论似乎值得参考。他说，海沃德（Heyvaert）用“translate”翻译贝尔曼法语版本的对应词，该译法读来让人觉着“别扭”（awk-

① 音、词、句三种异化虽使语言显得“新”，但它们未必构成陌生化。例如，王伟庆的“主驸”一词虽用了异化语言翻译陌生化语言，但“主驸”一词和文中白雪公主的形象难以产生文化联想，所以很难说它构成陌生化；赵元任的儿歌音译必须放在儿童文学语境下，读者才能理解它的比喻意义；而王东风的“尤利西斯”一例必须与意识流写作这种文学思潮结合起来，它描写和刻画的对象才能被读者所理解和把握。

ward)、“像教科书英语一样夸张（pompous）和虚情假意（insincere）”“像沃洛希诺夫（V. N. Voloshinov）所论的独裁者的话语（an authoritarian discourse）”，“这样的异化没有一点异国风味，而是像父母的训责、老师的教导，或者牧师传教时用的语言”。[①] 罗宾逊意思是说异化语言在目的语文化中会引起目的语文化本土的、旧有的文化联想，这种文化联想源自目的语社团的某一特定体裁，或者是源自边缘文化，因而容易令人把异邦视如目的语文化的某个方面，如此一来，本来旨在象征和引进他者文化的异化语言最终反而落入了本土相似性的窠臼，在自我和他者之间建立起类比，把他者比作自我中的他者。

在笔者看来，罗宾逊对海沃德的评论背后隐藏着一个似是而不全是的假定（assumption）。他侧重于分析符号的历时重复（符号与其历史），而忽略符号的共时重复（符号在文本中的重复）对历时重复的消减，把符号的历时重复视为对过往用法简单机械的拷贝式使用，忽略同一文本中其他符号对当下符号的再界定、再语境化的功能。换句话说，符号确有其历史记忆，但这种历史记忆与符号当下用法的相关性并非不证自明，即使证明相关也未必百分之百的一致，符号所引起的历史记忆必须由同文本中的其他符号予以证明、证伪或协商。试比较下面两个例子：

例 1：

A 君对 B 君说，“看，美女！”

B 君应之，“哇！……”

例 2：

B 君从餐厅出来，恰好遇见也刚吃完饭的 A 君。

B 君：“你好，这么巧！”

A 君：“还巧呢，刚才叫你好几次都不应，就顾着和美女说话！”说完很诡异地笑了。

B 君指着身边的 C 女士和 D 女士说：“哦，这两位就是我的美女师姐！”

---

① Douglas Robinson. *What is Translation—Centrifugal Theories, Critical Interventions*. Beijing: Foreign Language Teaching and Research Press, 2007, p. 94.

C女士："你还有两位不美女的师姐吗?"

在上面两个例子中，例1的"美女"（特别是和"哇"联系起来）和例2 A君的"美女"都暗含男人所倾心的女人秀色这一意思，而到了"美女师姐"，"美女"一词由于"师姐"的共现，反而变为中性用法，意为"漂亮"，是用"师姐"把A君的"美女"给中性化（neutralize）了，而C女士的话，虽然（有意或无意地）漏了B君说话的重点，其"不美女的师姐"反而强化B君"美女师姐"中"美女"的含义。反观之，罗宾逊单独抽出一个"translate"，再把它与它在英语文化中的旧有文化意义联系起来，这样的批评侧重文化语境而轻视文本语境，其对符号的非自足原则的尊重只做到了一半，他的批评与其说让人信服，不如说仅仅引起人们对这个可能性的思考。

但是，罗宾逊对海沃德的批评确实给我们带来理论启发：异质主义的"异"到底是什么？是"异邦"吗？是"他者性"?① 是非自我、他者还是他异？当源文陌生化语言所描写对象通过异化语言呈现给目的语读者时，这种异化语言所提供的与其说是关于该对象在异域的社会行为价值，不如说是关于该对象如何与目的语文化的对应社会行为价值相异。这是因为，源语文本事物的社会行为价值往往以互文联想和文化预设的方式存在于源语文本中，在目的语文化语境下，事物被抛入新的互文空间中，这个外部互文空间使源自源语文本的叙事安排遭遇割裂，文本内部的社会行为逻辑被打乱，从而在目的语文本中生产非我非他的文化逻辑。更重要的是，目的语读者是在目的语文化本土位置上阅读该异化语言及其所描写的事物的。尽管目的语文本在一定程度上有稳定异化语言意义的作用，但目的语读者是从自身位置和需求来评判这个外来事物的，他们通过阅读把自身对"异"的想象和判断带入文本之中，把他者视为"之于我的他者"。读者的阅读便是从自身文化位置出发，把自身对"异"的想象和自身所期待的社

① 异邦、异质、他者、他者性之间不可简单等同。"他者"未必都是"异质他者"，或者说"他者性"（otherness）与其说是"异质性"（foreignness）或"他异性"（alterity）的同义词，不如说是后两者的上义词，因为有时候他者当中可能包含着与自我相似的内涵，正如Miller所言，他者可以是"同"的"另一个版本"（J. Hillis Miller. *Others*. Princeton：Princeton University Press，2001，p. 2）。

会行为价值带入文本的行为文化逻辑之中，从而把相关被描写对象嵌入这种社会行为逻辑之中，这是一种本土植入。此时，他者与其说是“那个他者”（the other），不如说是“一个他者”（an other）。该“一个他者”所展示的“异”的内涵本身是目的语读者的社会行为价值期许。所以说，异化语言侧重的是“与我之异”，它身上承载着本土文化社群对他者身份的想象、设想或期待，以此来对照自身事物的社会行为价值，进而反作用于自身文化身份的认知或再认知。

因此，当译者用异质主义翻译源文陌生化语言时，这种文化表达与其说是交互文化对话，不如说是跨文化流传（distribution）——交互文化对话是文化交流（exchange），表示两个独立的文化体用各自的文化事物进行传真和交换，而跨文化流传则以文化散播（dissemination）为特点，文化事物在散播中获得在原文化中未曾拥有的跨文化关系和文化意识形态价值。

由于异化语言本身是对目的语规范的偏离，相对于目的语系统来说属于新的符号，因而译者如果用异化语言来承载跨文化指涉和新的文化意识形态价值，常可以避开或抵消符号表意重叠，激发能指的意指潜力。对源文陌生化语言的异质主义处理可导致目的语符号在语义表达上的细化、增加和移位。尽管细化意味着原有义素范畴边界缩小，但由于目的语文化在上一层级（superordinate）的义素范畴中得以保留，目的语文化所感受的是受到尊重的引进，此时对于差异的态度往往比较宽容。增加与文化多元主义的联系最密切。文化多元主义一方面可能体现为新概念的注入，从而导致义素范畴的增加和各义素相互逻辑关系的改变；另一方面亦可表现为对同一能指的多元阐释，即多种文化所指共享一个文化能指，且互相不排斥和压制。移位是最容易引起文化反感的操作方式，除非目的语文化本身渴望这种移位，否则将由于两种文化对目的语能指的争夺而出现文化排斥。若单纯就目的语符号的意指潜力被释放出来而言，对源文陌生化语言采用异质主义虽未必是陌生化，却和陌生化手法具有一定的相似性：使语言从“思想”的专制中解放出来。①

---

① Victor Erlich. *Russian Formalism*: *History - Doctrine*. The Hague: Mouton, 1980, p. 24.

6.2 明晰化

陌生化语言的明晰化翻译指的是以下这种情况：译者用异化翻译策略翻译源文陌生化语言时，通过介绍源文陌生化语言中常规部分和偏离部分在源语文化中的常规互文连接，借此明示该互文张力结构的诗学价值，在这个基础上，译者通过介绍偏离特征的文化寓意，向读者传达隐含的人物社会行为逻辑。译者如果选择用异化策略翻译陌生化语言，即使在形式上找到对应，但由于该形式在目的语文化中往往缺乏相应的互文背景，目的语读者难以辨识其张力结构和诗学价值，再加上文化背景的改变，读者不了解被描写对象的文化特点以及相关的文化视角对立的特点。这既不利于读者把握原作者的诗学动机，也不利于译者传达原叙事中人物的社会行为逻辑，以致有害于人物形象的刻画和主题意义的表达。这时候，译者可能会选择将源文陌生化语言的诗学结构和文化寓意明示出来。

明晰化的方式大致上有文内和文外两种。文内解释是在目的语文本行文中带入文化释义成分，文外解释是加前言、脚注、边注或尾注。社会行为逻辑可采用文内解释和文外解释两种，诗学动机注释一般用文外解释。相比起来，文内解释的方式比文外解释更加隐蔽，也使目的语文本更易于本土化并参与到目的语本土文学对话和变革中。在文内解释策略下，译者的声音融汇于正文之中，这种做法将改变文本的信息比例和叙述方式，言简意赅的陌生化语言被换成言多意明的常规评述性话语。评述性话语不仅杂合作者的视角和译者的视角，也改变文本的诗学连贯模式和诗学逻辑。明晰化策略所生成的诗学连贯模式在不同的文学传统中的地位各不相同，取决于翻译行为所生发的文化语境。目的语文化对自我和外来文学（甚至是某个他者文化的文学）相互地位的认知、评述性话语与目的语主流文学形式的异同等决定其时目的语读者对评述性话语的态度，而译者的前言后记和翻译文学批评等相关话语形式在一定程度上有助于加强或逐步抵消目的语读者原来的文化态度。

在内容上，相对来说，明晰化策略为目的语读者比较完整地介绍了异域文化，能使读者比较清楚人物及其行为的文化背景、把握陌生化语言所描写的人、物或事所牵涉的行为文化逻辑。读者可以通过理解人物行为选择的价值动机而建立起人物各行为之间或各人物的行为之间的社会行为逻辑。因此，在明晰化策略下，文学形式被改变，而原文学形式所蕴含的关于被描写对象的伦理、政治、心理、宗教或社会等方面的价值观念和社会行为逻辑则被重视和较完整地转达。

然而，明晰化策略也有压缩的作用。陌生化语言本来属于“点到即止”的笔法，原作者的调侃或者批判所采用的是模糊的手法和可进可退的策略，他通过源文陌生化语言所要表达的文化批判需要读者的阐释加以配合，而原作者也旨在邀请读者参与，引发读者思考。如果译者采用明晰化策略，这等于把暗示意义明示出来，把原作者的褒贬评议都直观地呈现于文本表层。对于读者来说，这种做法将压缩文本提供给他们的阐释空间，减少阐释所需的努力，缩短他们与暗示意义之间的阅读距离，阅读变成相对平易平淡的体验。尽管如此，明晰化策略以减少阐释的空间为代价，却扩大了理解文本的读者群体。

除了使目的语文本对应项目的即时体验不同于源文陌生化语言外，明晰化策略还影响目的语读者阅读后的文化认知。由于不同文化往往有某些相似甚至相同，因此，源语文本虚构的指涉在某些方面可以与目的语文化的本土事物联系起来。于是，目的语文本符号的能指成为两种文化事物的交汇点，阅读则成为激活这种交汇和比较的行为。事物并不孤立、自足地存在，而是受文化意识形态所浸染，是文化逻辑的一个环节。当读者阅读被明晰化的叙事内容时，其实是将由事物激活的源语文化和目的语文化两种文化逻辑进行并置对比，由此产生对两种文化逻辑的审视和反思。由目的语文本引发的对本土文化逻辑的审视和由陌生化语言所引发的文化审视不同。陌生化语言所引发的文化审视由阅读自我的事物产生，是文化内的反思和批判，旨在拓展或者更新对自我日常事物（包括语言）的惯有视角。明晰化引发的审视经由对他者的阅读而发生，是一种跨文化比较，其结果可能是目的语读者认识到本土文化逻辑的地方性（provinciality）、文化特殊性或跨文化普遍性。

关于跨文化比较和反思，塔里克·沙马（Tarek Shamma）认为，“与被翻译的他者的极度异质性相对比，自身文化的价值就显得更加自然和容易接受"[①]。这种说法貌似辩证却未必中肯，因为他者的文化逻辑相对于目的语读者的吸引力或颠覆力并不单独取决于两套社会行为价值之间的相似或相异程度——尽管有时候相似性会触动民族情绪的敏感神经，相异性也可能触发对他者的向往或排斥。但是，他者文化逻辑对自我的吸引力或颠覆力关键还在于两个文化的文化进程和社会实践需要，在于目的语文化中人是否将他者的叙事、社会行为价值和社会行为逻辑视为与自身社会实践和文化进程相关——翻译文学批评在这里便可能发挥它的作用。一个外来文本与本土文化现实是什么样的关系往往是批评话语建构的结果。因此，当两种文化在特定文化事物上具有交集却并不完全一致时，尽管他者文化内部事物的差异关系有可能被本土势力引进并挪用于打乱目的语文化内部文化事物的差异关系，进而扰乱目的语文化的自我身份认知，但这种可能性不应被视为必然，还受制于引进异质他者的本土势力在本土社会文化中的权力地位以及该势力所获得的话语空间。

从明晰化补充、说明和解释叙事这些功能来看，陌生化语言的明晰化属于"介绍"源语文化中的交际行为，可纳入诺德所说的记录式翻译（documentary translation）进路。[②] 不过，在区分记录式翻译和工具性翻译时，诺德把"介绍"源语文化的交际行为和目的语文化的新交际行为截然分开并不妥当，表面的客观转述介绍可能掩盖了颇为用心的选择，发挥某种含沙射影的功能，从而隐蔽地服务于某种纲领。这是因为，对历史或者对他者的叙说往往隐含着对自我的认知，这种叙说往往意味着将历史投射于现在，隐含着对将来的期待甚至规划。因此，由于符号和文本指涉的本土化寓言和挪用，作为记录式翻译的明晰化翻译策略同样可被用于意识形

① Tarek Shamma. The Exotic Dimension of Foreignizing Strategies—Burton's Translation of the Arabian Nights. In *The Translator*, Vol. 11, No. 1, 2005, p. 63.

② 记录式翻译指该翻译是用来"记录发生在源语文化中的交际行为"，与"工具性翻译"（instrumental translation）相对，后者指翻译作为"目的语文化中新的交际行为工具"（Christiane Nord. *Translating as a Purposeful Activity: Functionalist Approaches Explained.* Shanghai: Shanghai Foreign Language Education Press, 2001, p. 102）。

态斗争。①

实际上，明晰化策略本身就是一种与本土化寓言、挪用和操纵相合谋的文本操作。明晰化的界定其实视某一特定义素而定。以该义素为衡量参数，不同的文本操作都可用作明晰化，例如普遍化、明细化（specification）和类比等。但是，普遍化除了使某一个义素变得明显之外，同时还扩大符号的指涉外延，使指涉变得模糊，从而增加读者把其他义素带入阐释的可能性；明细化则正好与普遍化相反，通过缩小指涉范围，某些义素被译者剔除，从而缩减了符号的文化意涵；类比则为异质符号提供本土互文连接，但难以避免带入类比对象的其他特性。可见，某种翻译策略从一个角度看是明晰化，从另一个角度看，则是增加或者删减。这种操作策略的模糊性对于译者来说有其用处，译者可以用无意之名行有意之实。因此，作为记录式翻译的明晰化并非仅仅与文化传真有关，在现实的文化政治中，它难以安静、驯良、与世无争地记录。

总之，明晰化的主要目的在于介绍源文陌生化语言与其文化语境之间的对话和互动，只是当这种介绍发生在交互文化语境中时，它难以避免地产生跨文化联想，并与本土文化产生互动和对话。不管译者有意还是无意，源文陌生化语言的明晰化翻译所提供的关于异邦的想象把文化自我的状态与边界反照得更加清晰。特别是当两个文化在行为、意识形态价值相异时，明晰化策略为目的语文化提供了一个跨文化比较和自我检视的机会。

---

① 德国有类似例子。如，在魏玛共和国刚被推翻的头几年，纳粹分子对席勒名作《威廉·退尔》倍加推崇，并加以挪用，纳粹德国的宣传部长戈培尔（Paul Joseph Goebbels）就曾说，“《威廉·退尔》读起来就好像昨天刚刚写成的一样”。纳粹分子其实是希望人们把希特勒和剧中主人翁退尔等同起来，把剧中的奥地利统治者与被推翻的魏玛政权等同起来，以此达到审美政治化，使审美为政治服务。到了1941年的时候，希特勒却悄然禁止该剧演出，因为到了那时，希特勒更有可能被认为与瑞士统治者阿尔布雷克特·盖斯拉（Albrecht Gessler）等同。同样的文本指涉，前后态度不同，前期是对指涉的本土化挪用，后期则是对指涉本土化挪用的恐惧（此例参见 Rodney Symington. *The Nazi Appropriation of Shakespeare—Cultural Politics in the Third Reich*. Lewiston，N. Y.：Edwin Mellen Press，2005，pp. 57 –58）。

6.3 归化陌生化

明晰化翻译的结果是目的语文本在“花言巧语”方面所提供的阅读趣味减少，作者透过互文张力邀请读者参与、表达隐含意义的特点流失。尽管源文陌生化语言的诗学价值并非取决于它自身的陌生化形式，但这种语言至少体现作者改造现有语言来刻画社会文化现实的独特想象力。有些译者可能会重视并选择模仿这种想象力，力图仿造陌生化形式和再现语言趣味。为此，如前两章所述，译者需要采用迁移的技巧和补偿的策略，对文本叙事体系进行相应的调整。由于异化翻译策略下陌生化性隐于陌生性，因此，译者在迁移和补偿的基础上还需采用归化翻译策略。[①] 归化陌生化指的就是译者选用目的语本土语言文化材料在目的语文本中仿造陌生化形式的翻译策略。

具体而言，译者必须首先在总体上选用本土常规表达法，然后对其实施“变形”和“扭曲”，使之产生偏离，形成语言的巧用（wordplay）。需要指出的是，由于偏离构成陌生化的核心条件是偏离符号中的“主语（被描写对象）—谓语（偏离特征）”间的临时像似性，因此，偏离符号所描写对象的文化特点必须是目的语读者所熟悉的（当源语文本的被描写对象对于目的语读者来说是陌生的时，译者必须用本土事物进行替代），且该相关文化特点必须在目的语文化背景下和偏离特征具有可相互联想关系。这就需要译者具备一定的符号想象力和创造力。从这个意义上来说，归化陌生化不啻为译者的“创作”。当译者对符号的想象和创造是以本土偏离符号的文化特性为基础，其主题刻画意图较易达到“心照”而不必“言宣”的效果，从而博得读者的“会心一笑”，在目的语文本中重塑语言的

① 这里的归化并不是韦努蒂翻译理论里的归化。韦努蒂的归化是要把外来文本注入（enlist）于目的语文化文学标准的维持或更新进程中，使诗歌或小说中写入（inscribe）各种争夺目的语文化主导权的诗歌话语或者叙事话语（poetic and narrative discourses）（有关论述参见 Lawrence Venuti. Translation as Cultural Politics：Regimes of Domestication in English. In *Textual Practice*，Vol. 7，No. 2，1993，pp. 208－223），因此，他的归化旨在维持（异化强调更新），对异域文化本身不甚关注，侧重的是如何将目的语文本用作目的语文化斗争的工具，是目的语文本对于目的语文化的介入（engagement）。本书的归化单纯指语言形式的替代。

想象空间。

从诗学的角度看，归化陌生化实际上是通过局部抽象（abstraction）（即手法及其互文张力结构）获得与源文陌生化语言的相似性。以往学者常把这种相似性视为“文学性对等”，把仿造陌生化形式视为再现文学性的方法。正如上一章所言，陌生化的实质是作者代表其所在文化群体对另一种声称为文学语言的解文学化行为和对自身语言的文学化尝试。当译者要在目的语文本中仿造互文张力，他的操作不是简单搬移，而必须依据目的语符号材料的本土文化特性对文本体系进行调整，因而归化陌生化是相对于本土常规文学语言的陌生化。那么，目的语文本中的陌生化形式便是译者对目的语本土常规文学语言的解文学化和对自身形式的“再文学化”的尝试。源语文本和目的语文本两个“再文学化”行为的主语和宾语完全不同。目的语文本的“再文学化”行为的主语是译者，宾语是本土语言文化材料。我们不应把这种情况视为译者面对语言文化差异和形式不可译性时所能寻得的最大近似值。所谓“近似”其实是约简主义的阐释方法，是把源文陌生化语言所蕴含的双层价值约简为超时空的“想象力”和超验的“文学性”，是用名词“文学性”代替“文学化”行为的抽象化操作，从而隐去“文学化”行为的主语和宾语，掩盖文学化行为中隐含的文学经典化斗争，进而掩盖文化群体之间的意识形态争夺。就像它曾被用来寻求文学批评的学科合法性，在翻译的语境下，“文学性”假定被用来确立“陌生化对陌生化”这种翻译方法的合法性。该合法性解释（justification）实质上是用形式主义美学的阐释框架来阐释文本和定义翻译，以应对“形式不可译”的挑战，抵挡人们对翻译所致文本差异的质疑。这是一个有趣的现象，在某一种文本阐释框架和翻译定义下的不可译性到了另一种文本阐释框架和翻译定义下则成为可译性。但无论阐释框架怎么变化，上述“合法化”解释在根本上强化了这样一个命题——翻译的身份是“同一”，这又是“对等”原则的另一个体现。

另外，译者采用归化陌生化时往往不得不采用硬性替代。于是，指涉被替换，源文陌生化语言中被描写事物及其社会行为价值被替换成目的语文化事物及其社会行为价值。由于被替换的事物在源语文本中有着内部交互指涉，因而，译者为了达到陌生化手法上的相似而进行的局部指涉替换往往会使原有文本叙事体系“松散化”。当替代点关系到某一角色的观念或行为动机时，这种替换将损害叙事的文化连贯，使读者难以把握文中事件的前因后果和人物的社会行为逻辑。此时，对于阅读来说，文本会产生断裂。断裂与文本空白（the blank）[①] 有质的不同，空白是作者在文本表层刻意存留的符号模棱，邀请读者参与到与文本的互动中，让读者对上下文符号进行联系和组合（陌生化语言就是一种“空白”），而断裂则是翻译操作所致的文本深层叙事和文化逻辑缺损，它导致所叙述人物的行为动机缺席。不过，断裂并不意味着意义的真空，某一个社会行为价值的缺席会导致其他社会行为价值的移位和变形。这是因为，读者在面对断裂时会努力寻求连贯，这种努力让读者将“自我的臆测”投射和强加于文本之上，使文本迎合目的语读者的文化想象。“自我的臆测”是由归化语言带入的。断裂的叙事中，目的语文化本土事物所携社会行为价值和不全在场的外来文化逻辑之间互相拉扯，既改变被嵌入的目的语文化社会行为价值本身，也改变整个外来社会行为逻辑的走向。在社会行为价值节点的游移中，整个叙事更改了源语文本的文化意识形态。

归化陌生化和异质主义的本土植入区别在于，归化陌生化把自我事物的社会行为价值带入外来文本的社会行为逻辑中，而异质主义则是把自我对他者的设想和他者相对于自我的社会行为价值置于读者从自身位置出发所想象出来的社会行为逻辑。

归化陌生化牵涉一系列重要的文化问题：译者的陌生化形式仿造扭曲了何种本土形式？他又改动了何种事物的社会行为价值？换言之，译者在仿造陌生化形式的过程中到底把什么事物陌生化？他的这种操作代表的是哪个文化群体的文化视角？如果译者或研究者隐去这些细节，“谁的文学性”中的限制语“谁”将被隐去，译者或研究者便打着“普遍的文学性”的旗号，掩盖归化陌生化操作的社会行为价值植入。例如，当汉语中的白雪公主高呼“我厌倦了煮妇的生活”时，英文中一个后现代的空虚、沮丧的女主人翁形象被改头换面成一个女权主义者。

因此，与其说归化策略下的“陌生化对陌生化”是再现文学性的翻译方法，不如说它是跨文化交流中译者对跨文化诗学价值的建构，是一种假

---

① Wolfgang Iser. *The Act of Reading*: *A Theory of Aesthetic Response*. London & Henley: Johns Hopkins University Press, 1978, pp. 182 - 202.

设和投射。“文学性再现”和“对等效应”表面上看是译者的翻译行为所追求的理想结果，实则是译者或研究者为“陌生化对陌生化”的翻译方法提供辩护的话语论述。通过“文学性对等”或“再现文学性”等论述，译者既维护源语文本和源语文学的地位和形象，又为自身的跨文化交流行为和方法提供辩护，甚至可能还隐去真正的跨文化交流动机。可以这么说，翻译之前并没有所谓由“陌生化形式”所体现的“跨文化的普遍文学性”存在，所谓“具有文学性的陌生化形式”实际上是由译者、翻译文学批评者甚至某些规定进路的翻译研究者建构出来的，是这些涉身于跨文化交流活动的主体出于某种社会文化传统或动机而进行的话语论述和建构，从而为“陌生化对陌生化”翻译方法贴上“文学翻译”的身份。就像文学是身份的生产一样，这种“文学翻译”在论述和建构文学性的过程中同样也维持、扩展、更新或颠覆文学文化身份。在这个利用源文陌生化语言的翻译进行文化建构的过程中，形式上的互文张力便成为这种话语论述最基本、最具体的物质载体，用来承载和实现相关文化群体的意图。

6.4 归化常规化

归化常规化指译者采用目的语文化的常规语言来翻译源文陌生化语言。归化常规化的基本特点是译者没有仿造源文陌生化语言的互文张力结构。反对这种翻译策略的人称之为“文学性流失”，赞同这种翻译策略的人称之为“舍形保意”。“文学性流失”这一说法的偏颇之处在上一章关于“文学”的讨论中已有回应，此不赘述。这里只需补充一点：剔除关于“文学性”的声称，互文张力结构的流失的确会压缩读者的阐释空间和减少阅读的趣味，这点和明晰化策略相似。至于“舍形保意”一说，最关键的问题是保的是哪个“意”。正如 5.2 所述，源文陌生化语言中有三个内容，“内容 1”是源文陌生化语言的示例指涉，即被描写对象，它不直接呈现在偏离符号中，“内容 2”是偏离符号的表层叙述（如意识流一例中的“人名 + 职业”），这个表层叙述与偏离特征的文化含义共同生产“内容 3”，“内容 3”便是“内容 1”的文化特点。在归化常规化翻译中，译者所选用的常规语言在内容上往往与源文陌生化语言的表层叙述对应，即与

“内容2”对应。因此，与归化陌生化保留源文陌生化语言的互文张力结构不同，归化常规化表面看来是保留源文陌生化语言的表层叙述。然而，由于归化语言的使用，译者在再现源文陌生化语言的表层叙述时往往是用目的语本土文化事物对应替换“内容2”，这就等于把本土事物的社会行为价值带入目的语文本中。更重要的是，常规化不仅意味着能暗示“内容3”的偏离特征被删除，而且意味着被偏离特征所示例指涉的“内容1”也被删除。“内容1”和“内容3”是源文陌生化语言真正讲述的深层叙事，译者若把这两者删除就等于更改深层故事和深层社会行为逻辑。特别是，由于“内容1”在文本中其他地方有可能会出现，那么，在直接出现“内容1”和由偏离特征来暗示“内容1”的两个地方之间，故事便很难连贯起来。此时的目的语文本也会出现“断裂”。译者面对这种“断裂”时被迫在两者之间“修补”，即努力加入某些内容来使两个地方相互连贯，使故事发展显得“合理”。译者这种使故事“合理化”的行为实际上是把他自身所想象的社会行为逻辑植入目的语文本中，所以此时目的语文本讲述的与其说是源语文本的表层叙述，不如说是经译者改写的表层叙述——也就是说，归化常规化下的源文陌生化语言翻译连表层叙述都与源语文本不同。

7　陌生化语言翻译后的交互文化意识形态

上一章的分析表明，当译者采取异质主义、明晰化、归化陌生化或归化常规化等策略来翻译源文陌生化语言时，这些策略所生成的目的语文本对应项目在语言形式的文化倾向（即归化还是异化）、诗学结构和文化意识形态价值等方面各不相同。尽管如此，它们共同之处在于两种文化意识形态都离散于目的语文本之中，目的语文本成为两种文化意识形态相互邂逅、相互杂合的中间地带，生产着翻译文学特有的杂合的文化逻辑和文化意识形态价值，虽然在不同翻译策略下杂合的方式、程度和比例各不相同。以往学者研究陌生化语言翻译时往往只注重分析某种翻译策略是否/能否再现陌生化形式和文学性，忽略了目的语符号在目的语文本中被用于跨文化指涉的事实，进而忽视了跨文化指涉对目的语符号本身以及对跨文化意义生产的影响。[①] 文化转向之后，翻译研究十分重视翻译的施为性和文化建构力，而跨文化指涉对目的语符号的影响恰恰体现了翻译的施为性和文化建构力，是源文陌生化语言翻译的文化效应之一，因而，分析跨文化指涉对目的语符号本身的影响构成源文陌生化语言翻译研究的一部分，这种分析有助于我们进一步理解源文陌生化语言翻译所涉及的跨文化交流

---

① 所谓跨文化指涉指目的语符号被用来讲述异域故事的过程。更确切地说，这里的目的语符号其实称为目的语符号材料更妥当。符号材料指可被符号化和再符号化、尚未与特定所指结合的某个语言形式。它常常是原有目的语符号能指本身，也是目的语符号离散下获得新用法后的新能指。由于能指总是意味着被符号化、和某个特定所指结合的能指，而符号材料则处于旧能指蜕去、新能指尚未获得的中间状态。本节的“符号”一词基本指的都是符号材料这种状态，但为措辞简洁，依然用符号一词。

和交互文化生产。[①]

7.1　交互文化语境和价值转变

用来翻译源文陌生化语言的目的语文本符号被置于新的“体验对象—体验主体”关系中，不仅“体验主体”发生变化，由源语读者变为目的语读者，“体验对象”也发生变化，由源文陌生化语言变为包含着两种文化逻辑相互渗透的目的语文本对应项目。这种变化影响了目的语文本对应项目符号在目的语文本中所负载的文化意识形态价值。

具体而言，源文陌生化语言负载的文化意识形态价值包括陌生化形式的诗学价值和被描写事物的社会行为价值。陌生化形式的诗学价值与文学系统中的其他形式有关。对于源语文本来说，随着时间的推移、社会的发展和文学形式的演变，源文陌生化形式未必能在源语读者的阅读行为中实现陌生化效果，由是便可能出现这么一种情况：同样的形式只有在目的语文本中才可能（却未必一定）重获其新颖性和诗学价值。由此来看，翻译文学中形式的诗学价值已不属于与翻译行为同时代的源语文化和源语文本。从目的语文化的角度来说，无论译者采用异质主义、明晰化、归化陌生化，还是归化常规化的翻译策略，某个形式出现在目的语本土文学作品时所具有的诗学价值不同于它出现在目的语文本中。这不是两者有什么本质区别，而是由于两种文本被纳入不同的文学分类，目的语文本被视为翻译文学。由于翻译文学的身份，目的语文本的形式承载着目的语文化对翻译文学的态度。人们有时候或许会惊叹：“原来他们也有和我们一样优秀的文学作品！”但有关“一样”的评判还附带着“惊叹”。换句话说，人

---

① 应当承认，跨文化指涉对目的语符号的影响并非陌生化语言翻译独有的现象，而是所有跨文化交流活动中都存在的交互文化生产行为。尽管如此，研究跨文化指涉在陌生化语言翻译中对目的语符号的影响应当构成陌生化语言翻译研究的一部分。这就好比研究“喝开水”，人们若只研究“开水”，而不研究“喝”这个较为普遍的一面，那么，这个研究依然是片面的。如果人们认为只有“陌生化语言独有的现象”才构成陌生化语言翻译研究的合理对象，这就好比在“翻译研究”和“文化研究”之间划出泾渭分明的边界，视“翻译独有的文化现象”为翻译研究的领域，视“非翻译独有的现象”为翻译研究之外的东西。问题在于，翻译也是一种文化行为，也可具有与一般的文化行为共同的地方，这个共同的地方理应也成为翻译研究的对象。同理，在陌生化语言翻译这个课题上，所谓“独有”之说，既有故步自封之虞，又有本质主义之嫌。

们所阅读和体验的“翻译文学”的“文学性”蕴含“外来”或“异域”这一界定性要素，“外”和“异”本身便蕴含文化自我对他者的想象和态度，包括对源语文本、源语文学和原作者的想象和态度，“外”和“异”本身便隐含文化意识形态价值。因此，以下情况便可能出现：当目的语文化的某个形式在本土创作中已失去诗学价值，又或者未必被用于文学创作时，它在目的语文本中可能（反而）具有诗学价值，获得独立于目的语文学系统之外的文学生命。究其原因，该诗学价值并非来源于形式本身，而是源自两种文化的相对态势，或者更具体地说是源自目的语本土文化对自身的认知和它对外来文本、文学和文化的想象和/或挪用。诗学价值的赋予折射目的语文化对（某个）外来文学和自身文学之间的相对关系的认知和态度。简言之，目的语文本各种结构特点的形式（不管是陌生化还是非陌生化）的诗学价值并不取决于它们本身，而是离不开两种参照：①该形式所提供的对源语文化的想象和目的语文化过往对源语文化的想象；②与该形式具有相似或相异参照关系的本土文学形式。第一种关系是根本，第二种关系制约着诗学价值的实现，是形式以差异区隔为机制获得诗学价值分配的方式。所以说，本土形式在翻译文学中获得的独立诗学价值是文学形式在离散中成为“外来者”时才（重新）获得的。[①]

另外，由于原来陌生化语言的被描写对象也受文化意识形态所浸染，文化中人一般依据文化常识便可辨认它的社会行为价值。经过文化移位并用目的语语言形式讲述后，该事物本身负载的社会行为价值往往剥落。译者若不进行文化释义将会导致读者在臆测中植入本土社会行为价值，进而重构源社会行为逻辑。译者若进行文化释义，在试图复原原来的社会行为逻辑的同时将“拉伸”原有文本体系。更重要的是，所谓“释义”其实是用熟悉的事物去解释陌生的事物，这种解释与其说是恢复外来文化事物的原本意义，不如说是对它的知识殖民，重新建构它的意义，因为解释实质上是把外来文化事物放到现有熟悉事物所构成的意义网络中去解读，由此所获得的意义难以避免掺杂本土的成分。也就是说，文化释义既不是对他者的复原，也不是对自我的重复，而是自我和他者相糅合而导致两者都发

① 本土形式的诗学价值不等于形式的本土诗学价值，形式的本土诗学价值是指该形式在本土文学作品中的诗学价值。

生相对位移。

可见，翻译行为不仅使源语文本及其文化项目在旅行中成为外来者，也使目的语文化的语言形式和本土事物在离散中成为“外出者”。外来者和外出者共同构成目的语文本，且在目的语文本中邂逅和并置，使目的语文本成为两种文化相互渗透相互改造的空间，这个空间与试图通过阅读（和使用）目的语文本来跨越文化边界的目的语读者一起，共同构成交互文化语境。人们采用“翻译文学”这一命名本身既是对交互文化语境的确认，同时也把目的语文本置于这个语境中。

在交互文化语境中，自我和他者相互交错。“自我”与“他者”的措辞容易给人本质主义和二元分割的解读——本质主义论述把自我和他者视为固有、稳定的本质，二元分割则把自我和他者视为截然两分。实际上，翻译意味着既把自我的事物置于他者的关系网络中，也把他者的事物置于自我的关系网络中，“自我—他者”的并置改变了事物的身份关系。于是，外来文化和本土文化之间“形成某种互动关系，彼此互相渗透叠合又互相指涉印证”①。渗透是某一种社会行为价值潜入对方的社会行为逻辑之中，以致既改变自身的社会行为价值，也改变对方的社会行为逻辑，因而渗透后的叠合并非叠合于原有（源语或目的语）本土社会行为价值的位置上。所以，所谓“互相指涉印证”实际上是互相再语境化对方和再建构意指轨迹（trace），“互相渗透叠合又互相指涉印证”其实是自我与他者的交互杂合。

自我和他者又如何能“互相渗透叠合又互相指涉印证”？究其原因，事物的社会行为价值不是唯一、单向的，而是多向、多层的，有其优先排序，且依据语境和被激活的文化逻辑而定。改变一事物的社会行为价值将加深或淡化语境中其他相关事物的相关社会行为价值，甚至激活该事物其他方面的社会行为价值。从阅读的角度来看，除极端不可读文本之外，文本连贯往往不是截然分为有和无，而是表现为多种程度和多种方式，读者在阅读中对此程度差异一般难以自知。读者对连贯的信仰又使连贯转变为意义的生产范式，读者重构连贯的过程实际上是在建构各事物（实际上是

---

① 孙艺风：《翻译研究与意识形态：拓展跨文化对话的空间》，《中国翻译》2003 年第 5 期，第 4－10 页。

各社会行为价值）之间的社会行为逻辑关系（该社会行为逻辑关系一般会被读者认为是外来的、原作者和源文化的）。目的语文本所提供的作者和译者的声音杂合经由读者的阅读实现连贯的重（新）构（造），是一种变化了的连贯，原来的事物也由此被植入于新的连贯、新的文化逻辑中。

因此，源文陌生化语言的翻译是对源文陌生化语言所描写事物的“近似的表达”，其影响隐蔽而深远。异域事物被“比喻”为目的语能指所关联的本土事物，朝着目的语文化的本土社会行为价值体系的方向挪移。不过，也仅仅是挪移，而非完全重叠在本土社会行为价值的位置上，因为外来文本的叙事安排发挥着制约作用。除非译者彻底、完整地删改故事情节，否则被采用的目的语能指总是离散于外来文本的叙事中，叙事中的其他事物将界定该能指所捎带本土事物的社会行为价值，而由于目的语能指还惯性地“捎带”上其他相关本土事物及其社会行为价值，这就间接地暴露出这些本土事物和社会行为价值的历史性和地方性，间接地展现出新的社会行为价值潜力——事物未被开发、有待开发的社会功能，一种本土文化意识形态之外的可能性。也就是说，“近似的表达”中“似”的达成既非“你似我”亦非“我似你”——这两种说法都预设着有一方是不变的，而是“你我求似”，是两种质变的身份相接之处，是文化的中间地带。

总之，源文陌生化语言的文学翻译中形式和指涉两个层面所负载的文化意识形态价值都既非单纯地源自、属于源语文化，也非单纯地由目的语文化赋予，但又离不开这两种文化。两种文化分别为目的语文本符号所负载文化意识形态价值提供不同的原材料，翻译便是在吸收、改造这些原材料的基础上进行文化意识形态价值再生产。交互文化语境一方面是这种再生产的结果，另一方面又为这种价值的存在提供空间。作为该空间的体现，目的语文本不可等同于“目的语文化的文本”，甚至不能说是严格意义上的“目的语构成的文本”，因为此时的“目的语”实际上已经被临时改造，这便是下一节所要讨论的，陌生化语言翻译过程中跨文化指涉对目的语符号的影响和改造。

7.2 跨文化指涉与目的语符号更新

陌生化语言的翻译意味着目的语符号被用于跨文化指涉。跨文化指涉中，目的语符号被置于离散的境域。符号离散是符号的偏离性使用，但这种偏离与陌生化偏离不同，离散下的符号表现为总体上相对于目的语规范的偏离，但在局部中并不像陌生化偏离一样具有典型的形式特征——没有以词汇、语法、书写、语音、语义或语体等方面的偏离构成的互文张力结构。符号由离散所致的偏离是异域叙事把符号指涉再语境化的结果，这种偏离常常是细微而弥散的，主要表现为两种重构：一是符号内部的“能指—指涉”关系被重构（以致异于本土的“能指—指涉”关系）；二是符号间组合关系被异域叙事的总体安排所重构。①

离散导致偏离，偏离导致差异。差异在这里不是指静态的区分，而是指动态的分化：当它指静态的区分时预设给定的实体（entity）；当它指动态的分化时对应的是 differentiate，或者相应的名词化动词 differentiation。由于跨文化指涉，目的语符号发生裂变，出现目的语文本之内和目的语文化本土使用之间在指涉和能指组合两个方面的相互联想和相互区隔，集中体现为目的语文本符号身份的模棱：目的语文本符号既是自我的，又是他者的，是“自我—他者”的结合体。为了表意和意义的可达性，目的语文本符号须基本遵守原有目的语规范，或者至少不彻底偏离该规范，从这个意义来说它是自我的；同时，为了表“该意”——源文陌生化语言之意，目的语文本符号必须偏离于原有使用，在交互文化语境下被重新语境化来表达他者意义，所以说它又是他者的。目的语文本符号的模棱使本土指涉和跨文化指涉共享同一个能指，从而使两种文化事物在目的语文本符号之中交汇和并置。所以说，翻译的跨文化邂逅所引致的首先便是符号内部的跨文化差异并置，用式子表示即是“X（A－nonA）”。②

在“A－nonA”中，“A”和“nonA”的差异包括指涉的差异和组合的差异。A 是自我的，nonA 是他者的，“A－nonA”是自我和他者在符号内的隐形“连字符杂合”（hyphenation）。③ 从表面上看，目的语文本符号

---

① 此处的组合并非指语法意义上的组合，而是指符号所指称事物间的社会行为逻辑关系。

② X 表示目的语文本中的符号，该符号暂时处于模棱状态。A 表示符号在目的语文化中符合目的语规范的用法，属于文化自我的内容；nonA 表示该符号在目的语文本中对目的语规范的偏离，属于非自我的部分。当 A 本来指称 R1 时，nonA 则表示实际指称非 R1（非 R1 不一定是完全不同的事物，可能是具有不同文化属性的相同事物）；当 A 本来和 B 搭配时，nonA 则表示实际和其他本来不搭配的项目如 C 或 D 搭配。

③ Homi Bhabha. *The Location of Culture*. London，New York：Routledge，1994，p. 219.

对目的语规范的偏离是一种历时的非连续性，然而，通过目的语读者的阅读，这种历时非连续性投射于目的语文本符号内部，成为目的语文本符号内部的共时差异关系，所以说目的语文本符号“X”包含着隐形的“连字符杂合”，表示为“X（A－nonA）”。关于“连字符杂合”，霍米·巴巴（Homi Bhabha）指出：

> ……连字符杂合凸显出互不通约的要素（incommensurable elements）——这些要素就像顽固的模块一样（stubborn chunks）——作为文化身份确立（identifications）的基础。此处的焦点在于差异身份的施为性（performative nature of differential identities）：即对不断地、偶然地敞开的那些空间的调节和协商，同时重新划定边界并暴露任何声称是差异中独特自足的符号的局限性，差异并非自我亦非他者的差异，而是居间的，在“将来”中寻得它们的代理（agency），此一“将来”不是以过去为源头，现在对它来说也不仅仅起到过渡的作用，此一“将来”是间隙式的将来，生发于过去的诉求和现在的需求之间（the claims of the past and the needs of the present）。①

巴巴这段话的意思是说，两种互不通约要素在连字符并置下改变它们的对比对象，重整（reshape）各自的“与……差异”内涵，进而改变差异的性质，如此一来，符号的表意潜力被重新激发，差异作为意指的必要条件和基本途径被再次凸显。连字符并置重整差异和激发意指潜力的过程移除了符号能自足、稳定表意的幻觉和神话，为现实的表意需要提供新的潜在能指——语言形式并非天然的能指，而是在被挪用于意指过程之后方才获得能指的身份。在用于翻译源文陌生化语言的符号内，“A”和“nonA”是两个互不通约的要素，它们的并置暴露了“X”在目的语本土文化中一贯被视为“A”的自足性乃是声称的，没有任何外部的牢固基础。事实是，A被表达为X，但X却未必尽是A——甚至未必一定是A，nonA的降临结束A对X的独占，同时也结束原有语义范畴划分下“Aness”（A所表现出

① Homi Bhabha. *The Location of Culture*. London，New York：Routledge，1994，p. 219.

来的特征）对 X 的独占，X（Aness）的语义封闭性被移除，获得表达新意的开放性和活力。

“生发于过去的诉求和现在的需求之间”一句，巴巴实际上把连字符杂合置于“过去—现在”并置的时空之中，视将来为“过去—现在”杂合后的产物，视连字符杂合所得的新差异在“将来”寻得“代理”。换句话说，“过去的诉求”和“现在的需求”相杂合生产了“将来”，“居间的差异”则在“将来”中寻得表义归宿。巴巴的这几句话不仅点出以差异为机制的符号意义是非自足的，而且也道出符号意义的外部根源，这个根源便是过去的诉求和现在的需求相杂合。在目的语文本的跨文化指涉中，“A－nonA”为目的语符号 X 置入差异，但“nonA”并不就等于“－A”（“－”表示反义），nonA 对 A 的偏离不一定意味着完全否定，“A－nonA”也并非简单相加以使目的语文化的意义系统直接得到扩充。nonA 的来临将再分割目的语的语义结构系统，再分配目的语文化的语义内容，同时也使 A 在目的语语义结构系统中发生移位，获得新的语义“份额”。不过，“A－nonA”差异并不自行完成语义再分割和再分配，它并不自在自足地为外部世界赋意，为自身带来意义。就目的语文本中的单个符号“X（A－nonA）”而言，它的意义在于它的同文关系和它与传统用法的关系之中：在目的语文本中，本土和异域相杂合后的社会行为逻辑界定着每个“X（A－nonA）”的指涉外延，目的语文本由此再文本化（retextualize）了符号［即 X（A）］的传统用法。就所有“X（A－nonA）”构成的整个目的语文本来说，文化自我的语言形式其实表达着非自我的内容，非自我内容在新的文化位置上处于等待本土化的状态——“等待”是指目的语文本叙事对目的语符号的语义分割需在翻译后、阅读中实现，且通过在指涉寓言层面与本土现实相结合而实现。这种结合不仅受本土社会实践的发展所影响，也直接受制于翻译批评等话语形式的建构。[①] 所以说，nonA 的来临和“A－nonA”并置而成的差异须得在“将来”中寻得它的表达，“A－nonA”的表义性须得在“将来”方才寻得表义归宿——这个“将来”就

---

① 翻译批评这里泛指各种对目的语文本的阅读行为，例如读者、批评家或者翻译研究者等的行为。不过，翻译批评对目的语文本的解读并非任意，反过来又受目的语文本的叙事设计所制约。另外，当本土批评沿用本土意识形态对目的语文本进行文化批判，这种批判行为本身就是把文本指涉的寓言本土化，从而建立起文本指涉与本土实践的对应关系。

包括上面所述的目的语文本之内相对于符号的“将来”和目的语文本之外相对于文本的“将来”。

然而，在文本之外、相对于文本的“将来”阶段，目的语文本在寓言层面的指涉本土化并非实现于某个群体在追求文化和身份连续性的和平的社会实践中。在资源有限的现实世界中，当某个群体追求文化和身份连续性的社会实践中，遭遇其他群体同样追求文化和身份连续性的社会实践时，不同群体的需求相互竞争着有限的资源，在这种情况下，各个群体以各自的文化视角竞相阐释世界和实践，以求获得在资源分配中的话语制高点和优先权。因此，出于自身需求和利益，每个群体对指涉如何与本土现实结合有着各自的阐释视角。各种群体相互抗衡，结果有时候表面看是某个群体（的需求）压制其他群体（的需求），但这种“压制”和“胜利”往往需要胜利者在胜利前调整自身的不同需求，重新安排自身需求的优先排序——而这在另一种角度看来也是一种妥协。也就是说，在文本之外的“将来”中，指涉本土化包含着同一群体的不同需求之间相互调整和不同群体的需求之间相互竞争、相互妥协。归根结底，需求排序调整和需求格局调整取决于话语权力格局的重组，需求排序调整和需求格局调整的结果将决定指涉本土化的结果，指涉本土化的结果最后既体现为表面上的持有语言规范话语权的群体对经验、意义的（重新）阐释和对文化现实的（重新）建构，也包含着潜在的被压制话语对主流话语的隐形抵抗，意义便生成于这种有形与无形的张力中。这便是“A－nonA”差异在文本外的“将来”获得意义的过程。表面看这是“A－nonA”差异发挥着文化施为力，实质是文化和意义体系随着社会文化实践的发展而更新，并在符号层面体现出这种发展和更新。简单地说，“A－nonA”差异的意义出现于连续性的群体身份之间的非连续性空隙（interstice），由各种需求在非连续的界面（interface）激荡糅合产生。

关于“将来”，传统的翻译研究往往把目的语文本的过去和目的语文本的将来投射于此刻的目的语文本生产操作上，目的是在译者所追求的将来与可追溯源头的过去之间寻求在此刻的连续性连接点（joint of continuity）。但是，这种论述中的“此刻”实际上是虚构的，它把目的语文本符号想当然地等同于目的语符号，把意义视为从过去到现在再到将来的流畅延续。真实存在的此刻是目的语文本符号的模棱，它的文化指涉被重新协商，它与目的语本土现实的关系属于混沌和未决，准备承载和表达充满竞争的社会实践所孕育的可能性。概括起来，每一次翻译行为通过连字符杂合激发着目的语符号的差异区隔，对于发展着并寻求继续发展和更新的目的语文化来说，这种差异区隔的生产能力（productivity of differentiation）为目的语文化提供丰富的表意区分潜力，即提供新的潜在符号以承载新的指涉、表达新的潜在意义。①

7.3 交互文化意识形态

一方面，目的语符号用于翻译陌生化语言之后，交互文化杂合使两种文化意识形态价值发生转变，从而生产了扭曲的、杂合的文化逻辑；另一方面，跨文化指涉则使目的语符号在目的语文本内更新，使目的语符号获得承载和表达新意义的潜力。所以说，翻译是双重暴力，它使源文陌生化语言和目的语符号都离散于目的语文本之中，形成自我非自我，他者亦非他者，却亦我亦他，有我有他，我他相互渗透的杂合文化。本书把这种杂合的文化称为交互文化意识形态。

交互文化意识形态指两种不同文化的事物在交互文化语境下相互邂逅和并置后，两种文化意识形态价值相互改造，两种文化逻辑相互重构而形成的文化意识形态杂合。杂合的文化形态把文化事物从两个本土文化意识形态中抽离出来，重新建立起符号关系和互文关系。因此，翻译生产交互文化意识形态的过程同时也是使文化事物去除神话色彩（de-mythification）和重构互文关系（re-intertextualization）的操作。如果说在本土文化意识形态之内，“天下皆知美之为美”“皆知善之为善”，那么，交互文化意识形态则使人们知“善/美”之未必为“善/美”，甚至使人们在比较和反思中顿悟“善/美”何以在本土文化中成为“善/美”，进而揭露出文化的地方性、历史性（historicity）和偶然性（contingency）。从这个意义上来说，生

---

① 这种生产差异的能力体现翻译的根本能动性——从另一个角度看也是翻译的暴力和破坏性。如芭芭拉·约翰逊（Barbara Johnson）所说，“外语让我们更新了我们对母语的既爱又恨的亲密感。我们撕裂着母语的句式连接点，撕裂着她的语义肌肉，恨她不能提供我们所需要的语词”（Barbara Johnson. Taking Fidelity Philosophically. In Joseph Graham. *Difference in Translation*. Ithaca：Cornell University Press，1985，p. 143），这实际上便是翻译暴力的体现。

产和激活交互文化意识形态的目的语文本是两种文化语言相互检视、相互激活的第三空间。这个空间移除原有语言所展现的，展现原来所掩盖的——因为原有被本土文化意识形态浸染的语言在展现（reveal）和表达（express）中也掩盖（conceal）和压制（repress）了它自身的表义潜力。在目的语文本这个第三空间中，事物恢复其复义潜力，应语境和现实需要被重新塑造和挪用。①

就文化交流而言，交互文化意识形态不是将源语文化事物的价值搬移到目的语文化中，而是在交互文化语境下赋予事物新的关系和价值，因而，交互文化意识形态建构起来的他者性（otherness）不是跨文化交流中的那个他者（the other），而是某个他者（an other）。换句话说，交互文化意识形态提供的“他者性”与其说是“它”，不如说是“异”——与“我”之异，是一种错位的文化想象（misplaced imagination），该错位想象为目的语本土文化提供文化身份参照。在不同历史时期，这个用于参照的文化身份被挪用于各种各样的文化政治议程，为殖民者、解殖民者、民族主义者或文化自由主义者等所利用，用于维持、改良、质疑、反思或颠覆（包括“文学”在内的）目的语本土文化身份。如果说文学翻译研究的研究对象和（目的语和源语）两种文学研究的研究对象有何性质上的不同的话，那么，交互文化意识形态便是文学翻译研究所独有的研究对象。

在生产错位文化想象的过程中，翻译在之前和之后两个文学文本之间（本书一开始便把这两个文本称为源语文本和目的语文本）所生产的不是

① 例如，全球本土化便是一种交互文化意识形态。全球化是某种本土力量的全球扩张，旨在将别的本土纳入自我的文化版图中，而本土化是出于对本土的关切。为了全球化的本土化不是简单地改头换面、削足适履，而是接收本土的意义诱发行为，是在全球化事物和本土之间建立起“价值—需求”关系，为此，译者往往需要对原有本土需求进行适度调适，并对全球化事物的功能和价值进行适当调整，使两者相连接。一方面，全球本土化具有双面意义——对于发送本土来说，它是送达，对于接收本土来说，它是自我满足和自我实现；另一方面，全球本土化为两个本土建立起价值交换的共有空间，双方都属于该空间，却都不能独占该空间。另外，如果我们参照全球化这个概念，我们可以把本土化分为两种，一种是为了抵抗全球化的，另一种是为了辅助、实现全球化的。完全排斥全球化的本土化实际上只需封锁，无须本土化。所以，排斥全球化的本土化更多的是怀有对全球化模棱的态度，一方面它欢迎全球化，另一方面又恐惧全球化。因此，在全球—本土化中，我们实际上很难区分这个本土化到底是出于实现全球化意图，还是出于全球化身份遗失焦虑。

传统的“对等”关系，而是一种“假设的对等”（hypothetical equivalence）。[①] 传统的“对等”假定了对等双方存在一个先在的“原型”，并以此先在的“原型”作为外部的“共同点”（common denominator），翻译后文本是根据该“原型”来复制翻译前文本，因此，传统的“对等”实际上是把翻译行为视为一种“柏拉图式”的重复行为。[②] “假设的对等”则没有预设外部先在“原型”作为共同标准。在“假设的对等”中，当译者或翻译研究者说“S = T”的时候，这个表述不是描述“S”和“T”某方面特征的相同，而是通过论述“S = T”而建构了使“S”和“T”可视为相同的特征。在这种“假设的对等”中，翻译被视为是“尼采式”的重复行为，译者或研究者对“对等”的论述其实是自我论述，是在论述中创造出了可使对等成立的“第三事物”。在陌生化语言翻译的问题上，译者或翻译研究者实际上便是建构了“文学性”（实际上是翻译文学性）这个第三事物。当译者说某个目的语文本符号在文学性上是源文陌生化语言的对等翻译时，他的表述不是说目的语文本对应项目（柏拉图式地）复制了源文陌生化语言的“文学性”，而是说目的语文本对应项目对源文陌生化语言的（尼采式）重复建构或创造了“文学性”——或者更确切地说是“翻译文学性”。也就是说，在尼采式重复中，“假设的对等”其实是译者或研究者通过话语建构出来的产物，是译者或研究者把翻译行为之后出现的相似性设定为**翻译行为之前的“原型”，视之为界定“对等”**的“共同点”。

杰克·阿玛瑞奥（Jack Amariglio）和安东尼奥·卡拉里（Antonio Callari）指出“假设的对等”是一种“非对称、各取所需的”对等关系。“非对称、各取所需的对等”一说源自阿玛瑞奥和卡拉里对马克思的价值对等

---

① Lydia H. Liu. The Question of Meaning – Value in the Political Economy of the Sign. In *Liu. Tokens of Exchange: The Problem of Translation in Global Circulations.* Durham: Duke University Press, 1999, p. 14.

② 据米勒的观察，重复分为两种，一种是柏拉图式重复（Platonic repetition），另一种是尼采式重复（Nietzschean mode of repetition）。前者以原型为坚实的基础（grounded in a solid archetypal model），后者是没有基础的复制（ungrounded doubling），产生于事物间的模糊相似（arise out of the interplay of opaquely similar things）。米勒认为，尼采式重复实际上是在两种不同事物的差异中创造出某一个被称为“意象”（image）的第三事物（J. Hillis Miller. *Fiction and Repetition—Seven English Novels.* Oxford: Basil Blackwell, 1982, pp. 6, 8, 9）.

交换理论的评论。他们指出："商品交换是不等量的实际劳动时间之间的交换。尽管如此，商品流通要得以发生，它们又必须被参与者视为是对等的交换。"[①]"被视为是对等的交换"（conceived exchange of equivalents）暗示的是对等未必是相互、对称的（即双方同时且出于同一个原因认为某个交换是对等），而是包含着仅一方视为对等和双方均认为是对等这两种情况。当只有一方视为对等时，这种交换行为是单方面强加的；当双方都认为是对等，虽然交换行为是出于双方自愿，但双方的对等视角未必相同，比如，在现实交换（而非理论的抽象的应然交换）"1 桶水 =1 桶石油"中，"水"和"石油"的价值"相等"并非取决于马克思社会经济学所说的普遍的"社会必要劳动时间"（social necessary labor time），而取决于交换双方视对方的事物能否满足交换主体自身的需要。也就是说，**该交换是一个各取所需、各自认为对等的行为**。交换者所处位置和需求不同，决定了他们各自对价值有着不同界定，对对等也就有着各自的标准。所以，交换得以发生，关键不在于交换双方出于共同的客观理由而认为是等值的，而在于双方同时认为交换是合理的、符合自身需求的。同样，对于具体的翻译行为来说，用一个符号来翻译另一个符号时，重要的不是存在着像"社会必要劳动时间"这样的共同的、客观的、先在的"意义"（传统的对等理论便是这么认为的），而是双方同时认为目的语文本生产着符合自身需要的"意义"，又或者一方把这种认知强加给另一方。同理推之，"不对等"不是共同意义的不等量，而是翻译双方的期待在时间和空间上的错位。

文学翻译便是通过假设建立起对等的文化实践。通过假设的对等关系，译者创造出了某种"文学"，从而为我们提供了新的文学经验、新的文学可能。文学翻译的译者是以"再现"之名行"创造"之实，最终拓展目的语文化读者关于"文学"的视角，丰富目的语读者对"文学"的认知。在"文学翻译"中，"文学"便是那个假设出来的事物，是译者通过

---

① Jack Amariglio and Antonio Callari. Marxian Value Theory and the Problem of the Subject: The Role of Commodity Fetishism. In Emily Apter and William Pietz. *Fetishism as Cultural Discourse*. Ithaca, N. Y.: Cornell University Press, 1993, p. 204. 转引自 Lydia H. Liu. The Question of Meaning – Value in the Political Economy of the Sign. In *Tokens of Exchange: The Problem of Translation in Global Circulations*. Durham: Duke University Press, 1999, p. 23.

跨文化移位和杂合创造出来的。“译者翻译某个文学作品”中的“文学”可能是现存于源语文化或目的语文化的文学样式和流行认知，但是，译者的“文学翻译”之“文学”却是移位、杂合和创造的产物。即是说，文学在翻译这一跨文化流传中发生了质变，所谓“文学翻译”，是翻译改造和创造文学。

因此，翻译实际上是消解和重构了文学文化经验的边界。符号、事物、文学文本在文化交界处解构和重构其意识形态价值，本土的语言符号则在被用于跨文化指涉时发生解符号化和再符号化，从而使其自身的意指潜力获得释放。在这个过程中，原本具有某种本土价值的事物则在跨文化传播、重新本土化和建立起想象的交互文化关系的过程中被挪用于新的寓意过程，获得新的文化意识形态价值。如果说翻译对两种文化的跨文化交流有所贡献的话，这种贡献与其说在于实现跨文化理解，不如说在于为两个文学文化系统的本土事物提供实现价值多样性和多元化的可能性。

从这个意义上来说，翻译转达的恰恰不是源语文化的价值，而只是承载这些价值的事物而已，这些事物在新的“文化家乡”获得新的生命，从而可以为人们提供新的文学文化体验，可以被挪用于新的文学文化实践。由此而言，翻译所生成的文化意识形态不是一个具体的意义体系，而是人们用来生产意义的方式（mode）。这个方式在不同文化语境下被用于不同的目的，用来消解、改革或再建构现有文学文化身份。同时交互文化意识形态又是一个特殊的文化空间，原来在本土被文化浸染的语言符号和事物在这个特殊空间中获得“特赦”，被放逐、被容忍、被赋予新的可能。在这个空间，尽管符号未必是“纯粹的”（有些“神秘主义色彩”的理论家是这样认为的），但是，有一点可以肯定的是，语言形式被从原有的垂直关系和水平关系中解放出来，获得新的垂直关系和水平关系。① 垂直关系的改造重构了符号的意义，而水平关系的改造和“文学”身份的标贴一起，重构了我们对“文学形式”的认知。也就是说，通过改造文学文本中符号的两种关系，文学翻译及其交互文化意识形态实际上改造了我们对

① 这里的“垂直关系”指的是符号内部的能指和所指之间的关系；“水平关系”则是文本中符号与符号之间的关系，其中又包含能指和所指两个层面，即“能指—能指”关系和“所指—所指”关系。

“文学”的经验认知，为实现文化多元化提供潜在的触媒——所谓文化多元化便是对两种旧有文化事物的多元阐释和多元实现下的多样性，从而构成对“统一”（unity）神话的挑战，或者乐观些说，是检试（test）。[①]

① 这解释了：对于成长中的文化来说，为了建立文化身份，为什么翻译往往处于中心的位置，而对于已建立起来的文化来说，为了文化身份的稳定性，翻译需要被压制在边缘的位置。问题在于，文化的发展离不开多样性的“滋养”，翻译在这方面发挥了它的独特贡献。所以，从翻译史来看，翻译在各文化时期常有起落；从单个翻译案例来说，文化常暗含了对翻译的模棱态度。

8 结论：意义在于关系，翻译即是挪用

陌生化语言是有动因的偏离，是特殊的偏离符号。符号并非自足地表意，它的意义不在于自身，而是取决于符号在相关系统中的关系，那么，符号被用于偏离时的意义自然也离不开符号在系统中的关系，是符号通过扭曲其惯有系统关系和常规用法才获得的意义。符号在系统中的关系部分源自系统的形式规则和要求，部分则源自系统外的经验世界（我们且把这种经验世界称为符号的文化语境），是经验世界中事物间关系的沉淀和反映。可以这么说，符号被用于偏离时的意义离不开三个要素：符号的常规用法、系统关系和文化语境。翻译中，这三个要素恰恰都发生了变更。语言符号转换是翻译的题中之意，而转换后的符号系统和原系统是不对称的，新的文本系统和原文本系统也是不对称的。不仅如此，由于自然、历史、文化和政治等方面的原因，符号的文化语境也表现出强烈的人为构建色彩和跨文化差异（甚至隔阂）。对于译者来说，这三个要素的变化不仅对译者再造偏离构成障碍，对偏离符号的文本意义和文化意义产生重大影响，而且，反过来，译者的翻译行为也在不同程度和不同层面上扩展或改造了这三个要素，使得译者的陌生化语言翻译与其说是一个再现行为，不如说是在杂合和创造——通过杂合来创造。

首先，偏离是以语言形式为物质载体，译者若要在翻译中构建“偏离对偏离”，便会受具体语言形式制约。目的语符号的形式系统从根本上限定了译者仿造偏离的潜在方式。由于源语和目的语在语言形式上存在差异，这就决定偏离往往是不对称的，译者必须采用迁移技巧或/和补偿策略，用另一种方式或/和在文本中的另一个地方来生成偏离。

其次，偏离符号所描写的对象与偏离特征之间须具有临时像似性，构成叙事上的“主语—谓语”关系。文化移位后，为了构建临时像似性，译者需把异域描写对象替换成目的语文化本土事物（或至少是已本土化的外来事物），以便使之获得与目的语偏离特征的可联想关系。这就意味着译

者须更改部分文本内容。

再次，在交互文化语境下，偏离除以文本本土常规和本文化的普通常规作为参照，还以目的语文化对某个源语文化或某类题材、体裁的翻译传统为参照。这就使偏离获得新的形式身份，即相对于归化/异化翻译传统的偏离。这种新的形式身份赋予了偏离以额外的文化含义，暗含着译者试图调整交互文化关系和印象的尝试。

最后，文学是种功能，是作者或译者通过文学化的行为而进行的文化身份生产，目的在于建构文化现实和争夺文化阐释权力，为自己所代表群体的文化意识形态和社会行动提供合法性。所以，作为文学化行为的结果，形式的“文学性”总是和特定群体的价值定位联系在一起，是一种无法搬移的本土存在。陌生化语言的文学翻译行为代表的是译者及其文化群体的文学化意图。在这种意图背后，译者想要借助目的语文本的形式来建构和传达他和他的群体所需要的价值体系、文化意识形态和文化现实。无论译者采用什么翻译策略，生产什么形式，译者都是在宣示：这就是文学翻译。这种宣示其实是为自身的形式和内容整体贴上一个标签：这个目的语文本代表“文学”“×国文学”或者“翻译后的×国文学”。

因此，如果说对文学陌生化语言进行文学翻译的途径是仿造陌生化形式，那么，这是对翻译前和翻译后的两种“文学”不加区分，视两者为同质，是对“文学”的本质主义理解。不仅如此，这种观点使用约简主义和超验主义的方法解读陌生化语言的意义，它把语言约简为形式，视形式具有自在自为的普遍意义。这不仅忽视了形式的文化意义具有本土性，也忽略了陌生化语言中“非形式”部分所负载的文化意识形态价值。从根本上来说，这种观点其实是采用原子式的研究方式而获得的结论，它只探讨了偏离符号本身，忽视了偏离符号的文本语境和文化语境，以致忽视了偏离符号在不同文本语境下具有不同理据和功能的事实，也忽视了偏离符号在具体文化语境下代表的是谁的陌生化意图和文学化尝试的问题。归根结底，上述观点忽视了文本关系和文化关系的变化对偏离符号意义的改造作用。总而言之，意义并不在偏离符号本身，而在于偏离符号所处的周边关系中，是该周边关系决定了偏离符号的意义，而跨文化流传所带来的文本关系和文化关系的变化恰恰改造了偏离符号的文本意义和文化意义。

在陌生化语言的跨语言转换过程中，译者不仅仅被动地适应新的关系体系来表达意义，他的跨文化文本生产行为还扩展和更新了原有关系，构成新的关系，为意义的衍生和文化的更新提供土壤。实际上，无论译者采用何种策略来翻译源文陌生化语言，都将使目的语符号和外来叙事离散于目的语文本所构成的交互文化语境中。一方面，目的语符号在目的语文本的跨文化指涉中发生离散和变异，符号内部发生“A－nonA”的隐形连字符杂合，激活目的语符号系统的差异区隔，重整了符号的差异关系，从而把目的语符号的表意潜力重新释放出来。另一方面，无论译者采用异质主义、明晰化、归化陌生化还是归化常规化的翻译策略，翻译的结果都是两套文化意识形态价值在目的语文本及其阅读中相互植入（尽管各种相互植入不尽相同或完全不同），从而改变了外来的和本土的两套文化逻辑，导致事物在目的语文本中得以解除原有文化意识形态价值的浸染，获得被重新阐释的可能，生产目的语文本独有的交互文化意识形态。

因此，在源文陌生化语言的翻译过程中，译者生产目的语文本的行为并不在于复制过往的意义。毕竟，意义作为关系的集聚效应和产物，存在于它所生发的本土当中，不可搬移。在借鉴、挪用源文陌生化语言和源语文本的过程中，译者实际上是把存在于过去的源文陌生化语言和源语文本的“表层结构体”植入于目的语文化的现有文化现实中，以致在目的语文本之内杂合了两种文化，扩展了目的语文化的本土文化关系。[①] 杂合和扩展改造了符号，译者使用目的语文本表意的行为就不是把目的语符号作为透明的、中性的工具来使用，而是在使用中“潜移默化”地改造了这一意义表达工具，重塑了人们表达意义的可能范畴，为将来提供新的表意范畴。可见，译者的翻译行为乃是处在过往的源文陌生化语言和现存的目的语文化之间，是译者把过去和现在相互并置、杂合，生成未来的可能。由此而言，译者阅读源文陌生化语言和书写目的语文本的行为与其说在转述过去、是为了回到过去，不如说是在生产未来、是对现在的回应并指向未来，而未来便是生产于过去与现在的并置。

也就是说，通过翻译，译者挪用了过去，挪用了源文陌生化语言、源语文本和目的语符号，以服务于自己此次的表达目的，以此来生产文化未来。挪用，“不仅仅指外来材料的涵括，而且也指对这些材料的再处理，

---

① “表层结构体”这里包含文本的形式结构和语义结构两种可能，有时候是其中之一，有时候是两者同时具备。由于此时“结构”和一般的含义不同，所以加上双引号以示区别。

以便主体在消费这些材料的同时在各种特定且永远变动的实践中再生产它们"[①]。对"再处理"这个词我们需做谨慎理解，它并不是说挪用就必然改动表面形式。由于文本所处外部文化语境的变化，同样的结构形式在新的文化语境下将获得不同的价值和意义，因而，"再处理"是实质内涵上的再处理，未必表现为表面结构形式的差异。从这个意义上来说，陌生化形式仿造实质上可能就是译者挪用了陌生化形式，并通过这种挪用来建构或消解文学性，而非声称的再现文学性。"再生产"一词也值得我们注意，"在永远变动的实践中"，对这些材料的再生产是对它们的重组和重塑，以服务于在新的实践中表达新意义的需求。此时，更准确地说，这些材料变成了原材料，在重组和重塑中进行建构并被纳入新的意义体系，"制造"出新的文化产品。

所以说，在"文学陌生化语言的翻译"中，翻译没有固定的、本质的身份。如果我们一定需要给翻译标贴某种身份，以使我们的翻译行为和翻译研究获得某个"锚定点"（anchorage），减少某种后现代式的焦虑和不安，那么，我们不妨把翻译视为一种功能，而"挪用"便是本书给这种功能身份的命名。用一句话讲，在文学陌生化语言的跨文化流传中（或许甚至在所有文化项目的跨文化流传中），翻译即是挪用。"挪用"一词展现了翻译的施为性，从本质上来说翻译便是一种施为的文化实践，具有施为性和建构力。或许，我们可以用"文化翻译"来命名这样一种文化实践。"文化翻译"在这里并不是指"英国的社会人类学传统下的对文化的描写"，也不能理解为"哥廷根学派所指的受文化规范约束的翻译"。[②]"文化翻译"之"文化"在这里已经不是一种描写已然状态的名词，而是具有动词的性质，叙述一个意义生产的过程。用皮姆的话来说，"文化翻译不是文本的阐释学，而是讨论世界的方式"[③]。"讨论"不是与现实社会相脱节的象牙塔式讨论，而是参与到社会文化实践的辩证发展中，是社会话语的一种和一个环节，是文化建构和文化竞争的一种方式、一个部分。"讨论世界"就是生产意义、生产文化意识形态和建构文化现实。"文化翻译"揭示了在文化演变和革新中"新的意义"是如何被生产出来的，揭示"新

---

① Saglia Diego. Translation and Cultural Appropriation: Dante, Paolo and Francesca in British Romanticism. In *Quaderns Revista de Traducció*, Vol. 7, 2002, p. 97.

② Anthony Pym. *Exploring Translation Theories*. London, New York: Routledge, 2010, p. 149.

③ Anthony Pym. *Exploring Translation Theories*. London, New York: Routledge, 2010, p. 148.

是如何进入世界的”——且允许笔者借用一下巴巴的标题。也就是说，对源文陌生化语言的文学翻译实际上是一种文化翻译实践，是生产“新文学性”的行为——“新”，既相对于源文陌生化语言、源语文本和源语文化而言，也相对于目的语文化原有意义体系而言。从这个意义上来说，“文化翻译”的实质就是，翻译为（被文化意识形态浸染的）民族语言（包括源语和目的语）、民族文学和民族文化提供了“翻译”其自身的场所、途径和方法论。

作为“挪用”，翻译挪移着人们的经验、意义、语言、文学和文化的边界，从而“检验文化的适应性（resilience）和可扩性（expansiveness），也见证文化在涵括差异的过程中所经受的扰动（destabilisation）”①。假设的对等和尼采式重复为挪用提供哲学基础，而挪用以及翻译创造新意义的施为力则为文学翻译和翻译文学历来在文化发展中的巨大作用提供了注解。我们只有以挪用、假设的对等、尼采式重复等来看待文学翻译和翻译文学，才能解释自古以来为何文学和文化总是在翻译中得到养分，获得发展和演化，才能解释我们的文学体系和文化生活是如何避免变成一潭死水，如何在跨文化交流中获得变化的可能，获得意义衍变和更新的源泉。反过来看，目的语主流文化对翻译文学的态度折射出目的语文化是否故步自封，是否具有涵括差异的意愿和胸襟。

作为“挪用”，翻译向我们展现了一种“特质”，即不断开放、不断向着永远变动的实践和永远变化的需求释放其潜力。换言之，翻译不断被“翻译”，任何想为翻译界定本质和规定方法的企图都会被翻译的这种“特质”所否定。同理，任何想为翻译研究划定一个边界或领地的企图不过是出于建制和权力的需要，而非植根于翻译的本质——因为翻译没有本质，只是在挪用文本中被挪用于社会文化实践，以服务于相关群体在特定时空中的需要。所以说，在翻译源文陌生化语言这个问题上，义无恒义，法无定法；源文陌生化语言的任何阐释和任何特定翻译方法不过是译者挪用外来文本、建构意义的一种方式和表现。

---

① Saglia Diego. Translation and Cultural Appropriation: Dante, Paolo and Francesca in British Romanticism. In *Quaderns Revista de traducció*, Vol. 7, 2002, p. 98.

附　录

2010 年以前国内学术期刊历年发表的陌生化/前景化/变异/偏离语言翻译主要研究论文

2010

［1］陈琳：《论陌生化翻译》，《中国翻译》2010 年第 1 期。

［2］陈红美：《加强变异意识，提高译文质量——试以〈简·爱〉的黄源深译本为例》，《广西教育学院学报》2010 年第 5 期。

［3］耿煜博：《陌生化的语言风格及翻译策略》，《科教文汇（中旬刊）》2010 年第 7 期。

［4］洪溪珧：《文学文体学管窥下小说中语言变异的文体功能及其翻译》，《前沿》2010 年第 4 期。

［5］厚瑞婧：《功能语言学视角下的鲁迅文学作品翻译初探》，《文学教育（中）》2010 年第 8 期。

［6］胡作友：《语境与“陌生化”语言的翻译》，《海外英语》2010 年第 2 期。

［7］黄瑞霞：《浅谈陌生化再现在隐喻翻译中的应用》，《佳木斯教育学院学报》2010 年第 2 期。

［8］雷秋慧：《汉语儿童文学作品语言变异现象及翻译——兼评〈月迹〉英译文》，《甘肃联合大学学报（社会科学版）》2010 年第 1 期。

［9］李玲：《从〈红色手推车〉看诗歌文体风格的等值翻译》，《吉林省教育学院学报》2010 年第 2 期。

［10］李项：《从陌生化角度赏析朦胧诗的翻译》，《语文学刊（外语

教育与教学)》2010 年第 6 期。

［11］梁益宁:《“异化”策略与文学翻译“陌生化效果”的实现》,《疯狂英语（教师版)》2010 年第 3 期。

［12］刘静:《〈狂人日记〉中前景化语言的翻译》,《新余高专学报》2010 年第 2 期。

［13］陆小玲:《前景语言的表现手段和修辞效应及翻译探析》,《西安建筑科技大学学报（社会科学版)》2010 年第 3 期。

［14］马智利:《文学翻译与思想表达的前景化》,《昭通师范高等专科学校学报》2010 年第 2 期。

［15］孟伟根:《布拉格学派对戏剧翻译理论的贡献》,《外国语文》2010 年第 3 期。

［16］任开兴:《语言模因论观照下词语的变异与翻译》,《中国科技翻译》2010 年第 3 期。

［17］史青玲:《〈骆驼祥子〉语言陌生化手法及其在翻译中的再现》,《安徽工业大学学报（社会科学版)》2010 年第 4 期。

［18］容新霞:《文学翻译中的变异与顺应论》,《萍乡高等专科学校学报》2010 年第 4 期。

［19］孙会军:《译，还是不译：文学翻译中的反复现象及处理》,《中国翻译》2010 年第 4 期。

［20］万兵:《从文体学视角看格律诗的翻译——以许渊冲英译李商隐的〈无题〉为例》,《天津外国语学院学报》2010 年第 6 期。

［21］王芳:《“陌生化”与诗歌翻译》,《宜春学院学报》2010 年第 7 期。

［22］王克非:《汉语文学翻译中人称代词的显化和变异》,《中国外语》2010 年第 4 期。

［23］王闻:《文学翻译的感知特性传达与译者的诗学价值取向刍议》,《长江大学学报（社会科学版)》2010 年第 1 期。

［24］吴珺如:《宋词中的隐喻及其翻译》,《大家》2010 年第 24 期。

［25］尹平芬:《英语移就辞格的修辞效果及翻译策略》,《河南财政税务高等专科学校学报》2010 年第 1 期。

［26］袁榕:《文学翻译中陌生化和本土化的策略取向与冲突》,《解放

军外国语学院学报》2010年第3期。

［27］游振声：《张力理论视角下构建广告翻译的最佳关联》，《外国语言文学研究》2005年第3期。

［28］张锦：《试论前景化的语言功能和翻译——以〈围城〉及其英译文为例》，《黑河学刊》2010年第8期。

［29］张锦：《语义翻译与〈围城〉前景化语言的翻译》，《宜宾学院学报》2010年第3期。

［30］张锦：《试论前景化的语言功能和翻译——以〈围城〉及其英译文为例》，《黑河学刊》2010年第8期。

［31］张璘：《也谈文学翻译中审美的“陌生化”取向》，《江苏大学学报（社会科学版）》2010年第2期。

［32］赵欢：《前景化视阈下英诗翻译研究》，《大学英语（学术版）》2010年第2期。

［33］赵小兵：《文学翻译行为中的意义变异和衍生新意研究——金人先生的翻译艺术特点管窥》，《攀枝花学院学报》2010年第2期。

2009

［1］陈彬彬：《从关联翻译理论看〈老人与海〉中的外来语变异及其翻译重构》，《外国语言文学》2009年第1期。

［2］陈婵英：《论有标记主位结构在文学翻译中的诗学价值及其再现》，《湖北财经高等专科学校学报》2009年第2期。

［3］陈琳：《翻译间性与徐志摩陌生化诗歌翻译》，《中国比较文学》2009年第4期。

［4］程瑾涛：《“陌生化”手法在文学翻译中的再现——以标记性主位句为例》，《重庆工商大学学报（社会科学版）》2009年第2期。

［5］崔长青：《“变异”语言翻译初探》，《中国翻译》2009年第4期。

［6］邓梅：《〈围城〉中词汇变异的翻译策略及功能对等分析》，《科教文汇（中旬刊）》2009年第4期。

［7］范振辉：《语篇组织形式陌生化的翻译策略》，《长城》2009年第10期。

［8］方红梅：《源语中的“异”与译语中的“达”》，《广西大学学报（哲学社会科学版）》2009 年第 1 期。

［9］付智茜：《文化意象 · 翻译 · 策略——以〈红楼梦〉英译本为例》，《长沙民政职业技术学院学报》2009 年第 1 期。

［10］郭慧香：《文学作品中的陌生化元素及其翻译》，《新乡学院学报（社会科学版）》2009 年第 6 期。

［11］何力：《从符号学角度谈前景化翻译》，《太原城市职业技术学院学报》2009 年第 12 期。

［12］洪婷：《论前景化理论及其在文学翻译中的应用》，《科技信息》2009 年第 31 期。

［13］李涛：《陌生化排版与双语词典例句翻译功能的拓展——基于传播学视角的实证研究》，《出版科学》2009 年第 2 期。

［14］李晓东：《文学翻译中“陌生化”语言的语境分析——以〈围城〉英译为例》，《文教资料》2009 年第 15 期。

［15］刘进：《中国诗歌中的前景化语言翻译——对比〈宣州谢朓楼饯别校书叔云〉两译本》，《乐山师范学院学报》2009 年第 10 期。

［16］刘暖：《翻译中的形式与内容》，《才智》2009 年第 25 期。

［17］刘人杰：《论“前景化”理论与汉语古诗翻译研究》，《湘潭师范学院学报（社会科学版）》2009 年第 2 期。

［18］刘源：《浅析莎剧〈哈姆雷特〉中的语言变异及其翻译——以梁实秋的译本为例》，《大众文艺（理论）》2009 年第 1 期。

［19］陆珊珊：《谈翻译中陌生化效果的保留》，《郑州航空工业管理学院学报（社会科学版）》2009 年第 2 期。

［20］马利：《前景化理论视角下的广告语翻译》，《青年文学家》2009 年第 5 期。

［21］裴晓睿：《也谈文学翻译中的变异问题》，《国外文学》2009 年第 4 期。

［22］王浩萍：《〈尤利西斯〉中的语法变异翻译对比研究》，《河南师范大学学报（哲学社会科学版）》2009 年第 3 期。

［23］王艳红：《浅谈文学翻译中黑人英语之美学功能再现》，《外语与外语教学》2009 年第 11 期。

［24］韦森：《英语习语的变异现象及其翻译》，《河北理工大学学报（社会科学版）》2009年第3期。

［25］吴静：《文学文体学对语言变异翻译的影响》，《南昌航空大学学报（社会科学版）》2009年第2期。

［26］施汶邑：《从前景化角度析诗歌翻译策略》，《杭州电子科技大学学报（社科版）》2009年第2期。

［27］史丽萍：《中西文化的可译性与陌生化翻译》，《湖北成人教育学院学报》2009年第6期。

［28］史新贞：《前景化理论在新闻特写中的应用及其翻译研究》，《安徽文学（下半月）》2009年第7期。

［29］谢志辉：《前景化与文学翻译的译文语言选择策略》，《南华大学学报（社会科学版）》2009年第6期。

［30］邢晓宇：《试论语言变异与翻译》，《内蒙古民族大学学报（社会科学版）》2009年第1期。

［31］徐剑平：《文学翻译中审美的“陌生化”取向——以赛珍珠英译〈水浒传〉为例》，《江苏大学学报（社会科学版）》2009年第4期。

［32］杨瑞玲：《从翻译伦理的角度看陌生化作品的翻译》，《时代文学（下半月）》2009年第5期。

［33］姚望：《用陌生化理论看〈星球大战〉科幻小说中虚构词的翻译》，《安徽文学（下半月）》2009年第3期。

［34］张娴：《诗歌文本的陌生化及其在关联顺应模式关照下的翻译》，《宁夏大学学报（人文社会科学版）》2009年第6期。

［35］周红民：《语言艺术化的两个维度及其在翻译中的解读》，《广东技术师范学院学报》2009年第11期。

［36］朱月娥：《委婉语的语域变异及其翻译》，《外国语文》2009年第5期。

2008

［1］车玉琴：《“陌生化”理论与文学翻译》，《考试周刊》2008年第19期。

［2］陈婵英：《论有标记主位结构的翻译策略》，《顺德职业技术学院

学报》2008年第4期。

［3］陈磊：《〈卖花女〉中语言前景的翻译》，《长治学院学报》2008年第4期。

［4］陈琳：《陌生化翻译：徐志摩诗歌翻译艺术研究》，《英美文学研究论丛》2008年第2期。

［5］何春霞：《文学文体学与小说风格的翻译——以〈围城〉中的前景化语言为例》，《湖北广播电视大学学报》2008年第11期。

［6］梁艳君：《论社会变体与文学翻译——评〈卖花女〉的两个中译本》，《中国外语》2008年第3期。

［7］刘彦仕：《论前景化理论在翻译中的适用性》，《绵阳师范学院学报》2008年第1期。

［8］宋家林：《从前景化角度看翻译批评》，《吉林省教育学院学报（学科版）》2008年第12期。

［9］王冬梅：《文学中的变异现象及其翻译》，《天津城市建设学院学报》2008年第3期。

［10］温玉斌：《浅析诗歌陌生化美学特质的翻译价值问题——兼评〈如梦令〉译文的得失》，《邢台学院学报》2008年第4期。

［11］吴萍：《文学作品的语言变异及其翻译》，《赤峰学院学报（汉文哲学社会科学版）》2008年第10期。

［12］肖曼琼：《“陌生化”：从诗歌创作到诗歌翻译》，《外语教学》2008年第2期。

［13］谢志辉：《文学作品中前景化表达的翻译》，《长沙铁道学院学报（社会科学版）》2008年第3期。

［14］杨威：《〈名利场〉中人物话语的前景化现象与翻译策略》，《新余高专学报》2008年第4期。

［15］余健明：《〈老人与海〉中的人称代词变异及其翻译比较》，《黄冈师范学院学报》2008年第5期。

［16］赵静：《文学语言的前景化与翻译》，《文教资料》2008年第34期。

［17］钟雨伶：《“前景化”理论与文学翻译》，《重庆文理学院学报（社会科学版）》2008年第4期。

［18］柴改英：《从肯尼斯·博克的话语修辞观看公示语的和谐功能及其翻译》，《外语电化教学》2008 年第 2 期。

2007

［1］葛晓剑：《儿童语言与翻译——由〈哈克贝里·芬历险记〉看儿童语言的汉译》，《考试周刊》2007 年第 43 期。

［2］黄若妤：《论现代翻译文学的陌生化取向》，《山东文学》2007 年第 10 期。

［3］龙凤华：《用功能文体学构建文学作品风格翻译的模式》，《韶关学院学报》2007 年第 4 期。

［4］梁真惠：《严复译本〈天演论〉的变异现象——以功能翻译理论为视角的研究》，《北京第二外国语学院学报》2007 年第 6 期。

［5］李红满：《从功能语言学的视角论〈尤利西斯〉中语码转换的翻译》，《中山大学研究生学刊（社会科学版）》2007 年第 3 期。

［6］李静：《传统、陌生化的反叛与异化翻译》，《常州工学院学报（社会科学版）》2007 年第 1 期。

［7］王东风：《文学翻译：寻找天才的标志——〈爱情故事〉译后》，《外语与外语教学》2007 年第 12 期。

［8］王冬梅：《文学性与文学翻译》，《语文学刊》2007 年第 21 期。

［9］汪艳华：《文学语言的“陌生化”取向和翻译策略》，《中南民族大学学报（人文社会科学版）》2007 年第 2 期。

［10］吴莹：《陌生化概念研究——陌生化在翻译领域中的运用》，《天津外国语学院学报》2007 年第 5 期。

［11］夏云：《标记主位在诗歌文本中的文体功能及英汉翻译对策》，《韶关学院学报》2007 年第 10 期。

［12］杨琴：《文学翻译与“陌生化”》，《现代语文（文学研究版）》2007 年第 6 期。

［13］张宏：《从意识流语篇前景化的角度析〈尤利西斯〉的翻译策略》，《河北理工大学学报（社会科学版）》2007 年第 4 期。

［14］张丽萍：《熟知化和陌生化理论在电影名称翻译中的应用》，《电影文学》2007 年第 6 期。

［15］张小波：《论汉语古诗翻译中语言形象偏离的译者因素》，《湖南科技学院学报》2007 年第 8 期。

［16］赵速梅：《论前景化理论与小说文本翻译研究》，《外语学刊》2007 年第 2 期。

［17］祖利军：《偏离与翻译》，《华北电力大学学报（社会科学版）》2007 年第 2 期。

2006

［1］蔡粤生：《试论英汉互译中语言变异的翻译策略》，《重庆工学院学报》2006 年第 3 期。

［2］蔡毅：《文学翻译杂谈》，《中国俄语教学》2006 年第 2 期。

［3］曹宁：《语言前景在翻译中的应用》，《株洲工学院学报》2006 年第 3 期。

［4］崔建周：《论“陌生化”与文学翻译》，《郑州航空工业管理学院学报（社会科学版）》2006 年第 3 期。

［5］陈琳：《文学翻译审美的陌生化性》，《清华大学学报（哲学社会科学版）》2006 年第 6 期。

［6］程修云：《意识流文体的翻译与译者的任务》，《科技信息（学术版）》2006 年第 12 期。

［7］付智茜：《The Child is Father of the Man——诗歌·变异·翻译》，《文教资料》2006 年第 36 期。

［8］李特夫：《诗歌语形出位之思——英汉异形诗歌平行比较与翻译学实证研究》，《天津外国语学院学报》2006 年第 4 期。

［9］金奕彤：《论“形式对等”作为现代、后现代诗歌翻译之策略》，《浙江理工大学学报》2006 年第 3 期。

［10］潘莹：《文学视域中的歧义与翻译策略》，《湖南城市学院学报》2006 年第 2 期。

［11］汪燕华：《意识流小说的文体特点及其“形式”的传译》，《黄冈师范学院学报》2006 年第 5 期。

［12］谢海燕：《论鲁迅散文中的语言变异与翻译》，《安徽职业技术学院学报》2006 年第 1 期。

［13］张景华：《从文学翻译的倾向性论复译的必要性——以〈哈克贝利·芬历险记〉的两种译本为例》，《北京第二外国语学院学报》2006 年第 8 期。

2005

［1］程爱华：《关于文学翻译本质内涵的思考》，《山东师范大学学报（人文社会科学版）》2005 年第 1 期。

［2］宫经理：《前景化理论与翻译研究》，《宿州学院学报》2005 年第 6 期。

［3］郭慧香：《“陌生化”与文学翻译》，《新乡教育学院学报》2005 年第 3 期。

［4］黄忠廉：《汉译语言变异探因》，《外语与外语教学》2005 年第 7 期。

［5］李静：《异化翻译：陌生化的张力》，《中南大学学报（社会科学版）》2005 年第 4 期。

［6］赖桃：《文学翻译中的前景语言及可译性探析》，《沙洋师范高等专科学校学报》2005 年第 3 期。

［7］龙凤华：《功能文体学与风格翻译》，《郑州航空工业管理学院学报（社会科学版）》2005 年第 2 期。

［8］钱丽光：《小议翻译分析与批评的理论依据》，《宁德师专学报（哲学社会科学版）》2005 年第 1 期。

［9］汤水辉：《文学作品的“陌生化”与翻译》，《湖南大学学报（社会科学版）》2005 年第 3 期。

［10］谢谦：《文学文体学与诗体戏剧中“语言变异”的翻译——以〈哈姆雷特〉为例》，《广东外语外贸大学学报》2005 年第 3 期。

［11］钟馥兰：《移就辞格的翻译策略》，《红河学院学报》2005 年第 1 期。

2004

［1］陈向荣：《广告英语的特点及其翻译》，《武汉船舶职业技术学院学报》2004 年第 2 期。

[2] 笪玉霞:《语言美学功能与小说中“变异”英语翻译》,《济南大学学报(社会科学版)》2004 年第 6 期。

[3] 黄晓佳:《〈哈克贝利·芬历险记〉文体翻译的功能主义分析》,《广东外语外贸大学学报》2004 年第 4 期。

[4] 仝亚辉:《〈尤利西斯〉的意识流语言变异与翻译》,《解放军外国语学院学报》2004 年第 5 期。

[5] 王东风:《变异还是差异——文学翻译中文体转换失误分析》,《外国语(上海外国语大学学报)》2004 年第 1 期。

[6] 夏家驷:《诗歌语篇的识解与翻译》,《武汉大学学报(人文科学版)》2004 年第 3 期。

[7] 张贯之:《英语转移修辞语及其译法》,《西南科技大学高教研究》2004 年第 1 期。

2003

[1] 谷婷婷:《语言变体与翻译——由〈哈克贝恩·芬历险记〉看语言变体的汉译》,《安徽农业大学学报(社会科学版)》2003 年第 3 期。

[2] 揭侠:《文学与修辞、翻译》,《外语研究》2003 年第 1 期。

[3] 李靖民:《前景化与翻译批评》,《西安外国语学院学报》2003 年第 1 期。

[4] 刘利华:《词语搭配变异及其语义功能——兼谈有关翻译问题》,《邢台学院学报》2003 年第 4 期。

[5] 任静生:《论英语杜撰词的构成方式、修辞特点及翻译》,《中国翻译》2003 年第 1 期。

[6] 王卫强:《析〈围城〉中前景语言的翻译》,《宝鸡文理学院学报(社会科学版)》2003 年第 1 期。

[7] 王卫强:《前景化与翻译等值》,《西南民族大学学报(人文社科版)》2003 年第 11 期。

[8] 魏家海:《意象:诗歌翻译单位的“前景化”》,《山东外语教学》2003 年第 6 期。

[9] 徐莉华:《文体学对文学作品英译汉的一个挑战——从〈古舟子咏〉的动词时态和名词大写谈起》,《中国比较文学》2003 年第 4 期。

［10］姚喜明：《翻译中的词义偏离》，《外语教学》2003 年第 2 期。

［11］郑海凌：《“陌生化”与文学翻译》，《中国俄语教学》2003 年第 2 期。

［12］郑敏宇：《准作者叙述话语及其翻译》，《外语研究》2003 年第 2 期。

2002

［1］谢建平：《文学语言的风格变异与风格翻译》，《四川外语学院学报》2002 年第 2 期。

［2］瞿宗德：《修饰语移就的翻译策略》，《上海海运学院学报》2002 年第 1 期。

［3］郑海凌：《文学翻译过程中的“距离”问题》，《中国翻译》2002 年第 3 期。

2001

［1］刘荣：《文学作品中人物非标准言语的翻译手法初探》，《山东师大外国语学院学报》2001 年第 3 期。

［2］王东风：《译家与作家的意识冲突：文学翻译中的一个值得深思的现象》，《中国翻译》2001 年第 5 期。

［3］徐莉娜：《试论翻译分析与批评的依据》，《外语教学与研究》2001 年第 3 期。

［4］周玲：《文体特色在翻译中的内涵与传达》，《武汉科技大学学报（社会科学版）》2001 年第 1 期。

2000

［1］唐跃勤：《语言变素的信息载量与翻译》，《四川外语学院学报》2000 年第 4 期。

［2］魏家海：《五四翻译文学文体的“陌生化”与传统化》，《四川外语学院学报》2000 年第 3 期。

1990s

［1］陈焰:《词语搭配变异及其语义功能——兼谈有关翻译问题》,《福建外语》1996 年第 3 期。

［2］程爱民:《论文体学对于翻译研究的意义》,《外语研究》1994 年第 2 期。

［3］吕俊:《能动的形式与形式的能动—— 一种形式美学的翻译观》,《外语研究》1998 年第 1 期。

［4］戎刿:《英语幽默语言的翻译》,《科技英语学习》1999 年第 8 期。

［5］史震天:《文学翻译中的社会语言学问题》,《新疆大学学报（哲学人文社会科学版）》1993 年第 1 期。

［6］张霞:《修辞格的翻译与风格的传达——对比 David Copperfield 两个译本所得启示》,《外国语（上海外国语大学学报）》1992 年第 5 期。

参考文献

一、英文文献

[1] Althusser, Louis. *Essays on Ideology.* London, New York: Verso, 1971.

[2] Amariglio, Jack and Antonio Callari. Marxian Value Theory and the Problem of the Subject: The Role of Commodity Fetishism. In Emily Apter and William Pietz, Ithaca. *Fetishism as Cultural Discourse.* N. Y. : Cornell University Press, 1993.

[3] Attridge, Derek. Miller's Tale. In Julian Wolfreys, Stanford. *J. Hillis Miller Reader.* Calif. : Stanford University Press, 2005.

[4] Bann, Stephen and John E. Bowlt. *Russian Formalism: A Collection of Articles and Texts in Translation.* Edinburgh: Scottish Academic Press, 1973.

[5] Barthelme, Donald. *Snow White.* New York: Simon and Schuster, 1996.

[6] Barthes, Roland. The Death of Author. In Stephen Heath. *Image, Music, Text.* London: Fontana, 1977.

[7] Bartsch, Renate. *Norms of Language: Theoretical and Practical Aspects.* London, New York: Longman, 1987.

[8] Bassnett, Susan and Harish Trivedi. *Postcolonial Translation: Theory and Practice.* London, New York: Routledge, 1999.

[9] Bassnett, Susan. *Translation Studies.* Shanghai: Shanghai Foreign Language Education Press, 2004.

[10] Bennett, Tony. *Formalism and Marxism.* London: Routledge, 1989.

[11] Berman, Antoine. *The Experience of the Foreign.* Albany: State Uni-

versity of New York Press, 1992.

[12] Bhabha, Homi. *The Location of Culture.* London, New York: Routledge, 1994.

[13] Blum-Kulka, Shoshana. Shifts of Cohesion and Coherence in Translation. In Lawrence Venuti. *The Translation Studies Reader.* London, New York: Routledge, 2004.

[14] Boase-Beier, Jean. *Stylistic Approaches to Translation.* Manchester, U. K. and Kinderhook: St. Jerome Publishing, 2006.

[15] Bratman, Michael. Two Faces of Intention. In *The Philosophical Review*, Vol. 93, No. 3, 1984.

[16] Brecht, Bertolt. A Short Organum for the Theatre. In Terry Eagleton and Drew Milne. *Marxist Literary Theory: A Reader.* Cambridge, Mass.: Blackwell, 1996.

[17] Brecht, Bertolt. *On Art and Politics.* London: Methuen, 2003.

[18] Bruss, Paul. *Victims, Textual Strategies in Recent American Fiction.* Bucknell: Bucknell University Press, 1981.

[19] Burke, Kenneth. *Perspectives by Incongruity.* Stanley Edgar Hyman, Bloomington, Ind.: Indiana University Press, 1964.

[20] Chartier, Roger. *Cultural History: Between Practices and Representations.* Lydia G. Cochrane. Cambridge: Polity, 1988.

[21] Cortés, O. C.. Orientalism in Translation: Fami-liarizing and Defamiliarizing Strategies. In Ann Beylard-Ozeroff, Jana Králová and Barbara Moser-Mercer. *Translators' Strategies and Creativity.* Amsterdam: Philadelphia; Pa.: J. Benjamins Pub., 1998.

[22] Davis, Kathleen. *Deconstruction and Translation.* Shanghai: Shanghai Foreign Language Education Press, 2004.

[23] De Beaugrande, R. and Wolfgand U. Dressler. *Introduction to Text Linguistics.* London, New York: Longman, 1981/1990.

[24] De Man, Paul. *The Resistance to Theory.* Minneapolis, Minn.: University of Minnesota Press, 1986.

[25] De Saussure, Ferdinand. *Course in General Linguistics.* London: Peter

Owen, 1960.

[26] Delabastita, Dirk. Introduction. In Dirk Delabastita. *Traductio – Essays on Punning and Translation.* Manchester: St. Jerome, 1997.

[27] Derrida, Jacques. Afterword. In Samuel Weber, Evaston. *Limited Inc.* IL: Northwesthern University Press, 1988.

[28] Diego, Saglia. Translation and Cultural Appropriation: Dante, Paolo and Francesca in British Romanticism. In *Quaderns Revista de traducció*, Vol. 7, 2002.

[29] Eagleton, Terry and Drew Milne. *Marxist Literary Theory: A Reader.* Cambridge, Mass.: Blackwell, 1996.

[30] Eagleton, Terry. Towards a Science of the Text. In Terry Eagleton and Drew Milne. *Marxist Literary Theory: A Reader.* Cambridge, Mass.: Blackwell, 1996.

[31] Eagleton, Terry. *Ideology: An Introduction.* London, New York: Verso, 1991.

[32] Eagleton, Terry. *Literary Theory: An Introduction.* Oxford: Blackwell, 1983.

[33] Eagleton, Terry. *Marxism and Literary Criticism.* Berkeley: University of California Press, 1976.

[34] Erlich, Victor. *Russian Formalism: History-Doctrine.* The Hague: Mouton, 1980.

[35] Even-Zohar, Itama. Polysystem Studies. In *Poetics Today.* Durkam: Duke University Press, 1990.

[36] Ferguson II, Stephen C. Social Contract As Bourgeois Ideology. In *Cultural Logic.* The Tenth-anniversary Issue, 2007.

[37] Fokkema, Douwe Wessel and Elrud Kunne – Ibsch. *Theories of Literature in the Twentieth Century.* London: C. Hurst, 1977.

[38] Fowler, Roger. *Literature As Social Discourse: The Practice of Linguistic Criticism.* Bloomington: Indiana University Press, 1981.

[39] Gane, Mike and Nicholas Gane. *Roland Barthes Volume III.* London, Thousand Oaks, New Delhi: Sage Publications, 2004.

[40] Gentzler Edwin and Maria Tymoczko. *Translation and Power*. Amherst: University of Massachusetts Press, 2002.

[41] Gentzler, Edwin. *Contemporary Translation Theories*. Shanghai: Shanghai Foreign Language Education Press, 2004.

[42] Gentzler, Edwin. *Translation and Identity in the Americas: New Directions in Translation Theory*. New York: Routledge, 2008.

[43] Graham, Joseph. *Difference in Translation*. Ithaca: Cornell University Press, 1985.

[44] Graham, Joseph. *Onomatopoetics*. Cambridge: Cambridge University Press, 1992.

[45] Grube, G. M. A. *The Greek and Roman Critics*. Toronto: University of Toronto Press, 1968.

[46] Hall, Stuart. *Representation: Cultural Representations and Signifying Practices*. London: Sage in association with The Open University, 1997.

[47] Halliday, M. A. K. Linguistic Function and Literary Style: An Inquiry into the Language of William Golding's *The Inheritors*. In Michael Halliday. *Explorations in the Functions of Language*. London: Edward Arnold. 1973.

[48] Halliday, M. A. K. Anti-language. In *American Anthropologist*. Vol. 78, No. 3, 1976.

[49] Hermans, Theo. *Translation in Systems: Descriptive and System – Oriented Approaches Explained*. Shanghai: Shanghai Foreign Language Education Press, 2004.

[50] Heuving, Jeanne. *Omissions Are Not Accidents: Gender in the Art of Marianne Moore*. Detroit: Wayne State University Press, 1992.

[51] Iser, Wolfgang. *The Act of Reading: A Theory of Aesthetic Response*. London & Henley: Johns Hopkins University Press, 1978.

[52] Jakobson, Roman. Closing Statements: Linguistics and Poetics. In Thomas A. Sebeok. *Style in Language*. Cambridge Massachusetts: Massachusetts Insitute of Technology Press, 1960.

[53] Jakobson, Roman. On Linguistic Aspects of Translation. In Rainer Schulte and John Biguenet. *Theories of Translation: An Anthology of Essays from*

Dryden to Derrida. Chicago: The University of Chicago Press, 1992.

[54] Jaworski, Adam and Nikolas Coupland. Introduction: Perspectives on Discourse Analysis. In Adam Jaworski and Nikolas Coupland. *The Discourse Reader*. New York: Routledge, 1999.

[55] Jaworski, Adam and Nikolas Coupland. *The Discourse Reader*. New York: Routledge, 1999.

[56] Johnson, Barbara. Taking Fidelity Philosophically. In Joseph Graham. *Difference in Translation*. Ithaca: Cornell University Press, 1985.

[57] Joyce, James. *Ulysses with Ulysses: A Short History by Richard Ellmann Harmondsworth*. Middlesex: Penguin Books in association with the Bodley Head, 1969.

[58] Kamenickά, Renata. Defining Explicitation in Translation. In *Brno Studies in English*, No. 33, 2007.

[59] Klaudy, Kinga and Krisztina Karoly. Implicitation in Translation: An Empirical Justification of Operational Asymmetry in Ttranslation. In *Paper Presented to the* 10th *International Conference on Translation and Interpreting*, Translation Targets, 2003.

[60] Koskinen, Kaisa. *Beyond Ambivalence. Postmodernity and the Ethics of Translation*. Tampere: University of Tampere, 2000.

[61] Kuhns, Richard. Criticism and the Problem of Intention. *Journal of Philosophy*, Vol. 57, No. 1, 1960.

[62] Lamarque, Peter. The Death of the Author: An Analytical Autopsy. In Mike Gane and Nicholas Gane. *Roland Barthes Volume III*. London, Thousand Oaks, New Delhi: Sage Publications, 2004.

[63] Leech, Geoffrey N. Linguistics and the Figures of Rhetoric. In Roger Fowler. *Essays on Style and Language*. London: Routledge, 1966.

[64] Leech, Geoffrey N. Stylistics. In T. van Dijk. *Discourse and Literature: New Approaches to the Analysis of Literary Genres*. Amsterdam: John Benjamins, 1985.

[65] Leech, Geoffrey N. *A Linguistic Guide to English Poetry*. Harlow: Longmans, 1969.

[66] Leech, G. N and M. H. Short. *Style in Fiction: A Linguistic Introduction to English Fictional Prose.* London: Longman, 1981.

[67] Lefevere, Andre. *Translation, Rewriting and the Manipulation of Literary Fame.* Shanghai: Shanghai Foreign Language Education Press, 2004.

[68] Lemon, Lee and Marion Reis. *Russian Formalist Criticism: Four Essays.* Lincoln: University of Nebraska Press, 1965.

[69] Lewis, Philip E. The Measure of Translation Effects. In Joseph F. Graham. *Difference in Translation.* Ithaca: Cornell University Press, 1985.

[70] Liu, Lydia H. The Question of Meaning - Value in the Political Economy of the Sign. In *Tokens of Exchange: The Problem of Translation in Global Circulations*. Durham: Duke University Press, 1999.

[71] Liu, Lydia H. *Tokens of Exchange: The Problem of Translation in Global Circulations*. Durham: Duke University Press, 1999.

[72] Marcuse, Herbert. *An Essay on Liberation.* Boston: Beacon Press, 1969.

[73] Miller, J. Hillis. *Fiction and Repetition - Seven English Novels.* Oxford: Basil Blackwell, 1982.

[74] Miller, J. Hillis. *Others.* Princeton: Princeton University Press, 2001.

[75] Miller, J. Hillis. *The Ethics of Reading.* New York: Columbia University Press, 1987.

[76] Moslund, Sten. The Phantom Walking the Text: The Death of the Author Reconsidered. In Forum "Origins and Originality." University of Southern Denmark, see website: http: //forum. llc. ed. ac. uk/.

[77] Mukarovskij, Jan. Standard Language and Poetic Language. In Paul Garvin. *A Prague School Reader on Esthetics, Literary Structure and Style.* Washington: Georgetown University Press, 1964.

[78] Mukarovskij, Jan. The Esthetics of Language. In Paul Garvin. *A Prague School Reader on Esthetics, Literary Structure and Style.* Washington: Georgetown University Press, 1964.

[79] Nord, Christiane. *Translating As a Purposeful Activity: Functionalist*

Approaches Explained. Shanghai: Shanghai Foreign Language Education Press, 2001.

[80] Peirce, C. S. *Collected Papers II: Elements of Logic.* Charles Hartshorne and Paul Weiss, Cambridge, Massachusetts: Harvard University Press, 1960.

[81] Petrilli, Susan. *Translation, Translation.* Amsterdam, New York: Rodopi, 2003.

[82] Petruck, Miriam R. L. Frame Semantics. In J. Verschueren, J. Ostman, J. Blommaert, and C. Bulcaen. *Handbook of Pragmatics.* Philadelphia: John Benjamins, 1996.

[83] Prasad, G. J. V. Writing Translation – the Strange Case of Indian English Novel. In Susan Bassnett and Harish Trivedi. *Postcolonial Translation: Theory and Practice.* London, New York: Routledge, 1999.

[84] Pym, Anthony. Explaining Explicitation. In Krisztina Karoly and Agata Fóris. *New Trends in Translation Studies.* Budapest: Honour of Kinga Klaudy, 2005.

[85] Pym, Anthony. Translation Studies as Social Problem – Solving. See website of http: //www. tinet. cat/ ~ apym/on – line/research_ methods/thessaloniki. pdf, or: www. pdf – finder. com/Translation – Studies – as – Social – Problem – Solving. html, 2002.

[86] Pym, Anthony. *Pour une éthique du Traducteur.* Arras: Artois Presses Université, Presses de l'Université d'Ottawa, 1997.

[87] Pym, Anthony. *Exploring Translation Theories.* London, New York: Routledge, 2010.

[88] Pym, Anthony. *Method in Translation History.* Beijing: Foreign Language Teaching and Research Press, 2007.

[89] Rancour-Laferriere, Daniel. Potebnja, Shklovskij, and the Familiarity/Strangeness Paradox. In *Russian Literature*, No. 4, 1976.

[90] Reiss, Katharina. *Translation Criticism – The Potentials and Limitations: Categories and Criteria for Translation Quality Assessment.* Shanghai: Shanghai Foreign Language Education Press, 2004.

[91] Riffaterre, M. Transposing Presuppositions on the Semiotics of Literary Translation. In Rainer Schulte and John Biguenet. *Theories of Translation – An Anthology of Essays from Dryden to Derrida.* Chicago, London: The University of Chicago Press, 1992.

[92] Robinson, Douglas. The Spatiotemporal Dialectic of Estrangement. In *TDR: The Drama Review*, Vol. 51, No. 4, Winter, 2007.

[93] Robinson, Douglas. *Who Translates? – Translator Subjectivity Beyond Reason.* Albany: State University of New York, 2001.

[94] Scholes, Robert. *Structuralism in Literature: An Introduction.* New Haven: Yale University Press, 1974.

[95] Schulte, Rainer and John Biguenet. *Theories of Translation – An Anthology of Essays from Dryden to Derrida.* Chicago, London: The University of Chicago Press, 1992.

[96] Shamma, Tarek. The Exotic Dimension of Foreignizing Strategies – Burton's Translation of the Arabian Nights. In *The Translator*, Vol. 11, No. 1, 2005.

[97] Shaw, Bernard. *Pygmalion: A Romance in Five Acts.* London: Longmans, Green and Co., 1957.

[98] Shklovskij, Viktor. Art As Technique. In Lee Lemon and Marion Reis. *Russian Formalist Criticism: Four Essays.* Lincoln: University of Nebraska Press, 1965.

[99] Shklovskij, Viktor. The Resurrection of the Word. In Stephen Bann and John E. Bowlt. *Russian Formalism: A Collection of Articles and Texts in Translation.* Edinburgh: Scottish Academic Press, 1973.

[100] Steiner, Peter. *Russian Formalism – A Metapoetics.* Ithaca: Cornell University Press, 1984.

[101] Stopford, John. The Death of the Author as Producer. In Mike Gane and Nicholas Gane. *Roland Barthes Volume III.* London, Thousand Oaks, New Delhi: Sage Publications, 2004.

[102] Summers, David. Intentions in the History of Art. In *New Literary History*, Vol. 17, No. 2, Winter, 1986.

[103] Sweet, Henry. *The Practical Study of Languages*. London: Oxford University Press, 1964.

[104] Symington, Rodney. *The Nazi Appropriation of Shakespeare – Cultural Politics in the Third Reich*. Lewiston, N. Y.: Edwin Mellen Press, 2005.

[105] Tate, Alan. Tension in Poetry. In *Essays of Four Decades*. Chicago: Swallow Press, 1968.

[106] Thibault, Paul. *Rereading Saussure: The Dynamics of Signs in Social Life*. London: Routledge, 1997.

[107] Toury, Gideon. A Handful of Paragraphs on 'Translation and Norms'. In Christina Schaffner. *Translation and Norms*. Clevedon, England; Philadelphia, Pa.: Multilingual Matters, 1999.

[108] Toury, Gideon. *In Search of a Theory of Translation*. Tel Aviv: Porter Institute for Poetics and Semiotics, Tel Aviv University, 1980.

[109] Toury, Gideon. *Descriptive Translation Studies and Beyond*. Shanghai: Shanghai Foreign Language Education Press, 2004.

[110] Twain, Mark. *The Adventures of Huckleberry Finn*. New York: New American Library, 1959.

[111] Tymoczko, Maria. *Translation in a Postcolonial Context: Early Irish Literature in English Translation*. Shanghai: Shanghai Foreign Language Education Press, 2004.

[112] Ulmann, Stephan. *Semantics – An Introduction to the Science of Meaning*. Oxford: Basil Blackwell and Mott Ltd., 1962.

[113] Van Dijk, Teun A. *Ideology: A Multidisciplinary Approach*. London, Thousand Oaks, New Delhi: Sage Publications, 1998.

[114] Van, Peer, Willie. *Stylistics and Psychology: Investigations of Foregrounding*. London: Croom Helm, 1986.

[115] Venuti, Lawrence. Translation as Cultural Politics: Regimes of Domestication in English. In *Textual Practice*, Vol. 7, No. 2, 1993.

[116] Venuti, Lawrence. *The Translation Studies Reader*. London, New York: Routledge Press. 2004.

[117] Venuti, Lawrence. *The Translator's Invisibility: A History of Trans-*

lation. Shanghai: Shanghai Foreign Language Education Press, 2004.

[118] Verschueren et al. *Handbook of Pragmatics*, Philadelphia: John Benjamins, 1996.

[119] Vinay, Jean-Paul and Jean Darbelnet. *Comparative Stylistics of French and English: A Methodology for Translation*. Amsterdam, Philadelphia: John Benjamins, 1995.

[120] Wellek René. *A History of Modern Criticism: Volum* 7. New Haven: Yale University Press, 1991.

[121] Wilde, Oscar. *The Importance of Being Earnest*. New York: Dover Publications, 1990.

[122] Wolfreys, Julian. *J. Hillis Miller Reader*. Stanford, Calif. : Stanford University Press, 2005.

二、中文文献

[1] 奥斯卡·王尔德著，余光中译：《不可儿戏》，香港：山边社，1984年。

[2] 奥斯卡·王尔德著，张南峰译：《王尔德喜剧选》，福州：海峡文艺出版社，1990年。

[3] 巴塞尔姆著，王伟庆译：《白雪公主》，广州：花城出版社，1992年。

[4] 巴塞尔姆著，虞建华译：《白雪公主》，上海：上海译文出版社，2005年。

[5] 鲍贵：《再论语言的价值》，《外语教学》2003年第2期。

[6] 蔡粤生：《试论英汉互译中语言变异的翻译策略》，《重庆工学院学报》2006年第3期。

[7] 陈婵英：《论有标记主位结构的翻译策略》，《顺德职业技术学院学报》2008年第4期。

[8] 陈德鸿、张南峰：《西方翻译理论精选》，香港：香港城市大学出版社，2000年。

[9] 陈福康：《中国译学理论史稿》，上海：上海外语教育出版社，1992年。

［10］陈琳：《陌生化翻译——徐志摩诗歌翻译艺术研究》，华东师范大学博士学位论文，2007 年。

［11］陈琳、张春柏：《文学翻译审美的陌生化性》，《清华大学学报（哲学社会科学版）》2006 年第 6 期。

［12］茨维坦·托多罗夫编选，蔡鸿滨译：《俄苏形式主义文论选》，北京：中国社会科学出版社，1989 年。

［13］邓仁华：《前景化概念的演变及其对文学文本解析的功用》，《华南理工大学学报（社会科学版）》1999 年第 2 期。

［14］方珊：《形式主义文论》，济南：山东教育出版社，1999 年。

［15］冯天瑜：《中国“封建社会”再认识》，《史学月刊》2008 年第 3 期。

［16］葛校琴：《当前归化/异化策略讨论的后殖民视阈——对国内归化/异化论者的一个提醒》，《中国翻译》2002 年第 5 期。

［17］辜正坤：《筛选积淀重译论与人类文化积淀重创论》，《外语与外语教学》2003 年第 11 期。

［18］郭绍虞：《照隅室语言文字论集》，上海：上海古籍出版社，1985 年。

［19］加乐尔著，赵元任译：《阿丽思漫游奇境记》，台北：正文书局，1972 年。

［20］姜治文、文军：《建立比较翻译学的几点构想》，《外国语（上海外国语大学学报）》1996 年第 1 期。

［21］李静：《异化翻译：陌生化的张力》，《中南大学学报》2005 年第 4 期。

［22］李根蟠：《略谈马列主义的封建观和社会形态观 》，《史学月刊》2008 年第 3 期。

［23］李明：《从主体间性理论看文学作品的复译》，《外国语（上海外国语大学学报）》2006 年第 4 期。

［24］林克难：《翻译研究：从规范走向描写》，《中国翻译》2001 年第 6 期。

［25］刘禾著，宋伟杰等译：《跨语际实践：文学，民族文化与被译介的现代性：中国：1900 ~ 1937）》，北京：生活·读书·新知三联书店，

2002 年。

［26］刘索拉：《浑沌加哩咯楞》，香港：突破出版社，1991 年。

［27］刘卫东、田贵森：《语言变异的翻译对策》，《外语与外语教学》2005 年第 5 期。

［28］刘泽权、侯羽：《国内外显化研究现状概述》，《中国翻译》2008 年第 5 期。

［29］罗选民：《论文化/语言层面的异化/归化翻译》，《外语学刊》2004 年第 1 期。

［30］吕叔湘：《语文常谈》，北京：生活·读书·新知三联书店，1980 年。

［31］马克·吐温著，张万里译：《哈克贝里·芬历险记》，上海：上海译文出版社，1993 年。

［32］马克·吐温著，成时译：《哈克贝利·费恩历险记》，北京：人民文学出版社，1998 年。

［33］潘文国：《汉英对比纲要》，北京：北京语言文化大学出版社，1997 年。

［34］彭小妍：《浪荡子美学与越界——新感觉派作品中的性别、语言与漫游》，《中国文哲研究集刊》2006 年第 28 期。

［35］钱佼汝：《“文学性”和“陌生化”——俄国形式主义早期的两大理论支柱》，《外国文学评论》1989 年第 1 期。

［36］秦文华：《对复译现象与翻译标准的剖析》，《外语与外语教学》2004 年第 11 期。

［37］申小龙：《汉语与中国文化》，上海：复旦大学出版社，2003 年。

［38］什克洛夫斯基著，刘宗次译：《散文理论》，南昌：百花洲文艺出版社，1994 年。

［39］孙艺风：《翻译研究与意识形态：拓展跨文化对话的空间》，《中国翻译》2003 年第 5 期。

［40］孙艺风：《视角　阐释　文化——文学翻译与翻译理论》，北京：清华大学出版社，2004 年。

［41］孙艺风：《翻译与多元之美》，《中国翻译》2008 年第 4 期。

［42］孙艺风：《翻译学的何去何从》，《中国翻译》2010 年第 2 期。

［43］孙迎春：《译学大词典》，北京：中国世界语出版社，1999 年。

［44］汤富华：《论翻译之颠覆力与重塑力——重思中国新诗的发生》，《中国翻译》2009 年第 3 期。

［45］唐云：《走进中医》，桂林：广西师范大学出版社，2001 年。

［46］王宾：《重返结构——〈静夜思〉个案分析》，《中国比较文学》1999 年第 2 期。

［47］王宾：《不可译性》，《中国翻译》2001 年第 3 期。

［48］王东风：《译家与作家的意识冲突：文学翻译中的一个值得深思的现象》，《中国翻译》2001 年第 5 期。

［49］王东风：《一只看不见的手——论意识形态对翻译实践的操纵》，《中国翻译》2003 年第 5 期。

［50］王东风：《变异还是差异——文学翻译中文体转换失误分析》，《外国语（上海外国语大学学报）》2004 年第 1 期。

［51］王东风：《有标记连贯与小说翻译中的连贯重构——以意识流小说 *Ulysses* 的翻译为例》，《外语教学与研究》2006 年第 5 期。

［52］王东风：《译学关键词：abusive fidelity》，《外国语（上海外国语大学学报）》2008 年第 4 期。

［53］王了一：《汉语语法纲要》，上海：上海教育出版社，1982 年。

［54］王宁：《汉字的书写元素和构形元素》，《中国教育报》，1995 年 3 月 27 日第 3 版。

［55］王晓元：《意识形态与文学翻译的互动关系》，《中国翻译》1999 年第 2 期。

［56］王寅：《论语言符号象似性》，《外语与外语教学》1999 年第5 期。

［57］谢天振：《译者的诞生与原作者的死亡》，《中国比较文学》2002 第 4 期。

［58］许钧：《重复 · 超越——名著复译现象剖析》，《中国翻译》1994 年第 3 期。

［59］许余龙：《对比语言学概论》，上海：上海外语教育出版社，1992 年。

［60］许渊冲：《谈重译——兼评许均》，《外语与外语教学》1996 年

第6期。

［61］严辰松：《语言理据探究》，《解放军外国语学院学报》2000年第6期。

［62］杨武能、林煌天：《中国翻译词典》，武汉：湖北教育出版社，1997年。

［63］叶洪：《卡明斯诗歌中的非常规因素及其翻译》，《湘潭大学社会科学学报》2003年第3期。

［64］詹姆斯·乔伊斯著，金隄译：《尤利西斯》，北京：人民文学出版社，1996年。

［65］詹姆斯·乔伊斯著，萧乾、文洁若译：《尤利西斯》，北京：文化艺术出版社，2002年。

［66］张冰：《陌生化诗学》，北京：北京师范大学出版社，2000年。

［67］张南峰：《中西译学批评》，北京：清华大学出版社，2004年。

［68］张南峰：《多元系统论中的规范概念》，《外国语（上海外国语大学学报）》2008年第5期。

［69］张南峰：《翻译研究、学术规范与文化传统》，《中国翻译》2010年第2期。

［70］赵大明：《也谈汉语的基本结构单位——评徐通锵先生的字本位理论》，《陕西师范大学学报（哲学社会科学版）》2006年第3期。

［71］郑海凌：《陌生化与文学翻译》，《中国俄语教学》2003年第2期。

［72］郑海凌：《论“复译”》，《外国文学动态》2003年第4期。

［73］郑海凌、许京：《文学翻译过程中的“距离”问题》，《中国翻译》2002年第3期。

［74］郑诗鼎：《评刘重德的〈爱玛〉重译版本》，《中国翻译》1998年第1期。

［75］郑诗鼎：《论复译研究》，《中国翻译》1999年第2期。

［76］钟良明：《新思想拒绝文化属性：一个文学的教训》，《北京交通大学学报（社会科学版）》2002年第2期。

［77］朱志瑜：《翻译研究：规定、描写、伦理》，《中国翻译》2009年第3期。

致 谢

我首先要感谢导师孙艺风教授。回想起来，撰写本书的三年多时间里，他不断给我关于研究路径的提示，希望我培养超越局部、超越表象、超越经验层面进行缜密抽象思辨的能力。他鼓励我要敢于挑战有难度的理论课题，不时通过质疑、评论提醒我要避免论述上的片面和武断。他还给我讲了很多故事，每个故事几乎都是学术训练的寓言，使我获益匪浅。我说不清他的指导风格里中国文化和英国文化的比例，但我渐渐意识到，他的指导着眼基础，旨在从学术心态、学术品位、学术原则、学术视野和学术方法等多方面引导我，期望我能走上真正的学术道路。八年来俗事纷繁，每当夜深人静重温这段经历，重温他的教导，再反思自己的现状，颇感惭愧。

我也要感谢副导师张南峰教授。他严谨的治学态度、严格的要求、严肃的处事方式深深地影响了我。我要特别感谢我在中山大学读硕期间的导师王东风教授，是他帮我选定这个课题，我后来才有了明确的研究方向。而且，他以他的学术眼光和治学方法对我进行学术启蒙，使我一直以来都受益匪浅。

感谢香港岭南大学，青山藏书香，博雅蕴精神。岭南给了我宁静、澄明的心境，让我徜徉书海，思接中外，潜心思考。岭南曾经重塑了我许多想法、观念和习惯，我真希望它们不被时间淹没。

我要感谢朱志瑜教授、邝龑子教授和龙惠珠教授，他们曾分别从不同角度、不同研究路径对本书提出批评和修改意见，让本书更清晰、完善。感谢陈德鸿教授、吴茑洲博士、赵朱莉博士，他们曾分别在不同场合给我提出宝贵意见，使我获益良多。感谢李波博士和李文静博士，他们的评论也曾给我许多启发。

借此机会，我要特别感谢汕头旅泰华侨陈汉士先生。老先生情系家乡，连续多年慷慨资助潮汕地区一批批考人重点大学而家庭经济困难的学生；正是他的奖助学金帮助我从华南师范大学启程。

以上致谢，我代表自己，也代表家人，两者意义不尽相同，又不无联系。

2018年7月1日于小谷围中心湖畔